广东老电力人口述史

第一辑

广东电网有限责任公司 编

南方日报出版社
NANFANG DAILY PRESS
中国·广州

孟振平
会见汪建平
加快年轻干部培养

序言

历史印记镌刻在个体生命之中

时光流逝，历史终将以另外的面貌封存。它或许是老屋里的一角青砖，或许是古城上的一片碎瓦，抑或是文物、票据和影像。其中，有一种封存的方式尤为鲜活，这就是个体生命。每个时代的印记，将保留在每一个人的个体生命之中。

人，从来不是孤立的存在。个体生命的苦乐辛酸，映射着一个家庭、一个群体、一个时代共同的经历和命运。历史作为曾经活着的社会存在，交织在人物故事之中。而展现“历史”其原有的生命、温度、起伏和规律，最好的方式便是个体生命叙事。

恰逢新中国成立70周年，《广东老电力人口述史》（第二辑）出版了。这本书通过个体生命叙事的方式，由一代老电力人口述人生的经历和感悟。当人们被细腻丰满、生动感人的生命叙事所打动时，历史的生动纹理便徐徐展开。广东电力的发展脉络便解构在了这一个个生命的奋斗史中，以个体形式自觉完成了时代集体记忆的重建。

广东电网一直致力于挖掘历史、记录历史、传承历史，其目的无疑是以史为鉴、以史明智。在书中，我们和郭渭彬、温瑞泉、刘浩川、李木清、宋情国、黄木强等一批老电力人一同来到战火纷飞的年代，重临热火朝天的建设现场，学习和领略的便是一代电力人的精神风骨和家国情怀。

他们对知识是如此渴求——

杨文伟：我爱看书到什么程度呢？小时候，有一次我去县城，偶然看到一家新华书店，里面有很多书，我好高兴，就进去看书，看得完全忘了回去……上中学时，学校有图书馆，那对我犹如一座宝藏，一有空我就会去借书来读。

黄本强：1964 年……一个偶然的机会，我在报纸上看到华南工学院机械制造专业征报函授的消息，我就去报名，参加考试。工作几年间，我从来没有放弃过对高中知识的学习，一考就考上了。

宋情国：工作后的前几年，我到处奔波，先后转战武汉、济南、郑州、兰州、南昌、韶关等地。但不管到哪里，我一直没放弃通过学习来提高自己，不管去哪，我都会将一套速成中学课本带在身边，一路自学。

…………

他们对工作是如此执着——

陈贤园：记得海丰县刚建设成 35 千伏县级电网时……没有工程车，我们就靠板车装、人手拉来运输水泥杆等设备。那会儿大家穿着解放鞋，踩在没过小腿的泥水里，也没人叫苦叫脏。没有吊车，要竖起电杆，我们只能用土办法：用三根绳子捆好电杆一头，把另一头扎进坑里，然后大家一起用力拉绳子，等拉到一定高度后，再用竹梯顶住电杆使劲推，硬是把电杆竖起来。

李木清：要知道，从事电网检修，不被电击到是不可能的，特别是在以前那样简陋的工作条件下，我从事检修工作 34 年，被电击的经历就有两次。我印象最深刻的那一次，是在 20 世纪 90 年代初。当时，仙塘的一个变压器短路，冒着火花，"噼里啪啦"地响。

谭忠仁：1965 年 3 至 4 月间的一个早上，我上班时，发现 500 千瓦柴油发电机组停机，原因是六个汽缸盖中一个漏水……没有图纸，我只能从头做起，自己绘制柴油机重要部件的图纸，一件件测原件尺寸、描图、绘图……反复校核多遍确信万无一失后，才将设计图交付阳江农械厂和江门机械厂制造。所幸，部件加工运回电力厂后均合用，我们的备品备件问题就这样解决了。

刘浩川：工放、冲放、残压等电气试验都能完成，但避雷器运行中，在雷电波作用下，避雷器导通后接着而来的工频电流能否被遮断的续流遮断？试验该怎么做？这些都成了眼前最大的问题。在测量条件很落后的状态下，这是一项难度极高的系统性试验，我已经记不清在试验现场多少个日夜没有好好休息。

…………

他们对家庭是如此忠贞——

谭洁明：1958 年 10 月，我们幸福地结婚了，大女儿谭丽华在次年降生。甜蜜的爱情始终伴随我们，梦幻般的婚姻让我们携手走过近 60 个春秋。妻子是我背后的英雄，我平时忙于工作，经常下乡，疏于照顾家庭，妻子默默帮我操持家务。

温瑞泉：妻子年轻时过度劳累，退休后身体出现了不适，病情也十分不乐观，我将她的健康作为我人生最后的一个工程项目，不断地为她寻医问药，哪怕到最后她必须被全程护理着，我也一直陪在她身边。她患的是脑痴呆，前后病了 18 年……但到了 2009 年，她还是离我而去。

张岗：我家人全住在农村，父亲年迈无依，我作为儿子未能常伴跟前尽孝，我和妻子长期两地分居……在我心里，除了工作，还有一份牵挂、一份责任。

…………

他们的人生经验与感悟，更值得我们深思——

李江：我坚守我的原则和理念，对自己监督下的施工项目和运行中的设备，我会根据我的理论基础与经验判断安全与否，并决定是否加以制止。电力生产，安全就是底线，这是我在安全员位置上的见识告诉我的准则。

郭渭彬：不论从事社会科学还是自然科学的工作，都要学好外语。能查阅外文参考资料，才能获得新信息，获得第一手资料，做出自己的判断与研究。学一些哲学可以使我们的智慧进一步开发，头脑开窍，变得更加聪明。

汤显洲：首先是要有所作为，在工作中要注意方式方法，善于总结，发现规律；其次是要树立大目标，分解小目标，遇到难题要学会从小处着手，寻求突破；最后是人生不是只有“独木桥”，每个人的选择都有很多，我从一个中专生一步一步到教授级高级工程师，没有因为自己的学历低就自我放弃。

…………

歌德说："历史给我们的最好的东西，就是它所激起的热情。"

这30个人物故事，要点亮的就是读者对这个时代和生命的热情。一代人终将老去，但总有人正年轻。愿读者唤起这份镌刻在个体生命中的历史印记时，也将这份激情存留心底，砥砺前行。

我为书籍作序不多，但每一次作序都是因为被书中的人物与故事所感动。这本《广东老电力人口述史》（第二辑），让我们看到了广东电力的成长史与电力人的那股精神力量，这就是广东电网创建全国最好、世界一流省网企业的宝贵精神财富。

（作者系广东省人民政府参事，广东省文联原党组副书记、巡视员）

目录

目录

从『童工』到『电力人』

林应春　男，1928年出生，广东潮州人，原潮州（现潮安）电力公司副经理。1958年至1961年任凤凰水电站副科长，1970年至1972年任潮州登塘公社副主任，1972年至1980年任潮州世田水电站副指挥兼施工科长，1978年至1986年任潮州（现潮安）电力公司副经理。1987年退休。

光阴荏苒，日子如白驹过隙般在指尖溜走了，我已经过了鲐背之年。回望走过的91年人生，我经历过当童工的酸楚艰难，经历过出任工会会员的意气风发，经历过参加水电建设的热血沸腾，经历过管理电网工作的运筹帷幄，经历过编纂电力志的呕心沥血。成为一名电力人，是我这一生最重要的转折点，也是我生命最浓厚的底色，那些酸甜苦辣，是我一辈子都珍惜的财富。

1928年7月15日，我出生在潮州一个普通的人家。父亲叫林炁云，是一名小学教师，曾在潮安城区县初二小学教书，1937年任潮安浮洋小学教导主任。母亲叫卓妙兰，是潮州城的一名绣娘。潮绣，是国家级非物质文化遗产。母亲和许多当地的妇人一样，很小的时候就学会了用针与彩色的线，绣出精致的图案，并用这门手艺赚钱贴补家用。

我是家里的老大，在我下面，还有两个弟弟，二弟林应和，三弟林应清。原本我们是幸福的一家子，父亲温文尔雅、追求进步，母亲贤惠能干、持家教子。然而，出生在那个腥风血雨的年代，注定是要经历颠沛流离的。1938年，日军侵袭潮州，父亲在随后的某一天突然离家，苦寻无果。后来从父亲的学生那儿听说，当时父亲是加入了青年抗日联谊会，随联谊会会员一同去了南洋，从那时起便杳无音信。

母亲作为一个绣娘，要拉扯大3个儿子实在吃力，苦苦支撑了两年之后，苦于没有办法，只能含泪将最小的弟弟送了人，又把当时12岁的我送去做童工，因此，我只上到了小学四年级就再也没有接受正式教育了。最开始，我来到一家叫龙光屐店的木屐小店，只有夜以继日地干活才能有饭吃。隔年，我跟着一帮年龄比我稍大的潮州人一起来到与潮州接壤的澄海东里镇，在一家叫合成发的金银铺当童工，帮着拉风柜，为锻造金银饰品生火。

一贫如洗的家庭在我14岁时雪上加霜——母亲因饥饿染病去世，年仅35岁。在我印象中，母亲是那种典型的传统潮汕妇女，性格温和贤惠、勤劳朴实，还拥有一门抽纱刺绣的好手艺，很会持家过日子，父亲去了南洋以后，整个家庭的担子落在母亲一个人身上，但她没有怨言，总是埋头苦干，支撑起这个家。从此，家里便失去了唯一的支柱，我和弟弟只能到处去给人家做帮工，维持生计。

1945年，日本投降，我也从澄海回到潮州。为了继续维持生计，我在当时老市区一家叫美丽饼家的铺子里继续当童工。由于受老板的信任，我接到了采购面粉、白糖的任务，可以出去跑跑瞧瞧，不用一天到晚老待在饼食厂里，这让我非常开心。我时常到东堤的一家叫陈荣记的糖店买原料，和主人家很快便熟稔起来，糖店老板也许是觉得我是老实人，工作又勤快，便主动招我到他家的糖店工作。在那家糖店里，偶然一天在店里的茶几上看到一份名叫《雷达》的杂志，也不知道主人家从哪儿弄来的，我便好奇翻一翻。我从小跟着父亲这个教书先生，也是认得不少字的。当时，这份杂志里的内容大概是报道有关解放战争的一些情况，写得比较客观，一下就吸引了我，我从里面得到不少关于共产党员的信息，这算是我成为一名共产党员的启蒙读物，自那起，我便对“共产党”这几个字有了印象。

1949年的林应春

1950年，新中国成立不久，各地兴起了组建工会的热潮，当时，从凤凰山解放战争队伍（即闽粤赣边第四支队）下来的同志开始倡导组织工会，潮州就在那个时候设立了基层工会。最先我接触到了当时潮州总工会一位叫李鸿展的同志，在他的动员下，我加入了店员工会（后改名为“商业工会”），并成为一名积极分子，还带领了当时同店的同事黄海平加入工会。为什么我会那么热衷工会的活动？这要从一个小细节说起。当时，我在老市区东门街的一家菜摊前，看到几名闽粤赣边第四支队的解放军在买菜，买完菜之后，他们如数把菜钱还给了摊主，那让我很是感动，也深深认识到，这些人和国民党军人是不同的，那些人买东西从来都不给钱。所以，当地方工会成立之初，很多人都不愿意加入组织，担心出什么乱子的时候，我却积极投身其中，因为我坚信，一支作风如此正派的军队，他们的组织必然也是纪律严明，是值得信赖的。

加入工会，是我实现从童工向电力人的跨越过程中一个必不可少的阶段，如果没有这段工会的经历，我可能就永远也不会踏入电力公司这扇门。每每回想起这些，我总是会感慨，虽然自己命运多舛，但是上天还是眷顾我的，而我也是因为抓住了这个机会，才能够改写自己的命运。也因为这样，我总爱和我的子孙们说起这段经历，并且一说就滔滔不绝。我是想以自己的经历，鼓励他们在自己的人生中，懂得抓住机会，为自己寻找更好的发展平台。

我加入工会后一心扑在工作上，经常到店员工会帮工、贴宣传口号、通知工人开会，还负责工会里的文书、会费管理等各种工作，由于工作都做得井井有条，凭借不错的表现，1951 年 6 月，我在李鸿展同志的举荐下，脱产成为工会的一名委员。在工会的那段时间，我的工作很繁杂，包括计账、组织活动、宣传政策、协调一些会员提出的问题等等，每天忙得不可开交，但是我却乐在其中。我在店员工会一做就是四个年头，1954 年，我被调到了潮州总工会负责财务工作。1956 年 6 月，在当时总工会副主席戴纪旺和潮州市政府秘书长叶芝海的介绍下，我加入了中国共产党。可以说，店员工会见证了我一生中最重要的成长历程。

两年后的 1958 年 9 月，一次偶然的机会，让我第一次接触到了电力行业。当时，由于潮汕地区工、农业的发展，潮州、汕头等地用电日趋紧张，潮安县委就决定在潮安县凤凰镇建设一个水电站，这个水电站叫凤凰水电站，也是当时粤东第一个水电站。可能是由于我在工会里积极的工作表现加之有着较为进步的思想，我被抽调到凤凰水电站建设委员会，成为建设大军中的一员。凤凰水电站的投建，对整个潮汕地区来说，是一件惊天动地的大事。为了建设这个水电站，建设委员会从潮州、汕头、揭阳等地抽调了300名干部、30000名民工，一起投入建设中。我便是那300名干部中的一员。20世纪50年代的中国，电力的使用并不普遍，那时候的潮州，整个城里只有几个电池厂、火柴厂自己有电力设备，输出的电能也不多，大多只有十几千瓦而已。那时候的潮州城，哪里有如今到处的霓虹灯闪烁，只是星星点点微弱的光，但都显得特别闪亮夺目。

参加凤凰水电站的建设，让我第一次与电打上交道。一直以来，我都是一个热爱自然科学的人，对于电有着浓厚的兴趣。我刚到工地的时候，做的是大坝填土的验收工作，半个月后，又被调到估价组，负责工人运土、填方和开打石方的工资核算工作，虽然都是些与施工相关的管理工作，但我意识到参加水电建设，不能对电一无所知，于是借着这个机会，我打定主意要从头开始自学电力知识。我跑到书店里，淘了一套《初级电工原理》，厚厚的4本。每天，白天我忙着工地上的事儿，夜里有空的时候就借着工地微弱的灯光一页一页认认真真地读，还做了很多笔记，一遇到不懂的地方就去请教工地上的人。当时工地上许多工程管理人员，都是电工出身，他们一点拨，我就豁然开朗，进步也特别快。这让我第一次认识到建电站的重要性，了解到建电站的条件和技术，看到了电力行业的前途。那一套电工基础书籍啃完，我对于直流电、交流电、电磁原理、水力发电等在心中都有了个谱，这些电力知识的积淀，让我在和工地上的施工人员交流时，能够很轻松地理解他们所说的专业知识。

1959年，我从负责工资核算的劳动工资科的一员，变成了二工区的施工副主任，一年后，由于工程需要，我又到了供应科当副科长，主要负责调运施工需要的水泥、机械等物资。那时候潮州当地和周边地区还没有水泥厂，我和科里的另一个同志郑开明便分别被派往广州和沈阳蹲点调运水泥和发电机组，在两地常常一蹲就是几个月之久。每天排队等着托运水泥的车非常多，我只能守在水泥厂，协调车辆将水泥顺利运回水电站建设工地，直到 1961 年 1 月才回到潮州。然而，1960 年 6 月 5 日—7 日，凤凰地区连下三天暴雨，大坝泛水满顶 0.9 米，村坝原山体溢洪，急流冲崩副坝 30 余米，造成溃决，原本火热建设中的凤凰水电站就在 1961 年被迫停工，停工前，整个工程项目已开支 500 多万元。当时，46 米高、381 米长的大土坝已建成，16 公里长的渠道也已开挖完毕，主厂房基础也打好了。

停工那段时间，我便离开建设委员会，被调到潮安区组织部工作。沉寂了几年后，凤凰水电站于 1966 年 10 月恢复建设，并在 1969 年建成发电。后来的建设，我没有再参与其中，但是凤凰水电站建成发电那一刻，我作为曾经的建设者之一，那种骄傲与自豪是无法用言语表达的。当时，建成之后的凤凰水电站一年可以输送的电量为 1 亿千瓦时，主要供应潮州、汕头的用电，看着潮州城区越来越灯火璀璨，我心里满是难以言喻的开心和激动。也许是骨子里有对于电力事业的喜爱，我才有了自学电力知识的动力，有了参与建设水电站的冲劲，而我所有的付出都被相关领导看在了眼里。1970 年，我在登塘公社当副主任（相当于现在潮安区登塘镇副镇长的职务），在我任职期间，我们建成了广东省第一个公社级 500 千瓦的水电站。

其实，最初提出要在登塘建水电站的不是我，而是当时生产组的一个叫

1969 年元旦，林应春（二排右二）与妻儿合影

丁耀的组长，由于他在“文革”前是潮州水电局局长，对水电比较熟悉，加上那时候各地都普遍出现电力紧缺现象，这引起了他建设水电站的强烈愿望。但是他提出这个想法后不久，就被调到另一个部门去了，所以登塘水电站从计划到立项再到建设投用，几乎都是我在负责的。在一个乡镇建水电站，在当时是很稀罕的一件事。由于财力和物力不足，建设资金和工人问题一时难以解决。一开始，区里的领导们还不大支持，但是我们坚持下来了。我们发动各大队派工人参与建设，先赊工钱，等投产有收入再补还工钱；公社又积极向农业银行争取 38.5 万元贷款作为建设费用。当时架设线路没有水泥电杆，我们就请来石工，用大石头开成 30 厘米 ×40 厘米面积大小，高 10 米的石杆代替。

至今我还记得，那是在 1972 年 9 月 22 日，正值农历八月十五中秋夜，登塘水电站正式建成投入发电。水电站输出的电，通过 15 公里长的线路，源源不断地输送到登塘镇区。那个中秋夜，天上月儿照得亮堂，而镇区的街道、人家也终于有了电灯的亮光，说来就来的光亮，让每一个村民都感到新鲜和神奇。

建设登塘水电站的过程是辛苦的。没有钱，我们贷款 30 多万元，那时候我每月的工资才 60 多元，30 多万元是怎样一个天文数字可想而知。没有技术人员，为了节约花费，我们先是动员电力部门人员还未就业的子女加入，依稀记得当时有 5 人是我们动员加入的。他们对电还是一无所知，我就找来几个经验老到的电工给他们培训，经培训后成为建设线路的工人，我自己的大儿子林克生，也便是在那时候掌握了铺设线路的技术，这也为他之后从事电力工作打下了基础。而帮忙水电站施工的农民工，大多是村民，那时候没办法发工资，大家就记工分，一个人做一天工记 2 个工分，大概折合人民币才 8 毛钱，但大家对建设水电站的热情高涨，就算一时做着没报酬的活儿，也个个愿意，而我自己也操起扳手，亲身加入到建设中去。

水电站投入使用后，不仅满足了周围居民的生活用电，还提供了一定的生产用电。有了电之后，为了搞起当地的养殖业，我找来了一个学养殖专业

1979 年，潮州世田水电站建设者合影，前排右一为林应春

的学生，让他从事秸秆粉碎喂猪的工作，利用电力使用粉碎机，将水稻收割后的秸秆进行粉碎，变成细腻的粉末拿去喂猪，将生产队的猪喂得一头头都健壮肥美。在周边的几个公社中，我们的猪是养得最棒的，也是花费成本最低的，这一切都要归功于水电站的建成。而随着周边一些地区认识到电力发展的重要性，电在日常生活、生产中的运用也越来越多，我们水电站除了满足自己辖区的用电外，还向古巷镇、潮州城区输送过电。

1978 年 8 月，我接到上级的调任通知，让我担任潮安县（当时潮州还没有升格为市，潮安县其实相当于现在的潮州市）电力公司副经理，也是该电力公司的第一任副经理。不过，由于 20 世纪 70 年代用电紧张，当时我负责建设起来的登塘水电站面临着扩容建设、并网建设，经过领导批准后，我仍然在登塘镇负责完成工程的续建工作。当时，我们在归湖镇建了一个变电站，将溪美发电站、登塘水电站连接并网，集合起来一年能够输出的电量达到 2 万千瓦时，其中有一半输送到了潮安城区。

扩建工程到了 1979 年才全面建成。随后，我便到电力公司履新。我在担任潮安县电力公司副经理的过程中，主要是分管生产领域，要说工作也开展得不错。其中遇到的一件大事，就是帮助庵埠镇建成了连接省网的电网。那是20世纪80年代，潮州的小工业迅猛发展，潮安区庵埠镇是一个食品加工、印刷小作坊特别多的镇区，没有电，无法实现规模化的生产，难以促进当地产业的迅猛发展，而从当时全国范围来看，那正是一个各种工业蓬勃发展的时期，如果错过了这个好时机，那将极为可惜。

为了破解电力缺乏的掣肘，庵埠镇的相关负责人找到我们，希望电力公司出人帮助他们铺设线路，从位于汕头的220千伏红莲池变电站引电进入镇区。红莲池变电站是粤东地区第一个连接省网的变电站，如果能够连上，那么当地将获得源源不断的电，这对当地产业发展来说绝对是一个福音。于是我们同意调派电力公司员工无偿帮助他们铺设线路，使得连网工程得以顺利进行并最终通电。后来，潮安地区轻、重工业的蓬勃发展印证了当时并网决策的正确性，一直到今天，潮安地区的工业用电依然高居潮州市各地区中的第一位。

我在任副经理期间，还碰到过一件很棘手的事，可以说是我工作那么多年觉得比较困难的一件事，那是一条35千伏输电线路的“进城记”。那是1979年，我到潮安县电力公司任职后不久，当时，为了将市区内的10千伏线路扩容到35千伏，我们决定从桥东变电站引一条35千伏的供电线路进入潮州市区，最直接的方法就是让线路穿过湘子桥进市区。但由于当时湘子桥是当地唯一一条国防线路，市公路局不同意此套方案，为此，还由当时的市委书记彭启安和潮安县委书记林兴胜出面，将建设意见上报省公路局，他们也驳回了我们的方案。由于受当时的资金和条件限制，我们也实在想不出其他线路走廊可以引进。为此，市委还专门召开了两次协调会，都让我参加。在我们的极力争取下，最后由时任潮州市电力局副局长黄泽信从省公司拿来铁塔的设计材料，我们再自己依照设计材料建造成了潮州当时第一座电力铁塔，立于湘子桥底下，最终用此方法帮助供电线路顺利进了城。

1985年，我到了退居二线的年龄，原本以为离开指挥工作的位子就可以清闲地享受晚年生活了，却在此时接到了负责编纂第一本《潮州市电力志》的工作。当时，各地正兴起修志书的风气，而潮州电力志此前并没有，这是头一遭的事儿，对于我这个书读得不多、又一直从事生产一线工作的人来说，倒弄起文字的活儿，还真的是一种考验。

志书的体例如何，我没有可以参考的样本，只能从《潮州志》等志书中寻找灵感，当时，为了编制好志书，我和黄建国、庄锦标几个同事经常聚在一起商讨编志书的细节。我们几个人合力拟好写作的框架，至于编修的内容，虽然我从年轻时候就加入电力行业，也是潮安县电力公司的第一任副经理，对于整个潮州电力发展的脉络还算清楚，但由于待过的地方有限，对于一些从来没有去过的乡镇，当地电力建设发展历史如何则不大了解，所以当时为了搜集更多的第一手资料，为志书的编写积蓄更多信息资料，我用了一两年的时间深入基层，走遍各个乡镇去搜集有关电力发展的资料，随后才集中精力开始编写这本电力志。

两年之后，主要由我负责编纂的《潮州市电力志》付梓出版。里面收集了我们辛苦拍摄的十多张各地变电站、发电站、供电所的照片，文字充实、史料详实，将潮州自 1915 到 1985 年之间的电力建设、机构管理等演变、发展情况记载下来，力求让这本书有更多的历史意义和现实意义，为电力部门各级领导起到鉴古知今、继往开来、开拓潮州电力发展新局面的作用。

《潮州市电力志》编纂完成，为我一生的电力事业画上了一个圆满的句

2000 年 12 月 28 日，林应春（前排左四）与老同事们重游昔日建设的凤凰水电站

2004 年 11 月 21 日，林应春与妻子合影

号。1987 年，我光荣地退休了。退休后，我仍然没有停止过对潮州电力发展情况的关心。退休后那几年，我还担任潮安电力公司离退休党支部的书记，将自己的余热继续留在为党组织、为企业老同志服务的岗位上，干了几年自觉年纪大了，身体实在吃不消，我才申请辞去离退党支部书记一职。如今，我依然住在电力公司的宿舍，楼上楼下很多都是老同事，大伙儿如今退了休，常常一起喝茶聊天，我还当上了大家的“茶长”，没事就组织大家一起出来活动，也总是时刻关注着企业的发展。我的几个子女包括孙子，不少人也在我的影响下成为电力人。我的大儿子林克生早在 20 世纪 70 年代建设登塘水电站时就接触电力工作。后来，大儿媳妇苏庆民、小儿子林加生、小儿媳妇林梓妮、大女儿林凤生、二女儿林静生及二女婿谢斯群，以及三个孙子都在潮州供电系统工作。看着后辈子孙也和自己当年一样，如痴如醉地投身到这个行业中，为潮州电力事业的发展挥洒青春与汗水，我心中既高兴又欣慰。

当我走过鲐背之年，回首一辈子经历过的这些风雨和彩虹，更有一种读懂了人生的达观与顿悟。我能够在自己喜好的职位上付出自己全身心的努力，并且取得了一次又一次的成功，同时，又能见证潮州电力从无到有、由弱到强的发展历程，这样的人生，便是充满了生命价值的一生。虽然对于现在的技术我也弄不懂，但是我还是觉得我们这一代老电力人，为电力的发展作出了功不可没的贡献，潮州的年供电量从我退休那年的2亿多度到2018年的接近90亿度，这个飞跃就可以说明一切了。所以，我总对现在的年轻人讲，要珍惜现在这么优越的生活环境，做什么事都要刻苦，奋斗在先、享受在后，让自己的一生变得丰富而有意义。

（林应春口述/陈炜东、黄伟岳整理）

自古忠孝两难全

郭渭彬 男，1931年出生，广东潮汕人，原广东省电力工业局副总工程师。1952年毕业于江南大学电机系。曾任广东省电力勘测设计院副院长。1973年至1980年，曾被外派至刚果（布）参与援建工作，任援刚果（布）布昂扎高压输变电工程组副组长和技术负责人。1997年退休。

我是潮汕人，原籍广东潮阳县铜盂镇（今属广东省汕头市潮阳区），1931年农历三月初七，即阳历4月28日午夜，在上海武定路976号出生。父母共有子女十人，我排行第十。祖父郭咏归在上海经商，开糖栈，父亲郭守纯是庚子赔款的留学生，从事教育工作。外祖父蔡秉志是华侨，在泰国办钱庄，母亲蔡俊芳有泰国血统，是名门闺秀，我对她的记忆是出得厅堂，入得厨房，很贤惠。

我从小在上海居住，成长在租界，也亲历了抗日战争爆发、上海沦陷的硝烟。为躲避战火，我们一家逃难到苏州光福镇太湖边生活。抗战胜利后，全家搬到南京居住，一年后，才重回上海。

父亲十分重视我的教育，我5岁便入学读书，但由于战争缘故全家屡次搬迁，我辗转就读于上海乐安小学、南屏小学、交通中学、南京金陵大学附中、上海麦伦中学、圣约翰大学附中和越旦中学。我幼年身患肺炎，曾两次住院治疗，由此落下了终身疾病——过敏性哮喘，秋冬时经常发作，请假辍学对我来说是常事。从上学时间上看，我称得上是“三天打鱼，两天晒网”，但在主观上，我喜欢学习，即便病假在家，只要病情不严重，我总会坚持自学，不过成绩就只处于中上水平。

年少时光，我虽尝尽了战争的苦楚，但所幸一直有家人陪护在身边，能享受到家庭的关爱，相比众多同龄人，我已是非常幸运了。

我对科学的兴趣缘起于童年，很小的时候，我就喜欢拆装收音机，14岁开始学装矿石机。我大哥是无线电业余爱好者，家中有不少无线电、电子学书籍和配件，供我阅读和练习装配，于是我便也成了无线电业余爱好者，身边谁的收音机坏了，我会主动帮忙修理。从小的学习实践经历让我真切地感受到了“知识就是力量”这句话的含义，只是那时候的我想不到的是，电力通信竟会成为自己一生的事业。

我平时爱听西洋古典音乐以及中外现代歌曲，是音乐“发烧友”。我小学三年级就开始学英语，初中三年级语文课本用的是世界文艺著作《双城记》，数理化用的也是英文课本。1952年全国教改前，大学教材仍沿用英文版，老师也有用英语讲课。我英语听和写的能力就是这样培养起来的，英语成绩在班上也一直名列前茅。因为有英语的基础，后来我出国援外时，还自学了法语，足以应付日常生活和专业技术方面对话的需求。

1949年新中国成立后，我们举家迁至无锡，也就是这一年，我开始上大学。我的大学是在无锡的江南大学（以下简称“江大”）电机系度过的，当时的大学学制是四年，但为了响应国家第一个五年计划，我大三那年没有放寒、暑假，而是连着上课，得以提前一年毕业。大学期间，我的英语、物理、化学和专业课程的成绩比较好，但由于中学时数学课程脱节较多，三角、解析几何没有完整学习，高中第三年我又跳了级，没有读，所以数学底子不好。而一进大学就要学习微积分、微分方程，我感到十分吃力，数学课程只能勉强及格。数学理论的不足，给我后面的工作带来了障碍，遇上技术层面较深的研究分析会存在困难，这成为我的一大遗憾。

江大三年的学习对我一生影响巨大。老师们的谆谆教导和辛勤培育，使我受益匪浅。当时江大有多位资深著名的教授，如吴大榕、金善宝、朱正元等。他们很辛苦，奔波在沪宁和沪杭甬铁路线上，来江大兼课。吴大榕先生教我们电机原理（交流电机和直流电机），没有课本，用的是讲义。上课时，学生要用心记笔记，回去后才能好好复习。这本讲义后来由出版社出版发行。我请他在书上题词，他写道：“作为今后技术交流的基础”。这既是一种鼓励，又是多么谦虚。这本《交流电机学》至今仍是高等院校沿用的教材。吴大榕先生每周上七节课，集中在两天内上完，他讲课水平很高，讲解交流电机旋转磁场原理，十分生动易懂，深受学生敬佩。

根据20世纪50年代的国情，那时电机建设的规模一般都不大，技术要求较单纯，但人才缺乏，要求一专多能。江大当时的课程设置，专业面比较广。电机系开设电机原理、热力工程、发电厂、输配电、汽轮机、燃汽轮机、电子学、水力学和工程管理等课。经多次教育改革，现在的专业已经分得比较细，这是必要的。这就如医学界，过去强调“专科”，现在却发现“全科”医生不足，是一样的道理。

1953年，我国第一个五年计划开始实施，国家急需人才，当年全国大学三年级学生寒暑假都不放假，继续上课，所以时年22岁的我在那一年提前一年毕业。毕业后我服从全国统一分配，到湖北武汉冶电业局基建处工作，正式工作前先在武昌第二线路工区实习，跟班勘测6.6千伏配电线路。当时我们勘测，是不用经纬仪的，只用三条花杆目测，瞄准三点成一直线，拉皮尺定出杆位。几个月后，我被安排到武昌66千伏珞珈山变电站工地，担任甲方工地代表。当时中南地区最高电压为66千伏，珞珈山变电站是中南地区首个枢纽变电站，站址在一个小山包上，那时没有机械，全靠人力开挖平整，甲方要现场验收土方数，我亲自去银行取款交给乙方。刚开始土建施工和安装时，我跟随师父学电焊，尝试自己操作经纬仪，安装变压器，进入箱内作检查。我对工作充满了热情，一心想为社会主义建设而不懈奋斗，不论是技术性工作还是琐碎的事务性工作，都会积极参加。

1954年，武汉冶电业局和南京电网分配到东德RFT生产的电力线载波机，同事和领导知道我平常喜欢研究收音机，所以在他们的鼓励下，我自告奋勇承担了学习电力系统通信的任务。电业局成立了通信科，由部队通信兵转业干部担任科长，我任主任技术员。首先碰到的困难是载波机说明书是德文的，没有人看得懂，我去武汉邮电学院老教授家登门求教，他口述，我笔录，把说明书翻译成了中文。之后，着手中南区首项武昌至大冶66千伏输电线电力载波通道的建设，改造完善调度和行政电话网络。我自学了市内电话和长途电话书籍，当时用的电力线杆上附架电话线存在安全隐患，曾发生触电死亡事故，后来我们改为租用邮电局的电话线构成网络，增设调度电话台，替代多台电话座机，既减少了事故又方便使用。我还接受电力部的委托，举办中南区电力载波培训班，为福建古田水电站等单位培训运行人员，当时百废待兴，非常需要人，这个培训班也一样，讲课老师只有我一个。我担任此工作历时有3年时间，总结并编写了全国第一本《电力线载波通讯》，共6.4万字，1958年由中国水利电力出版社出版，为国家在这一领域的发展奉献了绵薄之力。

因不适应武汉的气候，我哮喘多次发作，住院治疗，不能上班。当时电业局文冶平局长十分关心我，曾亲自到我的宿舍探望。他征求局医务室李淑荣医生的意见后，接受我调动的请求，通过中南电管局协调，很快就批准我调到广州。他对我说："年纪轻轻的，不要病倒了。"这充分体现了新中国成立初期，领导关心群众生活疾苦的优良传统。他也激励我，要忠心耿耿为党的事业勤奋工作，积极向党组织靠拢。事隔几十年，见到武汉的老同事，我们还会提起这件事。

年轻时的郭渭彬

1957 年，我调到广州电业局设计室，由此开始从事设计工作。参加了广东第一条水泥杆的 35 千伏西村至花县输电线设计，而后完成了供电韶关曲仁煤矿、新会牛牯岭锡矿的线路设计。

1958 年，中南电力设计院下放 51 人到广东，成立广东电管局设计室，我任系统组组长，着手编制广东第三个五年计划电力系统规划，参加"三五"电力系统规划工作。1960 年我光荣地加入了中国共产党。1963 年，水电和火电两院合并，我任系统室主任，组织编制珠江三角洲电动排灌供电规划和广东东江输水香港供电规划。1969 年水火两院分开，又成立广东电管局设计院，我任系统线路室主任，参与组织预应力水泥杆的研制，这一成果获得了国家科技大会奖，我被提升为工程师，在个人事业上，算是向上迈进了一步。

“文革”中，我被下放到韶关乌石广东电力基建公司，历时3年。其间，曾去乐昌电力“五七”干校锻炼3个月，组织和参加了10千伏珠海唐家湾至淇沃岛和35千伏澄海至南澳岛海底电缆的设计和敷设。1969年寒冬，我参加了110千伏大南线导线结冰倒杆事故的抢修工作，在冰天雪地的山顶住了一个多星期，那种寒，是寒入骨的，但我们坚持了下来。我参加了备战“三线”的建设，跑遍了粤北的崇山峻岭，说起粤北的山山水水，我们参加工程的人心里都存着一幅细致的地图。

1971年，中南电力设计院撤销，70个人被调到广东，我们在韶关和乌石两地办公，开始接触大型电厂和220千伏输变电工程设计。1972年初，在广东省水电局援外办公室的组织下，我被抽调出来做援助刚果（布）工程的准备工作。组织首批出国人员学习了有关外交政策、外事纪律和援外政策的文件，参加法语起步学习培训，并在各专业人员指导下做出国所需物资、资料的准备，这个工作到1972年底结束。同年，设计院迁往广州，恢复为广东省电力勘测设计院。当时由省水电局组织考察了一年，没有输变电专业人员参与，半年后才又补派了两人。因为时间紧，考察资料又欠缺，国内设计难以进行，所以输变电工程组又安排了一个补充收集资料和编制勘测要求提纲的任务。1973年1月，我赴刚果（布）执行援外任务，经历了白手起家、建立施工基地、补充收集资料、开工建设、竣工投产、办理移交的全过程，长达7年之久。

7年的时间有多长，经历过的人才知道。于我而言，是把人生最好的时候都给了非洲。回来的时候，小儿子都不认得我了。

当时，我们国家援助刚果（布）两个大项目：布昂扎水电站和布昂扎高压输变电工程，共派出300多人，其中，输变电组有100多人。我们属高压输变电工程组。队伍迅速组建起来。由上级省水电局任命，广州供电局党委书记巩敦夫任输变电组正组长，我任副组长兼技术负责人，省水电局王炎副局长初期驻刚果（布）统筹两工程组的工作。1975 年，由广东省输变电工程公司党委书记黄锦熙接任输变电组正组长，增加该公司办公室主任李正田为副组长。1973 年 1 月 18 日，第一批人员共 20 人抵达刚果（布）。我们此行的任务主要有三项：一是参加施工会谈，二是补充搜集设计资料，三是做施工准备（包括永久工程施工前的辅助工程）。早在 1950 年，法国也曾在此建设水电站，但法方见收益不佳，便将项目停建。

我们住在首都布拉柴维尔大使馆经参处招待所，工作组利用前专家组留下的木工器具，自己做长板凳和木床板；施工现场没有工作服，李培一用我国出口刚果（布）的蓝色迪卡绒，用缝纫机为每个人做了两套工作服，一穿上，整个人都精神多了。

之后，我们就风尘仆仆地赶往 216 公里外的勒布里火车站附近——那里被确定为布昂扎高压输变电工程组的基地，因为那里的交通相对便利，便于补给和运送物资。在基地的宿舍里，两条板凳平行而立，木床板往上面一搁，铺上草席，再挂上一顶尼龙蚊帐，便是堪比席梦思的“卧榻”。刚果（布）官员前来拜访，看到我们的居住条件后，大为惊讶，一定要赠送弹簧床垫给工作组，我们婉言谢绝了。

水电站建设在密林之中，当地人称之为“莫咕咕噜”，意思是“魔鬼出没

1973 年，郭渭彬（左一）在刚果（布）参加“五一”节庆典

1975年，郭渭彬（右二站立者）向参加开工典礼的来宾汇报工作

的地方”，我们直接面临的“魔鬼”就是疾病。刚果（布）地处赤道附近，是世界上最炎热的国家之一，热带气候非常适宜蚊子繁殖。我们工作组到刚果（布）不久，就有人患上恶性疟疾，体温蹭地一下升到40摄氏度以上。还有丝虫病，这是水电站处深山老林里的一种虫子所引起的。人被咬后，会出现脑水肿，进而昏迷。我们有一位同志就因此病而牺牲了。最要命的是，由于我们输变电组第一批人员没有随行医务人员，驻扎在布拉柴维尔的中国医疗队远水救不了近火，看着病倒的同事，我们急得像热锅上的蚂蚁，却是面面相觑、束手无策。

基地附近有一所天主教堂，恰逢牧师前来基地拜访。牧师表示：虽然双方信仰不同，但在业务工作上可以合作，教堂设有医疗站并兼售汽油，可以为工作组提供必要的救助。同时，希望110千伏输电线路不要穿越教堂区域。工作组答应了牧师的要求，患病的同志获得了医疗救助，工作组则对输电路径进行了修改，保证线路不穿越勒布里天主教堂区域。

刚果（布）曾是法国殖民地，法语是当地官方语言之一。为了能跟当地人沟通，技术组白天干活，晚上就聚在一起学习法语。起初由翻译人员教授日常用语和专业技术词汇，为了让大家记得住，用汉字进行注音。

我到刚果（布）第一个月，就花了1200西非法郎购买法语书籍，后来用两年时间硬是学完了《法国语言和文化》第一册。当地技术人员缺乏，一名中国员工要教会当地十几个非洲人干活，翻译人员严重不足，语言实在无法沟通的时候我们就用手比划。为了保证工程的质量，我们手把手教，一次不行就两次、三次，反复教。在朝夕相处中，我们和当地人结下了深厚的情谊。刚果（布）人学会了一些简单的中文词汇，甚至是粤语。一直到现在，他们对中国人都很热情，见到中国人，不说法语，而是用中国话说“你好”，称呼我们时不叫“先生”，而叫“同志”。

在高压线路的勘测定位中，有一处12公里长的地段是在无路可通的深山老林，这是全线勘测和施工的难关。刚果（布）地处赤道，分旱季和雨季，气候炎热，雨季的气温高达40摄氏度。野外勘测施工作业时，上有烈日，下有比人还高的荆棘和茅草，旱季一身泥尘，雨季早上一身露水，行走其中的勘测人员犹如身处蒸笼之中，还要拄着手杖敲打比人还高的茅草，才能勉强踏出一条路来。当地都是泥土路面，雨季时，车辆容易在路上打滑；旱季时，道路则泥尘飞扬。野兽没见到，黄蜂、黑蚁却时常能见到。我和陈宗敬会在下午的时候去工地捅马蜂窝，用火烧的方式消灭隐患，便于第二天登杆施工。

放线施工时大家还经常遭受突如其来的暴雨。雷鸣雨泼过后，超强的紫外线从浓厚黑云的缝隙间投射在我们脸上、身上，不到两小时，皮肤就会被灼伤。就是常年在外的输变电人，也没经历过这么艰苦的环境。

非洲蟒蛇多，时不时就会“光临”我们的基地，好在队员陈有钜是广东人，是捕蛇能手。有一次，一条大蟒蛇晚上溜进我们鸡舍，吞食了两只老母鸡后，应该是吃饱了，把身体一圈圈地盘成蚊香状酣睡。我们听到动静后都起来，陈有钜招呼了一个同伴，俩人拿上探照灯一头扎进了鸡舍，约摸十分钟，只见他俩一人抬着蛇头，一人抬着蛇尾，一前一后走出鸡舍，其他人早已准备好了铁笼子，大蟒蛇就被关了进去。第二天，基地一片欢腾。广东人喜欢吃蛇肉，那条大蟒蛇就成了餐桌上的美食佳肴。七年间，这样“偶然的盛宴”竟然发生了有十次之多。除此之外，我们每人还有一块菜地。为适应

20 世纪 70 年代，郭渭彬（右一）陪同刚果（布）员工参观由中国自主生产的预应力水泥杆

当地的气候，我们早上 7 点就出工，中午回来午餐后，下午就下菜地种菜，蔬菜做到了自给自足。种菜、捕蛇、蛇宴，这些为艰苦的驻外生活增添了些许乐趣。

1975 年 7 月，输变电组组长黄锦熙一行三十余人从广州坐火车到达北京，然后乘飞机中转尼日利亚，最后抵达刚果（布）。适逢当时尼日利亚武装部队发动政变，我们所有人都吸了一口冷气：他们会不会被困在那里了。所幸并无大碍，一行人顺利到达刚果（布）。碰上另一次政变是在 1977 年，当时刚果（布）总统恩古瓦比遇刺身亡，刚果（布）国内局势动荡，首都戒严，各个交通关口都设了士兵镇守。我在首都迎接一批出国人员的到来，在返回基地的途中，竟被荷枪实弹的士兵拦阻，被他们带回军营。好在后来军方长官认出了我们是中国专家，连声道歉并放行，算是有惊无险。形势紧张的时候，当地还主动派出全副武装的士兵在中国专家住所附近巡逻，保卫中方人员的安全。

布昂扎水电站和布昂扎高压输变电工程从 1975 年 6 月开始动工，在中刚两国政府的关怀下，经过双方工程人员、工人的辛勤劳动和友好合作，第一台水轮发电机组于 1978 年 3 月正式投产供电。1979 年 5 月，工程全部建成。7 月，移交刚果（布）政府运行使用。这两项工程中国预算投资 14 亿非洲法郎，实用7.3亿非洲法郎，我们为国家节省了6.7亿非洲法郎。

1981年1月，工程结束，我们输变电工程施工人员要撤回国内了，当地居民为我们举办了欢送会，大家在一起联欢，愿中刚两国人民之间的友谊长存，地久天长。在1983年，刚果（布）总统萨苏还说过：“我们有根据说，多年以来，中华人民共和国是与第三世界伙伴进行合作的典范。这种合作是富有成果的。刚果（布）人民始终关注着这些谨慎、淳朴和忠心耿耿的建设者。中国技术人员在我国各建设工地进行卓有成效的劳动，无论刮风下雨，还是炎热酷暑，我们的中国朋友总是认真执行着自己的任务。他们这种行为作为一种革命风尚，赢得了大家的尊敬和赞扬。我借此机会向这些建设者表示敬意。没有这些建设者，合作就没有任何牢固的基础。”

后来我还听说，昔日当地传说中“魔鬼出没的地方”，今日成了旅游胜地，并建起了刚果（布）工人新村。男女老少见到中国人，都热情地用中国话说“您好”“欢迎你”。他们说“中国才是我们的真正朋友”。中刚两国人民的友谊在这里扎根了。

我们回国时，正值党的十一届三中全会后，拨乱反正，全党的工作重点转移到经济建设上。广东是全国改革开放的前沿，电力是发展经济的“先行官”，但当时广东严重缺电，商店用汽油机自行发电，也向香港购电以缓解压

1979年，郭渭彬（左一）在刚果（布）110千伏勒布里变电站

力，解决用电问题迫在眉睫。此时，我被提升为广东省电力勘测设计院副院长，分管生产，又挑起了重担，组织并参与大型电厂选厂和接入系统设计研究，例如大亚湾核电站、沙角火电厂、抽水蓄能电站等。我还组织电力系统规划，参加广东500千伏超高压网架规划编制和专题系统研究工作，各大电厂的接入和两广联网，形成环珠江三角洲超高压网架。在此期间，我参加了北京电力规划设计院举办的设计工作全面质量管理TQC培训班，运用系统工程概念进行现代管理；同时，我还到广东省委党校马克思主义研讨班学习了两个月。1982年，我被批准为全省首批高级工程师，由叶选平省长亲自授予证书。

当时沙角B厂发电送出的工期十分紧迫，按常规基建程序，无法满足，而逾期的话就要进行赔偿。我被借调到广东省电力局，成立广东省首项500千伏沙角至江门输变电工程部，担任项目经理。我从单位借调精英骨干13人组成项目小组，大家团结一致，日夜奋战，最终圆满完成沙角B厂发送电任务。

这是一个庞大的项目，包括主体工程一线三站，500千伏沙角至江门输电线97.6公里，500千伏江门变电站和220千伏南海新会变电站。项目由工程部直接管理，220和110千伏配套工程及微波通讯由局基建处中调所管理，工程部归口，是个一揽子的大项目。沙江线由美国柏克德工程公司总承包，分包商为意大利沙依公司。江门站由瑞士BBC公司承包。南海新会站由日本三菱电机承包，采用交钥匙承包方式，由外商负责设计、供货和施工管理，共同进行国内施工单位招标选择。还有配套工程的材料设备由日本住友等供应。资金来源上，向境内外多家金融机构贷款，贷款数，主体工程为1.0167亿美元，包括配套共为1.3065亿美元。主体工程共有11个施工单位参加，施工高峰时施工人数2150人。从开工到竣工，只用了19个月，就圆满完成任务，可以说，这个项目是一场不折不扣的大会战。

1987年，外国专家和我合作撰写了《500千伏珠江大跨越规划设计与施工》，刊登在IEEE/CSEE超高压输变电技术联合会议刊物上。我与柏克德公司工程师谢先生和项目经理哈布希合编的《世界最高铁塔——500 千伏大跨越》，刊登在 1990 年美国《国际输电与配电》期刊上。

沙江输变电工程竣工后，我被调任广东省电力工业局副总工程师，分管输变电工程建设，兼局防火责任人，并担任粤港 500/400 千伏联网工程协调小组粤方组长，两广联网工程建设领导小组成员，500 千伏天广直流输电工程广东境内段办公室主任、项目经理，主持组织 500 千伏交直流输变电工程建设共 5 项，220 千伏工程 30 多项。

沙江工程的一个重要经验是：引进技术设备一定要结合实际才行。沙江工程中，我们对国外设计、施工方法作了多处修改。沙江线珠江大跨越中，意大利沙依公司原本套用该国南部跨越地中海至西西里岛墨西尼大跨越的设计，为塔地脚螺丝建地下室，对螺丝帽进行维护。海峡两端均为山坡高地，但珠江大跨越地处在江边沼泽地和江中沙洲上，改为地脚螺丝直接埋设在混凝土基础中是我国常规的方案，不然将后患无穷。原施工方案，在江中沙洲上用钢板建平台施工立塔，修改为由省基础公司提出的用竹篱笆作围护吹沙充填建人工岛。一般线路桩基开挖时用钢管，我们改为用泥浆护壁，我们用水电效应法检测是否存在露筋问题，在现场做示范，并实地开挖检查，做到了让外国专家心服口服的程度，外国专家也学到了中国的经验。此外，铁塔基础用角钢直接插入固定，改为我国常规设计埋设地脚螺丝。取消 BBC 设计的江门变电站内道路铺设钢筋的做法。施工方法上，我们还与美国波音公司合作，用直升飞机吊装铁塔，每日 20 基，中方施工单位在中跨越放线时，采用气球牵引线成功，从沙江线开始在全国率先采用 4 千伏/米场强允许值，减少沿线房屋拆迁。在工程建设管理上，我们学到国外的先进方法，友好合作，相互学习，取长补短，取得好效果。

西电东送，是我们国家重要的工程，我参与了两广联网第一条 500 千伏广西平果至广东佛山罗洞和罗洞至江门线接入广东电网，以及全国第二条 500 千伏高压直流——贵州天生桥水电站至广州北效换流站两项工程的建设。工程由中南电力设计院设计，审查时也作了多项修改。比如，两广联网平果变电站主控室布置在微波塔内，这是当时日本的做法。但采用的国产二次设备和控制电缆，抗干扰能力不足，受雷电电磁干扰影响，被迫停运，后来进行了大量改造补救，争取到罗洞站用我国常规布置来建设。罗洞站从韩国进口的通道式控制箱不适用，运行单位全部换成国产控制屏。

天广直流广东段线路经肇庆云浮部分污染严重。当时华东电网因污染，造成大面积停电。我局中试所做了大量工作，争取到超出现行规定、增加一片瓷瓶的方案，陆延昌部长主持审查，会上争论分歧很大很激烈，会后陆部长授权广东自行解决。经肇庆供电局调查，北江大跨越地点距离污染源太近，作了修改。1993 年我赴加拿大泰西蒙咨询公司参与编制天广直流设计规范书时，纠正了错误的设计理念。广东段的线路由省电力局负责建设，首次按正规的招标投标程序确定施工单位，得到省建委的认可，并推荐向南方航空公司作介绍。

粤港 500/400 千伏超高压联网，是另一重要工程。为配合粤港合资兴建的大亚湾核电站项目，每月一次的协调会议共举行了 25 次，有完善的工作机制。原来选的地址是边境莲塘，但当地市委不批，因此选址要迁移到深圳水库以北龙岗镇约 20 公里处。我们协调港方解决建设中的困难，圆满实现了两地超高压的联网，确保核电站送电香港。合作中，我与港方组长卡特先生建立了友谊，一直保持联系至今。

我承担局防火责任的期间，参加广州市消防协会举办的工企防火责任人消防培训班，取得资质认证，我组织聘请市消防大队两位专家，在肇庆举办全省局属单位防火责任人培训班，提高消防知识水平，增强消防意识。1989 年获得广州市交通防火安全委员会颁发的“消防安全先进工作者”的奖状和奖品。

1991 年我到了退休年龄，被返聘 6 年，超龄服役。后因妻子病重，我请辞回家，但还在省电机学会等单位的组织下，力所能及地继续发挥余热。这一生，我承担了多宗国内、省内首项的重要工程建设，很幸运。7 年援刚，家里全赖妻子一人挑起全副重担，白天上班，下班后还有繁重的家务劳动，培育三个小孩。我援刚期间，双亲先后仙逝，没有能再见他们最后一面，为他们送终，成为我终生的遗憾。自古忠孝难双全，我获知父亲去世消息时，非常悲痛，想起母亲去世时，父亲还写信给我，让我安心工作。

回顾这一生，虽有遗憾，但自己个人能力确实得到了施展，没有虚度年华，一辈子兢兢业业，也做出一番成绩，这是历史的机遇，是党和政府给的机会。我历任广东省电机工程学会常务理事，是中国电机工程学会高级会员，1969 年获国家科技大会颁发的首创预应力水泥杆集体奖，1990 年获得广州市交通防火安全委员会授予的“消防安全先进工作者”称号，1993 年连续三次获电力部颁发的全国电力系统单项先进奖，1999 年获中国电机学会第六届理事会授予的“学会先进工作者”称号，2011 年获广东省电机学会授予的“学会先进工作者”称号。1997 年退休时，领导对我的评价是：“放你在哪一个岗位上，你都能做出成绩来。”

夕阳无限好，现在的我安度晚年。这个“安”，首先是国泰民安，人民安居乐业的“安”，其次是个人的“安”，心安，身安。今年是新中国成立 70 周年，我 88 岁，我很欣慰地看到国家的电力事业发展越来越好，这是老一辈电力人奋斗的结果，以后的路，则要由年轻人来走。结合我个人的人生体验，有四点心得与大家分享：

一是一个人的成长，家风家规、家庭教育、父母教诲十分重要，所以对父母我们要孝顺和尊重；对学校的办学方针、学风、传统和老师要尊敬或传承；同学如同手足，有特殊感情，多珍惜。

二是不论从事社会科学还是自然科学的工作，都要学好外语。能查阅外文参考资料，才能获得新信息，获得第一手资料，做出自己的判断与研究。

三是学一些哲学，可以使我们的智慧进一步开发，头脑开窍，变得更加聪明。应用哲学唯物辩证的逻辑思维，可以防止片面性，克服形而上学，建立系统工程概念，少做笨事，不做错事，提高工作效率，取得更好的效益，促进社会发展与和谐。工作上，不论是技术问题还是管理问题，都是相互关联、相互渗透的，学点哲学可以让人“举一反三”。

四是学无止境，做到老，学到老。我毕业后一直在电业部门工作，共45年。结合工作需要，我又学习了土建施工、电力通信、输电设计施工、电磁环境影响、地球物理、地震物理、地震地质和消防等方面的知识。在参加核电站选址时，聆听了胡海涛专家的讲座，自己又查阅了一些资料，在参加西电东送直流输电的接地极设计时，就用上了这些理论，解决了问题。

（郭渭彬口述/黄河方整理）

不愧苍天不愧民

陈硕年 男，1931年出生，广东云浮人。新中国成立后，先后任河口乡府工作人员，云浮县七区府民政助理、副区长、团委书记等职。1968年12月至1976年10月，任云浮电力厂党支部书记、副厂长。1976年10月至1982年4月，任云浮供电公司负责人。1982年4月起，任云浮供电局党委书记、副局长。1991年退休。

我出生在1931年7月14日，从小生活在一个兄弟姐妹比较多的家庭里，上面有三个哥哥、三个姐姐，父亲陈瑞森与母亲童氏一直在乡下务农，我是跟着哥哥们长大的。新中国成立前，我大哥、二哥都是地下共产党员。大哥陈新年就读于黄埔军校，毕业后接受组织安排打入敌人内部，投身到了革命之中。二哥陈华年名义上是城中的小学教师，其实真正的身份是地下共产党员，也是我的入党证明人；三哥陈柜年在年幼时就加入了地下游击队。我是在二哥二嫂的照顾下长大的，当时虽然条件不好，但哥哥们还是把我送到了河口中心小学去读书。几个哥哥都参加了革命，我也潜移默化地受到了他们的影响，内心产生了参加革命的冲动。小学上到五年级时，我正式成为一名地下通讯员。

在做地下通讯员的日子里，我过着十分紧张而又备感充实的生活。1948年至1949年，解放战争已经进入了战略反攻和战略决战阶段，国民党感受到了空前的危机，拿出了“三征”政策，即通过征粮、征税、征兵来增加自己的战略物资储备与军队的预备人员总量。当时发生了几件事，至今我依然记忆深刻。

第一件事是我在担任通讯员期间，负责云浮中学到河口一带的地下通讯工作。当时的大环境非常不好，国民党对共产党的地下工作人员查得非常严，我在送信的过程中就被拦住过两次。第一次被拦住的时候我才五年级，当时我送信到河口，因为还是名小学生，长得也矮小瘦弱，敌人并没有对我产生太大的怀疑，但是被拦住的瞬间我的心情还是非常紧张的，毕竟一个十来岁的小孩子，面对这样的情况一点儿应对经验都没有。幸好信藏得严实，没有被搜到，最终我顺利度过了这一关。第二次运气就没那么好了。事情发生在反“三征”活动中，当时20多个国民党人员打着“三征”的名义来村子里抢东西，恰好我们的游击队也在村子附近，大家一合计，决定发动当地的民兵和群众围剿这拨国民党人员。占有人数优势的我们很快就把20多个国民党人员赶出了村子，他们当时撤回去叫援兵，我们也没有一丝懈怠的念头，立即前去村头，日夜监视国民党援兵的动静，只要一发现有援兵前来，就立马敲锣预警。可不幸的是，国民党的援兵并没有从我们想的那条必经之路过来，而是从村子两边包围了上来，就这样我被他们抓走了。被抓走之后我没有丝毫畏惧心理，因为我知道越是表现得惊恐越容易引人怀疑。我一口咬定是因为有人到村里抢东西，所以村里才派我出来看情况的。被抓进去的那段惨痛记忆我现在还历历在目，他们也对我进行了21天的严刑拷打，用枪托撞我肚子，将我的头往墙上撞，并夜以继日地审问我，希望能从我口中获取消息，但我一直不松口，他们也没有更好的办法。毕竟我当时还是个小学生，或许他们也不相信我会是个地下工作者。最后，组织上派人借了一千五百斤稻谷才算把我给赎了出来。借出稻谷的村民赵传是我们地下党的骨干成员，新中国成立后，他知道我是为了革命才被抓进去的，就没有让我还那些稻谷。

第二件事就是打土匪恶霸、反动分子。陈立亭是国民党河口乡区指挥部书记，河口的征兵工作就是由他负责的。他征兵的时候可以说是天怒人怨，群众都希望共产党对他采取抓捕行动，不再让他为害乡里。应群众的要求，共产党决定在1948年农历八月十四抓捕陈立亭。在行动开始前，我们的工作是负责摸清陈立亭的底细，并负责外围的监视工作，有什么动静立刻上报。我大哥陈新年在组织授意下成功打进敌人内部，当上国民党河口乡区自卫队副队长，当天晚上，大哥谎称腰古镇有可疑分子出现，将自卫队的大部分兵力带去腰古，同时我按照行动的约定时间，去村头接应组织上派来的部队，带他们前去陈立亭的住所，很顺利地将他俘虏，押回了都骑。这件事成为打土匪、反动分子的典型，曾经轰动一时。

新中国成立后，我被安排到河口乡府负责征粮工作，后来又先后担任过河口乡府工作人员，云浮县七区府民政助理、副区长、团委书记，农技站长，农业局副局长，干部农场副场长，六都分社党委副书记。1968年12月，我开始担任云浮电力厂首任书记兼副厂长。当时正值云浮电力厂成立之初，人才短缺，基础薄弱，整个电力厂一共只有28人，工作地点就设在一所小房子里。当时只有3个发电机组，供电能力受到很大限制，那时开展工作是十分困难的，一切都要靠人力。幸好当时有赵良江、李晚这几个班长，他们的工作能力都十分突出，吃苦耐劳，踏实敬业，大家众志成城，一起度过了那段最艰苦的日子。负责铺设电线和抄电表的同事们，他们都是起早摸黑地去工作，当时的交通很不便利，只能靠双脚走完每一里地，后来条件好一些了才有了自行车。有时因为工作需要，还要在工地住下来，等到工程完工才能回来。当年电力局的主要供电用户在县城，重点负责当地的照明用电，工业用电很少，很多工厂都有自备电源，一年的用电总量才 30 多万千瓦时。

除了工作条件恶劣之外，在技术层面上我们也存在很大的不足。当时局里的老员工很多都是自学成才的，没有参加过系统的学习和培训，遇到不懂的地方大家只能一起查书找资料。1969 年我多次向县里要人，请求技术支援，后来终于来了一名叫甘良锡的大学生，结果由于水土不服又走了。再向上面要人就要不到了，因为当时各个地方都缺人才。实在没办法，我只能安排自己的员工去进修学习，但远水不解近渴，进修学习毕竟需要一定的时间。

从 1970 年到 1975 年，云浮电力厂供电范围很小，而且线路并没有上网，供给成本比较高，云浮的经济发展因此受到了极大的限制。当时对于是否上网，县委、县政府意见不统一，大多数人都觉得没必要上网，可以利用当地水资源开发水电站来满足用电需求。但是我就觉得应该上网，首先从投资的角度来讲，建设水电站的周期太长，回报率太低，会大大减慢云浮经济发展的脚步。其次，上网是大势所趋，整个广东的电网以后肯定会连成一片，这是政策发展的方向，也是资源整合的需求。于是我便向县委书记黄明做了情况说明，当时还拿医院作例子——要想保证医院正常供电，就得停掉其他地方的电才能输送过去。同理，如果想要保证县城全面供电，很多地方就得跳闸。如果从水电站那边输电过来，因为距离远、线路长、损耗高，所以成本会很高，最终将得不偿失。再说，只有一条 10 千伏的线路，有电也输送不出去。当时整个县一年的供电量还不到 100 万千瓦时，相比之下在当时已经是非常少的了，因为很多工厂都不止这个数了。当时的县领导班子了解到这些情况后，最终决定在 1976 年让云浮电力厂接上肇庆的电网。

上网之后，云浮当年的用电量就翻了好几倍，从 1975 年并网前的

368.9142 万千瓦时到 1976 年并网后达到了 966.7548 万千瓦时。有了稳定的电力供应，云浮的经济才开始步入快速发展期。而用电量的突飞猛进也给我们带来了新的工作难题：电网落后，送电难。自从上网后有了稳定的电源供应，再加上国家大力扶持工业生产，云浮的大工业用户数量也在与日俱增，这激增的用电需求与落后的电网负荷能力形成新的矛盾。特别是六都镇多水泥、石材厂，而当时云浮主要是通过 10 千伏线路网送电到厂，用电效果可想而知，不但供电线路长、成本高，而且送过去的电，电能质量非常的差，常常跳闸或电压不够。面对这样的问题，建设大型的变电站便势在必行。可当时的实际情况是要钱没钱、要人没人，要技术也没技术，不像现在有完善的建设程序与娴熟的建站技术。但电力是工业发展的动力，跟不上不行，于是我在 1979 年就向省公司打申请，申请在六都镇建设云浮的第一个 110 千伏变电站，上级领导也十分支持下面电网建设，拨资金下来并批准立项。钱有了，但还缺人呀，我往省公司跑了好几次，然而实在没办法，哪个地方都缺人，而且建设变电站不是一个短期工程，需要长期投入人力物力。最后实在没办法了，我去找县委寻求帮助。幸好县委非常支持供电局的建设和发展，委派县经委技术人员曾柏雄来跟我搭档，他主要是来抓变电站建设方面的工作，才总算是解决了很多技术上的问题。曾柏雄虽然不是我们供电公司的员工，

1988 年，云浮县供电局组织召开第二届职工代表大会，书记陈硕年（左二）作报告

但不管是技术还是为人，大家都会给他竖起个大拇指。不管是炎炎烈日还是狂风暴雨，曾柏雄一直都工作在第一线，局里面很多员工在工作上遇到困难与疑问向他请教，他也乐意地帮忙答疑解惑。后来我跟县里申请将他的档案和组织关系调到我们单位，县里一直不同意，我深感可惜。在 1984 年 5 月，云浮第一个 110 千伏变电站顺利投产，作用不言而喻：不仅降低线路损耗，提高电能质量，还大大增强了电网稳定性。在接下来几年里，云浮先后投产了云硫、腰古、托洞等 7 个 110 千伏变电站，云浮的电网建设迈上了新的台阶。

岁月不由人，到我退休时，云浮供电局员工总数已经从当初的 20 多人发展到 140 多人。云浮的经济社会发展更是日新月异，供电局先后搬迁了好几个地方。有人曾经问过我，在当初那种恶劣的环境下，我是怎么坚持过来的，其间有没有产生过离开的想法。我毫不犹豫地说："没有，从来没有出现过离开或者放弃的想法。"当时虽然条件艰苦，人才匮乏，资金也不足，但我从来没有产生过离开的念头。我觉得让我坚持下来的最大原因就是当初有一批能吃苦、肯干事、愿奉献的老员工。正如一支优秀的军队必将传承其优秀的军魂，当年这批老员工也给现在的供电局留下了一批宝贵的精神财富。相对于现在的工作环境，当初真可谓是举步维艰，但就是在那样的情况下，他们靠双手双脚、靠坚强的意志建设起了当年的云浮供电局。或许他们的文化程度没现在的员工高，或许他们掌握的技术也没有现在的先进，还有很多的或许，但是他们有吃苦耐劳的精神与不屈不挠的韧劲，这是现在的电力人永远应该尊敬、学习的地方。

也有人曾经问过我，当时的员工为什么那么齐心、那么听我的话。我想之所以能有这样的和谐氛围，主要是因为有明确的工作分工与合理的奖惩机制，而我作为供电局的当家人，也基本做到了公平公正。当时我们的工作安排是，哪个部门的工作哪个部门去完成，分工明确，执行果断，并且要保质保量按时完成，需要什么随时开口，有什么困难大家一起商量解决，所以当时的氛围非常好。另外，我也不是一个专权独断的人，能听进大家的意见，一般都是在统一大家的想法后才做出最终决策。当时的奖惩机制很明确，完成哪些有奖励，哪些违例会受惩罚扣奖金，规定得非常清楚。并且在处理违例行为时始终坚持以教育为主、惩罚为辅的原则，让违例者明白错误之所在，保证下不为例。同时，我一直以高标准来要求自己，因为要想服人，首先就要做好榜样，做人做事要公平公正。“公者无私之谓也，平者无偏之谓也。”只有做到公平公正，大家才会信服你、尊敬你。在工作方面我从来不会偏袒任何一个下属，谁表现好我就表扬谁，谁出问题我就惩罚谁，即使在对待子女时我也这样要求自己。当时供电局招聘新员工时，对职工子女有一定的倾斜，但我让两个女儿都参加了笔试面试。有人说，你自己是局长，怎么连自己的女儿都要这么严格对待呀，反正当时政策有倾斜，进去也完全是合情合理的。但是我想，身为领导，我更要一碗水端平，不然以后怎么开展工作呢?最终，我的大女儿没能考进供电局，二女儿第一年没考进，第二年才终于考进了。那时候虽然她们没说什么，但我也看得出她们有些不理解，后来随着年龄的增长，她们才理解了我的良苦用心。我的家人一直在身后默默地支持着我，这也是我感到非常幸运的地方。

1991 年 12 月，我从云浮供电局离休了，有句诗说得好：“一官来此四经春，不愧苍天不愧民。”我的一生是朴实平凡的，同时又是精彩无憾的。我参

1990 年 12 月 30 日，时任云浮供电局书记陈硕年（右一）组织召开云浮供电局统计基础工作“规范化”验收会议

2016 年，在“七一”建党节来临前，云浮供电局党委书记张少雄到陈硕年（左一）家中慰问

加过革命，打过国民党，最后落户到云浮供电局。对于现在的人而言，我也算是阅历丰富，人生多姿多彩了。我能有这样一个平凡而又精彩的人生，首先要感恩祖国，感恩云浮供电局，是国家和单位培养了我，给了我美满的家庭，给了我富有成就感的革命和工作历程。恰逢新中国成立 70 周年，我在此祝愿我们伟大的祖国更加繁荣昌盛，祝愿云浮供电局明天更加美好！

（陈硕年口述/赵伟雄整理）

我的一生是幸运的

邹锦鹏 男，1932年出生，广东梅州人，原梅州供电局（地区电力局）副局长、党委书记。1951年毕业于南方大学（现华南师范大学）。1981年从部队转业被分配到梅州供电局（地区电力局）工作。1992年退休。

1932 年 7 月 21 日，长乐县（现梅州五华县）龙村镇宫前热水坑的一间破旧小房子里，一个男孩呱呱坠地，大家奔走相告，家里一片喜气。这个男孩便是我。回眸平生，我觉得自己是幸运的，不管是艰难的求学之路，还是 30 多年的军旅生涯，又或是回乡工作生活的日子，那些帮助我、启蒙我、鼓励我、鞭策我的先辈、恩师和友人，让我永远难以忘怀。

家乡长乐县龙村镇宫前热水坑，是一个偏僻穷困的小山坳，贫困、闭塞似乎是那个年代那个山村的代名词，父亲邹增华、母亲古四妹从小生活在这里，从未离开过。我是家里的老幺，之上还有两个哥哥两个姐姐，家里以耕作为生，日子过得甚是艰辛。父母起早贪黑，每天忙于田间地头，很少有时间管带我们。那是 80 多年前的事情了，如今我已儿孙绕膝，有时看见他们在身边嬉笑玩耍，我总能回忆起当年和兄弟姐妹在田埂上放牛嬉戏的情景，尽管那时的条件与现在相比有着天壤之别，但是童趣是一样的，让人回味无穷。

5 岁那年，父亲将我过继给隔壁家的叔父邹均华，从此，我便和他们生活在了一起。一开始，我不明白原因，长大一些后便也理解了。叔父邹均华和叔母温丁妹结婚多年，却因为身体原因一直没有孩子，我父母见他们从小就喜欢我，便把我过继给了他们。当然，也因为当时家里确实穷，叔父家算是村里的富农，经济条件比我们家好上百倍，也因为这样，7 岁那年，我有幸进了学堂，先后在村里的坳上小学和宫前小学读完了小学。随后的几年，我半工半读，在镇里面的龙华中学继续读了几年书。有这样的读书经历，我在那个时候我们村里可以算得上一个“高材生”了。现在想想，真的特别感谢叔父叔母，要不是他们，我估计连识字的本领都没有。

1951 年，我 19 岁，这一年我迎来了人生的转折点。当时的我在镇里的龙村中学读初三，正准备初中毕业后回乡参加土改。一天课间，五华八区的区长、宫前小学校长邹秀文告诉我南方大学（现华南师范大学）的招生信息。

南方大学是在 1949 年夏秋中国人民解放军歼灭了国民党反动派大批军队，即将解放广东之际，毛泽东交代叶剑英在南方创办的一所革命大学，旨在占据重要战略位置，培养大批干部，建设华南地区。这次招生是南方大学第三期为支援抗美援朝而做出的部署。

看到招生信息的那一刻我心动了，虽然没有太大的把握，但决定试试看。在短暂而又紧张的复习之后，1951年1月23日，我参加了考试。次月便收到了录取通知。当时我既兴奋又焦虑，兴奋的是可以走出大山看看未知的世界；焦虑的是家里连我上学的路费都无法凑足。就在我绝望准备放弃之时，邹秀文区长召集全村人为我筹集了路费。我当时很感激，承诺将来有出息了一定要回报他们。邻里乡亲们，给了我上大学的机会。

我顺利地通过了体检。1951年3月27日，我离开了家乡，坐上奔往省城的大卡车。说出来你们也许不信，那是我第一次见卡车，起初我还把它误以为是衣柜，而且很好奇这衣柜怎么不靠人推就会往前走呢？想想觉得好笑。那时眼界小，见识少，别说汽车，就是自行车都少见。卡车行驶了足足两天，3月29日，我来到南方大学，也就是现在广州天河区的华南师范大学石牌校区，但是当初校区占地面积很小，远不及现在这么大。

到校后，我被分在了二部二十五班，一个班38人，我们这个班也被命名为“军干班”。在接下来的一个月时间里，我便和军干班的37名同学一起学习，内容包括地理、历史，听得最多的还有关于中国共产党为什么能取得中国革命最终的胜利等内容的讲授，这极大地振奋了班里同学们的士气。

报到一个多月后，也就是1951年5月，叶剑英同志来校向全体师生做报告，勉励大家要认真学好知识、练好本领，准备将来参加实际革命斗争。他语重心长的讲话，给了我很大的鼓舞。报告后，他到大礼堂附近的学生宿舍探望我们。他顺着不宽不窄的走廊，挨个宿舍，亲切地与同学们招手打招呼。当他身穿灰色中山装精神抖擞地来到我们班的宿舍时，全班同学都站着鼓掌欢迎，我费尽全力挤在队伍前面，只为一睹他的风采。没有想到的是，他亲切地对我笑了，我当时整个人愣住了，伸出颤抖的双手和他握手，脸上火辣得很，眼睛甚至不敢直视他，直到目送他走到队伍的另一头，我才狠狠地掐了一下自己，生怕这只是一场梦。是啊，他是梅州人民的骄傲，是平常只能通过报纸广播才能看到或听到的“大人物”，他居然跟我握手了。那一刻我的

年轻时的邹锦鹏

心情无比激动，他炽热的眼神和温暖的掌心，我一生铭记。

“雄赳赳，气昂昂，跨过鸭绿江。”抗美援朝前线不断传来的捷报极大地增强了中国人民的民族自尊心和自信心，同时也在全国范围内掀起了参军参战、支援前线的热潮。经过几个月的理论文化学习，1951 年 6 月，我不忘报学的初衷，响应学校号召，报名加入了抗美援朝队伍。7 月 8 日，我离开了南方大学，被送往航空学校后备学员培养基地——湖北孝感中国人民解放军空军第七预备科中队，每天接受高强度的训练，怀揣着满腔热血，随时等待着奔赴战场的命令。好几个夜里，我都梦见自己整装待发，在前线厮杀，而醒来后内心是好奇、期待和恐惧。那段时间是令人难忘的，我每天的中心任务就是劳动教育，这个不得了啊，当时训练的科目就是到湖北孝感的河里挑石头，时值仲夏的湖北像个火炉，“烧烤”的难受让我恨不得一头扎进几近干涸的河水里，但现在想想，却有无限感慨：艰苦的环境和高强度的训练培养了我坚强的毅力和意志。

后来，美国政府由于军事失败和国内国际压力，不得不从 1951 年 7 月 10 日开始同朝中方面在开城进行停战谈判，谈判时断时续，整个过程交织着战场与谈判会场相互影响的激烈斗争。也因为这样，最终我没有被派往抗美援朝前线，而是继续留在了部队。同年8月初，中国人民解放军空军到我们中队挑选省飞行员。因为飞行人员体力和精力消耗是很大的，所以部队招录的飞行员必须具有良好的体质，才能胜任飞行工作。幸运的是，我因为从小参与劳动，体格结实，顺利地被安排在了飞行班。

1951年12月26日，我离开了湖北，坐火车先到武昌，然后一路北上来到长春斯大林大街空军第一预科中队。报到后的第一件事就是恶补文化知识。因为是初中毕业，在南方大学待的时间也很短，我的文化知识相当薄弱，而飞行员需要掌握大量的飞行理论知识。三个月的时间，我如饥似渴地学习飞行常识和理论，为后期的飞行训练做足准备。

1952年3月，我们转到长春兴安桥的空军第二航空学校，成为航校502班的正式学员，继续学习飞行理论知识，以及涉及飞行的天文、地理知识等。飞行员的必备素质之一是能讲一口流利标准的普通话。因为从小在偏僻的农村长大，我的普通话讲得不好。当时的一名叫江苏的指导员，发现我的“毛病”之后，他每天拂晓起床，把我领到校部大楼后面，从最简单的“一、二、三”开始，耐心细致地纠正我的普通话。起初我还不明其中的利害关系，直到我们班两名祖籍揭阳的学员因为不能用标准的普通话准确念出阿拉伯数字被停止飞行，我才领会到江指导员的良苦用心，自己也开始刻苦练习，直到我能说一口较为标准的普通话。

1952年6月，我进入了距离空军第二航空学校不远处的第二航校一团一大队，其实也就是当初的大皇深机场，开始了飞行实操训练。实操飞行惊险刺激，我训练得尤其刻苦，是同一批学员中最早单飞的学员。第一次单飞的情景，我至今记忆犹新，从走进机舱的忐忑不安到翱翔于蓝天的喜悦激动。“我飞起来啦，独自驾着飞机飞起来了！”我尽量压抑住自己激动的情绪，按照飞行指示稳健地完成了每一个飞行动作，直到飞机安全落地，我没控制住自己，待在机舱嚎啕大哭起来。那时真是百感交集，求知的欲望让我飞出了大山，而今，又通过刻苦训练，我独自驾驶着飞机飞上了蓝天。随着训练次数的增多，我熟练掌握驾驶操作方法，能够冷静地驾驭各类教练机。

当兵时的邹锦鹏

1954 年 4 月，我从第二航校一团一大队航校毕业后，被分配到空军二十五师，也就是陕西灵通机场，为参战作了认真的训练。在飞行训练中，我刻苦认真，1957 年便具备了四种气象（即昼间简单气象、昼间复杂气象、夜间简单气象、夜间复杂气象）飞行作战能力。

那些年，我从飞行学员、飞行员到担任中队长、副大队长、大队政委、团政治处主任、副政委等职务。1953 年立三等功一次，1954 年所在的中队立集体二等功一次，1956 年 8 月加入中国共产党。1966 年和 1969 年，我还分别出席了两次兰州军区空军学习毛泽东著作积极分子代表大会。

回想起在天上飞的那些日子，其实每天都可以用“生死难料”来形容，太危险了。那时候也有一些飞行员比较狡猾，经常说头痛，请假不飞。其实，就是害怕有去无回。1959 年的一次飞行中，我像往常一样驾驶飞机，当时飞到了 8000 多米的高度，下降时没把握好速度，下降得太快，导致我左边耳膜破裂。那次事故严重影响了我的工作和生活，因为听力障碍对我的飞行造成了较大的影响，1959—1970 年的十余年间，我一边飞行，一边接受治疗，但是效果不明显。1970 年之后，我便再也没有飞过了。现在，我左边耳朵已完全听不见，还好，右耳听力还算不错。

30 年的军旅生涯，从战士到一名领导干部，尽管地位变了，但我始终没有忘记在这过程中给我帮助的父老乡亲和教导员们，哪怕是现在，我也还经常想起他们。

1981 年 12 月，我从部队转业，被分配到梅县地区电力工业局任副局长兼供电公司的党支部书记，半年后又调到新成立的输变电工区兼任党总支书记。从部队的飞行训练、战备执勤转业到地方搞经济建设，这样的大转变对于过去三十年从未离开部队的我而言，显得很不可思议。当时梅州的电力事业进入了全新的发展时期，我要求自己在最短的时间内适应岗位的转变。到工作岗位后，部队所赋予的“特别能吃苦，特别能战斗，特别能攻关，特别能奉献”的精神给了我迎头而上的勇气和决心，但我也真切地体会到干好工作光有一股干劲、狠劲是远远不够的，要使自己尽快适应新环境、新任务的要求，就必须尽快掌握和熟悉电力生产的业务知识。只有懂得现场技术，了解员工工作情况，才能真正科学有效地管理，不然就是胡来蛮干，是极不负责任的。

除了在办公室处理一些必要的行政管理工作之外，我经常到变电站、输电线路班跟班作业。为了能够尽快掌握电力生产知识，我自己花 180 多元钱托人购买了《如何管理发电厂》《输变电知识大全》等专业书籍，办公或者外出总是随身带着几本，有空就翻看。每逢出差在外，别人去看电影或者逛街，我便独自看书学习，对于知识的追求和渴望让我精神抖擞。苦心人，天不负，在 1982 年参加的省电力局组织的电力生产常识培训班上，我以优异成绩取得了结业证书。

1983 年，广东省电力局规划建设梅县至蕉岭 50 公里的 110 千伏输电线路，任务落到我所在的输变电工区。当时梅州电力事业刚处于起步阶段，施工人员的技术水平还比较粗浅，各类施工设备也远没达到现在的先进水准，施工材料的供应也比较匮乏，整个工程时间紧任务重。在输变电工区领导班子的支持配合下，我二话没说，说干就干，带领班组如同带领部队，硬是挑起了梅蕉线的施工重担。我亲自带领设计师翻山越岭，踏勘线路的最佳走向。

在烈日下，脸晒黑了，手臂晒脱了皮，但那时没觉得这是苦差，午饭用冷开水泡面包是常有之事。从制定施工方案到具体实施，从动工到竣工，我都“泡”在工地上，与工程技术人员一起，不断克服施工中的道道难关。

整个梅蕉输电线路并不是一个孤立的工程，工期与其他电力项目环环相扣，正所谓时间就是生命，每一步必须严格按照计划时间完成规定任务。

一次杆塔架设中，缺失了一个杆塔连接的螺丝眼零件，需要到广州去取。我当时特别焦急，在这样的节骨眼上，我们整个施工队伍却要因为一个零件而延误工期，这样将造成较大的人、财、物浪费。为了避免浪费，也为了工期不被延误，我不经犹豫，便给司机班下了一个死命令：明天上午施工前必须从广州把零件取回来。当时梅州到广州不像现在有高速公路便捷直达，400多公里路程都是泥沙路，坑坑洼洼，要想加速前行相当困难。半天多点时间来回的难度可想而知，现在回想起来，自己的决定确实很不近人情，但情况特殊，命令必须服从。记得那个晚上，我辗转反侧，无法入睡，一方面想着杆塔架设的工期逼近，另一方面也在担心仍“奔跑”在路上的两名司机的安全。第二天，我一早就到工地了，令我吃惊的是，司机已经在开工前把零件全数带到了现场。当时，我感激地握着两个司机的手，他们的名字我现在也记不清了，从他们的眼睛里，我看到了疲惫，更感受到他们对完成这项工作之后的满足和喜悦。因为大家一次次地与时间赛跑，严把工作的安全优质关，我们提前3个月完成了任务，节约了工程费用39万元，受到省电力局的表扬。对于所取得的成绩，我深深明白，如果没有职工群众的支持，光靠我一个人是不可能完成的。他们，都是功臣。

1984年1月，我被任命为梅县地区电力工业局党委书记。从那时起，我肩上的担子更重了，当时是实行党委领导下的分工负责制，我坚持一手抓党委工作，着力抓好党的建设和思想政治工作，一手抓电力生产和电力建设，把保证为梅州的经济发展提供充足的电力作为最大的政治任务。当时，我深知肩上的责任，生怕自己做不好，但是后来我告诉自己，要以部队的纪律和

1984 年，梅县地区电力工业局领导班子合影，邹锦鹏居前排右一

严谨严格要求自己，认真履行党委书记的职责，注意团结“一班人”，当好“班长”，凝聚力量服务企业。当时，我做的第一件事就是和班子成员陈金荣、卢开纯、彭增寿、徐灿等同志一起集中精力抓企业内部改革。1984 年前，电力局的制度建设很不健全，管理较为混乱。得知厦门的企业管理走在全国前列，1985 年 3 月，我率组织科、教育科、宣传科、工管科等 20 多名同志前往厦门的一些先进企业取经，学习他们好的经验和做法。回来之后，也就是 4 月，由我亲自负责，成立了企业整顿办公室、制订了企业全面整顿计划。局属各部门、单位开始全面整顿。在整顿的基础上，改革企业领导机制，实行生产经营和行政管理工作厂长负责制，进一步健全经济责任制，指定经济责任奖励考核办法，实行“人定岗”“岗定责”“责定奖罚”的责、权、利紧密结合的企业经营管理模式，使企业由生产型逐步转变成生产经营型，从封闭的计划经济体制开始走向有计划的市场经济体制，大幅度提高了工作效率。

对我而言，感触更深的是企业党建工作。上一任局长、书记张旺同志尤其注重党员队伍建设，至 1984 年 9 月他调离梅县地区电力工业局的时候，全局已有 446 名党员，约占职工总数 1512 人的 30%，这在当时而言，党员队伍算是较为庞大的了，但管理还跟不上，采取的仍然是“所有工区一个党支部”

的“大锅粥”管理思维，不利于工作的开展。接任党委书记一职之后，为了更好地加强党员队伍建设，我效仿“支部建在连上”的做法，对原有的基层党组织进行改革。通过实施“一工区一党支部”管理方式，为每个工区配备了专职党支部书记，逐步建立健全基层党组织，在此基础上，我们逐步改革企业领导体制，实行生产经营和行政管理工作。当时，这个做法得到了领导班子和职工群众的支持。当时，大家劲往一处使，全局上下营造了积极向上的浓厚氛围。此后，广东省电力工业局和茂名电力局、河源电力局等兄弟单位都来我们这学习取经，我们的成功做法得到了认可和推广，这也让我感到骄傲和自豪。当初之所以会有这样的想法，也因当初在部队积累的一些经验。在我看来，共产党员就应该发挥骨干和模范带头作用，无论哪里有困难、有什么困难，共产党员必须抢在最前面，以前在部队，哪个战争不好打，共产党员先上，面对工作也一样，哪里有“硬骨头”，共产党员就要冲锋上阵。各工区成立党支部，事事有人管，更利于带动整个党员队伍，也有利于党员的发展、教育和党员作用的发挥。

1988 年，广东实行地改市，梅县地区电力工业局更名梅州电力工业局。经上级党委批准，1988 年 11 月，中共梅州电力工业局委员会召开了第三次党员代表大会，我被选为党委书记，局长陈金荣为党委副书记。当时局党委会以下设基层党委 1 个，党总支 3 个，党支部 23 个，党员 586 名。

我认为企业的发展需要以人为本，在担任党委书记期间，我一边协助做好电网建设，一边致力培养和锻炼人才。1987 年夏天，局里教育科的科长吴彤辉到广州出差，带回来一个关于省电力学校想选择一个地市局办电力分校的消息。这个消息很振奋人心，我跟时任局长的卢开纯同志一拍即合：把分校指标拿下来！梅州地区虽然是山区，而且交通、经济等客观条件都不如其他地市局，但是我们有“软实力”啊。为什么这么说呢？当时梅州局的教育培训工作是走在前面的，我们不仅自办了电力职中班，通过自筹内训师、手把手传授实操技能等方式，为梅州地区培养了电力技术人才，而且我们还与

1988年，邹锦鹏（左一）陪同省电力局原副局长庞光庭到梅州大埔青溪电厂工地视察

省电校合办了一个校外班，为全省电力系统培养了大批线路工人，这些积累和经验就是我们与其他地市局竞争的“筹码”啊！而且还有一点，如果梅州地区能成功开办电力分校，那么职工子女的就业问题就能迎刃而解了。

于是，由我分管，吴彤辉科长具体实施，筹集准备了大量申报材料。开会当天，我们战胜了茂名、湛江两个竞争单位，拿下了办分校的最终指标。之后，班子开始筹备资金，征地筹建。1988年，广东省电力技工学校梅州分校正式成立，建成之后，梅州分校开始面向全省招生，为全省电力系统输送了一批线路专业与热动专业的合格技工人才，培养了很多专业人才，也帮助很多职工子弟解决了后顾之忧。学校于1989年被国家能源部授予“教育工作先进集体”称号，1991年由省电力局授予“德育工作先进集体”。我退休后，局里还继续在人才培养和教育方面下功夫，扩建了实习基地、新建了实习培训楼、补充了教师队伍，我觉得很好，很欣慰。

1989年底以前，位于上官塘的梅西发电厂仍隶属电力局领导，当时厂里有400多号职工，因为距梅城有30多公里，且交通极为不便，职工的文化生活相当单调枯燥。考虑到这一点，我与班子成员陈金荣、卢开纯、徐灿等同志沟通，决定每月抽出一天时间，带领办公室、人事科等部室的同志到梅西电厂检查工作，询问生产情况，检查职工食堂，并让宣传部门的同志租新片带去放映，以满足职工的心愿。每逢大年初一，我和其他班子成员坚持到电厂慰问坚守岗位的职工，并陪他们一起过节。回想那时，上下一心，干群一家，全局上下干事创业的氛围非常浓厚。

如今，我80岁有余了。回想这一生，我遇到了很多贵人。这些贵人在每一次转角和危难之时扶了我一把，我很感激他们。但是我最感激的还是我的妻子。

我妻子雒淑珍是陕西西安人，1938年12月生，比我小6岁。1956年春，空军二十五师的中队长乔万金经过他的夫人给我介绍了我的妻子。经过中队长的撮合，再加我妻子对我的“不嫌弃”，我们聚少离多，谈了两年恋爱。1958年，我们花了3块钱在陕西灵通结了婚。婚后，她一直很支持我的工作，家里的大事小事，一直由她担着。我们生了四个孩子，每个孩子出生的时候，我不是在天上飞，就是在执行特殊工作任务，没能待在她身边。结婚后不久，便遭遇了三年严重困难时期，因为我一直在外飞，我妻子便靠平时抽空帮忙部队厨房的老乡干活，换取一些勉强维持生活的面食，甚是艰辛。她全身心、无怨无悔地拉扯着四个孩子长大，而我最多一个星期回去看一眼，有时候半年也不得回家一次。

1981年，我从部队转业到梅州的时候，她跟随我来到梅州，离开熟悉的家乡，重新适应一个全新而又未知的环境，现在只要想起，就觉得特别对不起她。在她很艰辛的时候，我没能陪着她，是我的一辈子的遗憾，如今我们都老了，每天陪着她散散步，听她唠叨唠叨，共享天年，却也是件特别幸福的事。

在部队如此，转业回到家乡亦是如此。我每天忙于学习、工作，很少有时间能够顾及家人，是家人的支持和谅解成就了我。我们育有四个女儿，受我的影响，她们的工作都与“电”有关。大女儿邹琼被分配到黄埔电厂，二女儿邹瑶被分配到东莞沙角电厂，三女儿邹瑛选择留在了梅州供电局，四女儿邹瑜毕业后被分配到梅县电厂，如今她们四个都已退休在家，各自经营着自己的小家庭，日子过得平淡幸福。孙子孙女都已经长大成人，他们经常结伴回来“闹腾”。如今，我也当太爷爷了，四世同堂，很知足、很幸福。

1992年我退休那年，广东省电力局和梅州供电局不少领导想留我再干多几年，而且当时高级工程师可以留任到65岁的政策也出来了，但我婉言拒绝了。我写了一封信给省局党委，说明了不想留任的原因，省局党委还特意开会讨论同意了我的这件事情。我当时的想法其实很简单，一方面，我想把位置腾出来，留给那些想干事、能干事的年轻人；另一方面，我想多陪陪我的家人，忙碌了一辈子，重回这个一直被我“忽略”的小家，与老伴一道好好安享晚年。

退休之后，我曾多次作为退休职工代表被邀请参加职代会和党代会，偶尔也会对局里的发展规划提些意见建议；我还担任过机关离退休党支部书记，在此期间，我充分发挥了老党员的光和热，组织离退休党员按期学习和活动，尽管这也要花不少精力和时间，但是我依然感激他们对我的信任。“经济发展，电力先行”，随着电力事业的不断改革发展，梅州电网发生了翻天覆地的变化。尤其当下，结合中央供给侧结构改革的总体部署以及打造“安全、可靠、绿色、高效”智能电网的总体思路，梅州电网将再一次迎来加大、加快建设的历史机遇。衷心地期待梅州供电的后生们，不忘初心、牢记使命，既要锐意进取、改革创新，也要继承和发扬好老电力人的艰苦奋斗的精神，共同建设更加成熟高效的梅州电网。

回顾这辈子所走过的路，从家乡到部队，又从部队回到家乡，为了祖国和家乡的建设，我不为己、不为利，实实在在做事，清清白白做人，一辈子淡泊名利。有了这些，我无怨无悔。如今，我年事已高，大部分时间待在家里，除了固定的活动时间和学习时间，其他的时间一直陪着老伴、陪着家人，真切地感受着天伦之乐。

我这一生，是幸运的。

（邹锦鹏口述/杨美容、管嘉骏整理）

从艰难困苦中走来

赵甘泉 男，1932年出生，广东台山人，原广东省电力工业局副局长。1951年参加工作，历任五仙门电厂、流溪河水电厂党总支副书记，广东省电业管理局广州区电业工会副主任，广东省水利电力局、广东省电力工业局政治处副处长，广东省电力工业局干部处处长，广东核电合营有限公司党委副书记，广东省电力工业局副局长等职。1995年退休。

我出生于1932年10月，广东台山人。在我母亲还怀着我的时候，父亲就已经去世了，我与父亲竟无一面之缘。父亲原来在上海一家跑旧金山的轮船公司工作，往返于旧金山和上海之间，每年只能回一次广州。有一次父亲所乘的轮船在航海中出了事故，他不慎坠海，虽被抢救了回来，但生活已无法自理。随后，他被轮船公司解雇，孤身一人回了广州。由于父亲手上没有多少积蓄，我母亲又没钱请医生为他治病，不久他就走了。此后我母亲无依无靠，把我生了下来。

1938年日本侵略广州时，我还不到6岁，和奶奶、母亲三人相依为命。日本人很残暴，那时广州的上空天天都有飞机在飞，往下丢炸弹，地面上经常有日本人来抄家、查良民证，日本侵略者对老人和妇女态度极其恶劣，他们经常晚上抄家，一敲门，我们就要赶紧起来开门，否则少不了一顿打。有一次，我奶奶开门慢了些，被日本人用枪撞门，家里的大木门被撞出了4个洞。每当敌人来扫荡，我母亲便背着我，低着头不敢出声。这样艰难困苦、担惊受怕的日子，我们一过就是8年。虽然当时我是个小孩，但也得赚钱过日子，每天一早就要起床上山割草给日本人喂马。日本人高兴的时候，会给我一些干净的豆子，不高兴的时候就给一些马拉出来的屎中消化不了的豆子，我也只能不吭声地拿着，回家把豆子从屎中清洗出来，再煮着吃。因为心里有气，有几次我故意把草弄得松松的，看上去是满的样子，给日本人送过去，但他们并不好糊弄，验收时用马靴往草上一踩，松的草堆一下子就会被压下去，这时候送草的人就要遭殃了。每当这个时候我就赶紧跑，但会被抓回去，然后是一顿乱打。1945年，日本侵略者终于被赶走了，一家人不那么提心吊胆了，但生活仍没有好转，还是非常艰辛，吃不饱饭。

在我舅父出资帮助下，七八岁时我开始上学，念完小学又念了初中。那时广州市郊是农村，我一边种菜耕田一边上学。我的童年和少年就是这么艰难地熬过来的。

初中毕业后，也就是1951年，我在家待了几个月，有一天，初中同班同学的父亲介绍说，广东省公共事业局电力管理处在招学徒，问我要不要去报考试一下。我抱着碰碰运气的心态去了，当时有800多人报考，最后挑了80个，我是其中一个。就这样，我进了电力部门，被分配到西村电厂做钳工。电厂培养工人很严格，要求熟练到闭着眼睛都能操作。我跟着师傅做了半年钳工。当时工厂有广播室，我被挑去广播电台学习，后来便留在电厂广播室工作。

新中国成立初期我们国家一穷二白，处于艰苦奋斗的国民经济恢复阶段，整个广州只有西村电厂和五仙门电厂两个电厂，西村电厂是5万千瓦的，五仙门电厂只有1.7万千瓦。那时珠江南北两岸用电是分开的，周波（现在叫“赫兹”）也不同，北岸供电的周波是50，南岸供电的周波是60，周波不同，就不能并网发电。当时广州市要组成一个统一的广州电网，做到统一供电，这就要求两个电厂的周波要相同，这样才能并网运行，改周波就势在必行。当时，我被调到省电力管理处参与改周波工作。改周波工作完成后，我就留在了电力管理处。那时电力管理处在现在的泰康路上，我管理一栋大楼的电力、电话和电梯。电力管理处后来搬到西村，因为工作负责任，我被提拔为行政科下属的房产管理股股长。

1956年9月，单位送我到中共广州市委党校学习。这段时间整个国家都很艰难，我们的生活也很艰苦，工资低、孩子小，当时我夫人是抱着一个，背着一个去上班的，不过，我依然忘我地投入到学习中。正是在这个时期，我系统接受了党的基本知识、党务工作业务知识和马克思列宁主义基本理论的培训，有效地提高了自己的理论水平和业务工作能力。此后的工作中，我才真正开始能运用所学的知识，运用马列主义的立场、观点和方法来指导日常工作和处理问题。生活虽然难苦，但相比充满羞辱感的童年，仍感到非常幸运，感到新中国的好。为了做好工作，工作上我虚心地向老党员学习，吸取政治营养，不断提高自己的政治思想水平和执行党的方针、政策的自觉性，把自己分管的工作做好，尽职尽责地完成上级交给的任务。

党校毕业后，也就是1957年，组织调派我到五仙门发电厂担任党总支副书记。任职期间，我认真配合正书记，做好党总支的日常管理工作，健全党总支的学习和生活制度。定期组织上党课，经常对党员进行党性、党纪教育，经常组织党员开展批评与自我批评，做好发展党员的工作。并注意发挥党员在生产工作中的模范带头作用，把群众团结在党组织的周围，确保了党的方针、政策的顺利执行，使党总支的工作受到上级的好评。

1961 年，因流溪河水电厂建设工作的需要，我被调去担任该水电厂党总支副书记。当时仍处于经济困难期，孩子小，家庭困难较多，加上我被调到远离家 90 多公里的地方工作，兼顾不上家里，问题比较多。当时我的工资每月是 96.5 元，但家里要养 6 口人。不过我和我妻子正确对待了这次调动，服从工作安排。我在流溪河水电厂安心工作。当时，由于水电厂在山区，不少职工的思想不稳定，针对这一情况，我们开展各种形式的思想政治教育工作，加强职工的政治学习，并且注意帮助职工解决实际困难。慢慢地，职工的想法稳定了下来，工作越来越有热情与效率。此外，我们还到群众中去，了解群众对党员、对厂党总支工作的批评和意见，不断改进工作方法，对职工中的不良风气敢抓敢管，为水电厂的安全运行尽了自己的努力。

1963 年 1 月，我担任广东省电业管理局广州区电业工会副主任。在这之前，我一直从事党务工作，负责工会日常工作后，我根据工会工作的特点和基本任务，认真学习，积极配合局党政班子，围绕各阶段的生产工作，做好职工思想政治工作，组织基层工会向职工进行法制教育和职业责任、道德、纪律教育。当时工会权力很大，党依靠工会做群众工作，工作也比较广泛，生产和工作的事，都在工会。我组织职工开展社会主义劳动竞赛、技术革新等活动，让职工掌握好技能。此外，做好先进生产者和劳动模范的评选及表彰工作，树立榜样，以先进来带动落后，共同进步。工作中，我贯彻执行党的方针、政策，发挥工会组织联结党和职工群众的纽带作用，组织收好、管好、用好工作经费，管好工会财产，受到领导和职工的好评。另外，我一直坚持在工作中不断学习，利用工作之余参加中专夜校的学习，不断丰富自己的理论知识，为以后在实践中悟出其中的道理打下理论基础。

1966 年，根据中越两国协定，我国要为越南培训企业电工实习生，电力部委托广东省电业管理局负责。这在当时是一件很重要的外事工作，我参加了越南实习生培训队的筹建工作，队伍很快就成立了起来，省电业局任命我担任队长。广东省电业局领导很重视这项涉外工作，专门腾出最好的新建大楼作为培训基地。具体业务由省政府外事办公室管理。但是当筹备就绪，正要接收越南实习生时，培训基地被“造反派”占领了。我为了保护培训基地，凭着强烈的责任感，不顾危险，坚持搭起睡铺，独自留守在实习生培训队大楼。接着我赶快联系外事办，要求暂缓接收越南实习生，并着手寻求筹建新的培训基地。后来，越南实习生的培训基地搬到了海珠区，选择了革新路旧变电站作为地址。

越南实习生培训另找基地，碰到第一个大问题是实习生的住宿和学习场地的建设，所以计划在革新路旧变电站建一栋3层的培训楼。但是，钱从哪里来呢？当时我血气方刚，冒着途经武汉遇上“造反派”被“武斗”的风险，独自一人上北京找水电部李代耕部长汇报了相关情况，就这样不期然地，李部长批准了50万元的建设费，才解决了越南实习生三层培训楼的建设资金问题，使这项援外政治工作得以顺利开展。我们接着全力赶工期，几个月的时间就把培训楼建了起来，顺利迎接了越南实习生的到来。

培训期间，培训队生活很艰苦，为避开广州“武斗”的危险，曾有一段时间队伍被转移到农村培训。大家都是打好稻草铺就睡觉，老师们是自编教材上课。有一次，有个越南女实习生心脏病发作，我带着学生陪那位同学乘大巴车去定点医院看病，途经人民桥时，刚好碰上两派红卫兵“造反派”在对峙，很多学生被吓得钻进座位底下，场面非常惊险。

1973年，广东省的水电火电合并，叫水电厅，后来电力部分也并在一起，我任广东省水利电力局政治处副处长，负责的工作比较多，有党的组织工作，也有工会以及干部的思想工作。我根据工作的轻、重、缓、急，有计划地安排好各种工作，协调各科室的工作关系。为做好这些工作，我注意组织处内同志学习有关政策规定和业务知识，提高他们的政策水平和独立工作能力。并深入基层单位调查了解，指导政工部门的工作，帮助解决职工工作中遇到的难题。

后来水电和火电又分家。1981 年 5 月，我担任广东省电力工业局干部处处长，负责电力系统的干部管理工作。这个时期广东处于大发展阶段，为适应改革开放的形势要求和我省电力发展的需要，根据电力工业局党组的部署，着重抓了干部队伍的建设工作，按照干部“四化”的要求，对所属 33 个单位的党政班子进行大调整。安排布置，选拔推荐，综合考核等一系列工作，做了整整一年时间，33 个单位完成了干部班子“四化”的调整。省电力局干部调整后，各单位领导班子的专业结构、年龄结构都符合上级要求，知识层次和专业水准明显提高，较好地加强了局属各单位领导班子的建设，提升了各单位的业务管理水平。这 33 个单位调整完，电力也开始大发展。

当时有个笑谈，有人说：“老赵，你跟广东工学院 68 届很有感情，整个班的人都被提上来当了‘一把手’。”这究竟是怎么一回事呢？改革开放初期，全国专业人才奇缺，青黄不接，中央为了尽快解决人才不济的问题，1980 年底提出了“干部四化”的要求。上级在制定具体标准时，在处级干部的选拔条件中，“知识化”指正规大学毕业，“年轻化”指平均年龄不超 45 岁，这是两个硬性条件，可当时很难挑到符合条件的正规本科生。因为 1966 年至 1970 年，我国大学停课“闹革命”，停止招收大学生，1971 年至 1976 年才招了少量的工农兵大学生。因为“文革”造成了大学生断层，当时对工农兵大学生，国家又不承认本科学历，还要他们回炉再造。恢复高考后的大学生，知识化的要求达到了，年轻化也达到了，但工作资历的要求又达不到，选来选去，符合各项条件的，只能是“文革”前的大学生。可是加上平均年龄不超 45 岁这一条件，就只能选“文革”前的最后一届大学生，也即 68 届的毕业生了。后来回过头看，发现被提上来当了“一把手”的，有相当一部分是广东工学院 68 届的，可说是时势造英雄。

1984 年，我国正式筹建核电，要抽调一些人组建核电公司，我对电力系统情况比较熟，就被调了过去组建班子。在核电部，我当了副书记、工会主席。当时的书记、董事长是王全国，总经理是彭化录。筹建一段时间后，核

1984 年，赵甘泉（左）陪同电力部原副部长赵庆夫到珠海供电局考察

电公司成立了，和香港的中华电力公司合营。和香港合营的原因主要是考虑到向香港售电可解决外汇这一建设资金问题。后来证明，这个模式是成功的。

任职广东核电合营有限公司党委副书记兼工会主席期间，我注意加强党在合营企业中的领导作用，及时传达和组织职工学习党的路线、方针、政策及上级党组织的决议，制订公司党委贯彻落实的计划、措施，并积极主动配合公司行政领导搞好公司的各项管理工作，使公司的各种外事及经济活动遵守国家的法律规定。同时，依照工会章程，主持组建公司的工会组织，健全工会组织各种活动，使公司工会工作尽快走上正轨，发挥工会组织的作用。我主动关心专家生活，如为专家配备冰箱，提供夜间餐饮等生活方面的方便。后来，我回到省电力局，成为一个少见的在火电、水电、核电部门均干过的电力人。

1985 年 3 月，我回到广东省电力工业局，任副局长、党组成员，分管干部、保卫、劳动工资、政工、办公室、水库移民及集体企业等管理工作。我分管的这部分工作政策性强，事务性工作多，所以我给自己定的目标是尽职尽责做好，使党组主要领导摆脱繁杂的日常事务，集中更多的精力去抓全局性的大事。

1985 年，赵甘泉（左）陪同省委组织部原副部长古振江同志在广东从化抽水蓄能电站视察工作

在干部工作方面，根据局党组的部署，在 1987 年下半年开始在所属 40 个单位实行了厂长负责制。为了顺利实行厂长负责制，我对所属单位的行政领导班子进行考察了解，其中对 19 个单位的领导班子作了调整补充，为实行厂长负责制做组织上的准备。同时，在 1988 年初为了配合我省调整部分行政区域，我主持组建了汕头、河源、清远、中山、阳江五个新建市的供电局，并选派一批政治素质好、有技术专长、组织能力较强的同志去担任领导职务，以适应新建市发展的需要。

1987 年 6 月，广东省职改领导小组和省经委职改办把我局定为企业职改工作的试点单位，在我局进行了职改工作的尝试。我们认真贯彻有关政策规定，严格按评审条件和要求，把好评审质量关，使职改工作经省改办验收合格。职改工作完毕后，根据上级职改部门的要求对职改工作进行全面的总结，为我省推行职改工作提供了经验。

这期间，我和同事认真贯彻执行干部离退休制度，注意加强所属单位老干部管理工作的领导。每逢出差到基层单位检查工作，都要抽出时间去看望离休老同志，对他们来信来访提出的各种问题，凡符合政策规定的都督促下属单位给予妥善解决，做好老干部的服务工作。此外，注重抓好安全保卫工作，根据“谁主管，谁负责”的原则，在所属各单位建立治安保卫责任人制度，组织建立和健全了各项治安防范措施，有效地加强我省电力生产的安全保卫工作。

劳动工资方面，为了实施“七五”期间电力发展目标承包方案，负责组织制定“广东省电力工业局工资总额与经济效益挂钩方案”，并于1987年12月21日经省企业改革办公室批准实施。同时，为了解决奖金占工资总额比重过大影响工资职能的调整作用问题，提出了“企业内部浮动工资升级办法”，收到了较好效果。同时还组织开展全省电力系统工人技师的评聘工作，有力地调动了广大工人的积极性。

在党委和政治思想工作方面，重视加强党的自身建设，组织所属各单位建立和健全党委各项学习和生活制度，并定期检查对制度的执行情况。同时抓好党风党纪教育和开展“创先争优”活动，认真按照“坚持标准，保证质量，改善结构，慎重发展”的方针，抓好发展党员工作。为了保证厂长负责制的顺利实施，组织所属各单位党委主要负责人和政工干部学习《企业法》《三个条例》，统一对推行厂长负责制的认识，明确职责，逐步理顺党、政、工三者的关系，有力地推动厂长负责制的实行。重视加强廉政工作的领导，组织开展了以廉洁为主要内容的纪律、职业道德和法制教育，我局普法教育于1987年10月经省政府直属机关党委验收合格。并组织各供电局开展端正行业作风和优质服务工作，推行办事制度和结果公开，接受群众的监督，有效地端正了行业作风。

广东的水库移民工作，是我这一时期工作的一大重点。

新中国成立以来，我省先后修建了新丰江、枫树坝等一批省属大型水电站，有移民25万人，主要安置在河源、韶关、惠州等21个县市。这25万水库移民是个大难题，广东省移民办公室非常头痛，发话说，谁受益谁管，电力局受益，所以该电力局来管这事，这一任务就这么放到了电力局，这件事主要由兼管的我来做。从那个时候起，我当起了水库区人民的“勤务员”，完成了一件从政后期引以为荣的事。

这项全新的任务，对于一位从小在广州长大的人来说是一个不小的挑战。该怎么做呢？我第一步是摸底，了解情况。深入到水库移民区，一家一户进去家访，发现移民家里的门都不锁的，真真正正的家徒四壁。下面养鸡养猪，上面住人，生活环境很差。每次去，我都要去伙房看看，看他们有没饭吃，然后去小学看，发现孩子们一周带一袋米回去，还有红薯藤，一起煮，就吃这个，有的也才七八岁，却带着小弟弟一起去上学……每次面对这种情景，我都非常难过。在挨门逐户和水库移民的座谈中，我发现他们对生活没有念想，没有盼头，很麻木。正是因为看不到生活的希望，冬天政府发了棉被，夏天他就能拿去卖了买瓶酒喝。这就导致有的移民区一直没办法改善。

对 33 个乡镇、60 个自然村、336 户移民家庭进行调查了解后，针对移民工作存在的问题，我主持制定了移民经费管理的若干规定，确定了资金投放比例，落实了加快扶助移民脱贫等措施。为进一步解决水库移民安置遗留问题，1986 年底，省六届人大五次会议曾提出了《关于要求彻底解决水电站移民问题的议案》和《要求从根本上解决新丰江水电站移民问题的议案》，由省政府提出办理意见，并指定省电力工业局组织实施。

1987 年至 1993 年，政府投入的移民经费是不少的。例如 1987 年就有 2. 92 亿元，其中省财政拨款 4600 万元，省属水电厂发电水费提取 2435 万元，电力建设费提取 2. 2165 亿元。这些资金，投放上从原来的“输血型”改变为“造血型”。接下来要做的，就是不能光“输血”，还要“造血”。要改变扶贫方式，不能直接发钱，要用这笔钱帮助移民“造血”。第一步把经费用好，就是按照“大力扶助发展，大搞种养，增加收入，先图温饱，逐年改善”的移民安置工作方针来用。

首先是引导移民发展生产，增加收入。根据当地实际情况，主要发展果树、林木种植和家庭养殖，利用当地资源，兴办乡镇企业，建造小水电站，兴修水利，改造低产田等。变化就是：全省省属水电站移民人平均年纯收入，

1986年，赵甘泉（左一）与省政府工作组在河源县召开移民工作会议，研究集中资金建移民新村问题

1993年达到了740元，比1986年实施议案前的201元增加268%。

同时，推动改善移民区的生活设施。完成了一批道路、桥梁等工程，帮助改进了移民教育、通信、医疗条件，架设低压用电线路1146公里。在建立一定的生产基地和基本解决移民温饱的基础上，从1991年开始，逐年增加投资，采取以自筹为主、移民经费补助为辅的方式，重点帮助移民群众改造危房，到1993年底，共投入经费3168.5万元，49,950人住进了新房。1994年计划投资3578.4万元改造危房，再安排56,000人入住，目标是1996年底议案结束前全部改造完移民危房。同时结合整治村容村貌，使移民居住条件有较大的改善。有的库区长期住在搬迁时抢建的“卫星”房，经过二三十年的风吹雨打，均成为危房，人平均住房面积只有6平方米，人畜混居，居住条件十分恶劣。1991年起，对该村危房进行改造，并在公路两边为他们另择宅基地，重建住房。再去到这些地方时，人畜混居的情况已经看不到，我非常欣慰。

此外，我们争取有关部门支持移民地区的社会经济发展。省电力局除安排专项移民经费外，还筹措资金5316万元，建造35千伏变电站8座，架设高压线路1339公里，使97%以上的移民用上电；省教育厅拨款100万元，用于改造移民学校危房；省公安厅协助解决外迁移民户口入户；省邮电局提出解决新丰江库区通信方案……同时，还积极落实有关优惠政策，处理山林土地纠纷，保护移民合法权益。有关部门对移民工作积极参与、支持，使移民工作成为社会系统工程，加快移民脱贫致富的步伐。

对严重贫困的家庭，我们实行重点扶贫计划。从1989年开始，对人平均年纯收入在350元以下的移民贫困户重点扶持，采取“三到户”的做法，即“项目到户、资金到户、服务到户”。新丰江库区组织移民贫困户种柑橘，连片管理，分户承包，除了提供资金外，还按片配备技术员，定期举办柑橘种植培训班，提高柑橘管理水平，确保好收成，仅此一项，使库区人平均年纯收入增加100元以上。

经过8年时间的狠抓落实两个议案，经过有关部门的共同努力，移民地区的面貌发生了根本性变化，移民生产得到发展，经济收入逐年增加，生活逐步改善，温饱问题基本得到解决。同时，95%的移民用上了电，水库移民的生活得到了改善和提高。从1987年以来，未发生过水库移民集体上访、静坐的现象，为社会的安定团结作出一定的贡献。

1996年，赵甘泉（中）参观中山电厂

省人大常委会主任林若同志到河源市视察了移民工作，对移民提案实施以来的移民工作做出充分肯定，认为在各级政府的重视和支持下，新丰江水电站移民遗留问题正在逐步得到解决，移民的生产和生活有了明显的改善，作为议案主办单位的省电力局作出了很大贡献。

我退休后，还担任广东省电力企业管理协会副会长，继续做了一年多的政工工作，直到1995年。

我这一生，经历了国家各个阶段。刚开始工作时正值国家一穷二白之际，艰苦奋斗、自力更生，算初期。中期时，国家开始发展，我和所在的电力部门也处于大发展期。到我退休时，就是现代化、智能化时期。这就是我们国家的三个阶段。我随着国家三个阶段的变化而改变。没有共产党就没有我。我作为一个无依无靠的人，也没多少文化，是党把我培养起来的，各项工作也是在同事们的支持下完成的。我常这样教育我的子孙，一定要感恩，积极认真完成各项工作任务。

现在我已经退休二十多年了，身体健康，得益于一直坚持劳动锻炼。每天坚持骑十多公里单车上下班，三十多年风雨不改。当副局长后还继续骑单车一年多时间，直至搬家到电力局东风东路家属宿舍后才不骑车上下班。现

2012 年，赵甘泉退休后，坐游轮旅行

在，我每天依然很忙，坚持看手机新闻，关注国家经济社会的发展，关注国际国内的发展动态。我经常教育子孙，要接受锻炼，敢于吃苦，廉洁自律，告诉他们：我就是在这样的艰难困苦中走过来的。

（赵甘泉口述/黄河方整理）

梅花香自苦寒来

郭劲梅 男，1933年出生，广东兴宁人，原广东省电力工业学校校长。1956年毕业于华中工学院热能动力专业，后留校任教。1965年至1974年，先后在水电部中南电力设计院、广东省电力基建公司、广东省水利勘测设计院工作。1974年7月起，先后在广东省水利电力学校、广东省电力工业学校任教。1983年任广东省电力工业学校校长。1994年退休。

1933年农历四月初九，我出生于广州，祖籍广东兴宁，父母给我取名“劲梅”，大概是希冀我将来能具有梅花的品格和傲对风雪的坚毅精神吧。回顾我人生走过的路，确也常以坚韧不拔的精神激励自己，认真做事和好好做人。

记得小时候，我父亲郭超寰在外经商，在家时间不多。母亲陈宠荷，广东番禺人，家庭妇女，读过一两年私塾，有点文化，她对我管教较严，一旦我做错了什么事，就用小鞭子教训我，有时还要下跪认错。我长大后回想起来，这样严格的教育对我的人生是有些积极影响的，母亲教育我要变成一个循规蹈矩、诚实正直的人。长大后，我确实也这样要求自己去做人。

抗日战争爆发以后，我父母在1938年10月广州沦陷前夕，便带我迁回了家乡广东兴宁县。此后，我一直在家乡学校读书，学习还算勤勉。从1939年8月起读小学，继而于1945年抗战胜利后考上兴宁一中初中，半年后转学兴宁宁中中学直到毕业。1948年秋我考入兴宁一中高中部直到高中毕业并考上大学。寒窗苦读，可谓几经波折，却终能梦圆。

读初中时，我曾得过几次疟疾，身体一直体弱多病，因而学习成绩一般，到初三时才有些长进。1948年考入兴宁一中高中部时，正值解放战争进入大决战阶段，我们在当地经常可以看到中共地下党派发的传单，介绍有关淮海战役、百万雄师过大江、解放南京等战况，这让我心潮澎湃，十分向往参加革命。1948年7月，在中国人民解放军闽粤赣边纵队的强大攻势下，兴宁县和平解放了。1949年8月，由于对参加革命的高度渴望，我与曾敬保、王士林等几位同学，相约考入了由中国人民解放军闽粤赣边纵队主办的东江公学（短期培训革命干部的学校）的短训班。我们先在龙川县的老隆报到集中，然后徒步行军6天到达远在惠州的东江公学。这次长途跋涉使我经受了人生中的一次体力和意志的大锻炼，受益匪浅，终生难忘。在短训班里，我们主要学习一些革命理论和政府的方针、政策，三个月后就结业并被分配到紫金县做征粮工作。

出于读书报国的愿望，1950年2月，我向组织申请回兴宁复读高中二年

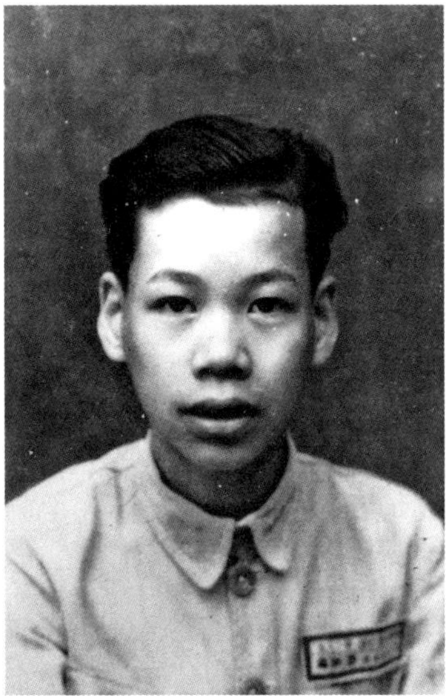

1948 年，郭劲梅读高中时的留影

级。读完这一年后，家庭因经济困难，暂时无法继续承担我的学费，我便休学当了一年的小学教师。我先后在兴宁黄陂区小学和刁坊区小学教数学、语文、音乐等课程，初步体验了当教师的滋味与乐趣。

攒够学费后，为了圆读大学的梦，1952 年春我又去复读高中第五学期。幸运的是，当时百废待兴的国家急需建设人才，需要我们提前半年高中毕业，投考大学。于是，我全力以赴，用半年时间学完一年的课程。功夫不负有心人，1952 年秋，我终于以第一志愿考入了华南工学院机械系热能动力专业，实现了人生的第一个理想，内心因为将来能用所学知识报效祖国而十分喜悦。当时，因全国仍在进行院系调整，一年后，我所学的专业并入了武汉华中工学院。因暂无校舍，我先在华中工学院湖南长沙分部读了一年，后于 1954 年秋来到了江城武汉。

我所读的热能动力专业，为国家首次设置。我十分热爱这个专业，并为能学习这个专业而充满了自豪感，因为“动力”是机械化、电气化的源泉，没有动力，一切都是空话！当时的大学生（1952 年全国仅招收了 10 万名大学新生）真是“天之骄子”啊！国家刚解放不久，就免费让我们读大学，既管生活、又管医疗，还有助学金，甚至连配近视眼镜的费用都包了，我十分地感恩。因此，我的学习目的很明确，就是希望能充实学习本领，将来为新中国的社会主义建设事业贡献才智。

在大学四年里，我除了用功学习外，还保持着高中时喜欢阅读文学作品的习惯。我喜欢读鲁迅的小说和杂文，喜欢读苏联小说如《卓娅和舒拉的故事》《钢铁是怎样炼成的》等，这些具有先进思想的文学作品，对我的“三观”产生了极大的影响。尤其是《钢铁是怎样炼成的》的主人公保尔·柯察金关于“人的一生”的感悟名言，“人最宝贵的是生命。它给予我们只有一次。人的一生应当这样度过：当他回首往事时不因虚度年华而悔恨，也不因碌碌无为而羞耻。这样在他临死的时候就能够说：我已把整个生命和全部精力都献给最壮丽的事业——为人类的解放而斗争”给我留下了极其深刻的印象，这段话一直激励我逐步树立起革命的人生观，让我决心要把我的一生献给新中国的社会主义建设事业，终生为人民服务。

为了在思想上追求进步，1955 年 5 月我加入了新民主主义青年团（后更名为共产主义青年团），而在学习成绩上，也自我感觉基本满意。1956 年 7 月大学毕业后，我被分配到华中工学院留校任教，成为了一名光荣的人民教师。

在大学教书，对于初出茅庐的我来说，压力之大是可想而知的。因此，我抓紧时间努力学习，通过各种途径增长专业理论知识和实际的技术能力。1956 年 10 月，在大学毕业两个多月后，我便正式走上了讲台，为学生讲授作为火力发电厂主要原动机的汽轮机设计方面的有关知识，指导学生进行汽轮机课程设计。1957 年初，我带领学生先后到北京热电厂和武汉青山热电厂安装工地进行毕业实习。同年 3 月，我开始指导热能动力专业毕业班的学生进行毕业设计——“火力发电厂工程设计”。此后至 1959 年 7 月，我多次为学生做汽轮机课程设计和毕业设计的指导工作。

1959 年 12 月，我首次上台为工农专修科班的学生讲授汽轮机课，共 150 个课时，课程安排八个月时间。在大学工作才几年的助教去讲授专业的主课，是一件非同小可的事，需要我作出巨大的努力与付出。因此，我编好了讲义供学生作为教材，认真备课、刻苦钻研，讲课效果良好，我受到了一次很好的教学工作锻炼，增强了教学信心。

随着教学能力的提高，1961 年我被提升为讲师，并承担了更繁重的教学任务。从 1963 年 9 月起，我开始为本科学生讲汽轮机课，总课时为 120 课时，课程的部分教材由我亲自编写。四个班的学生合在一起上大课，场面颇为壮观，我全情投入、不遗余力，教学效果比过去更上了一层楼。

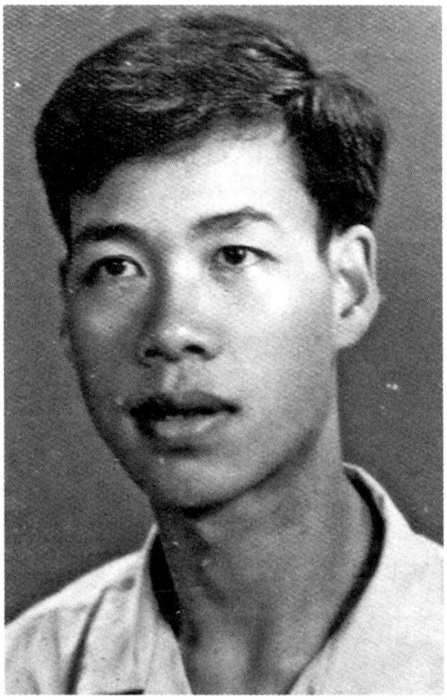

1959 年，郭劲梅在华中工学院任教时留影

为了进一步提高自己的专业技术水平，我除了经常性地下厂实习，还到汽轮机制造厂了解汽轮机结构和汽轮机的设计与制造、装配方面的情况，到安装工地了解汽轮机的安装过程，到设计院了解整个电厂的工程设计过程等等，获得了很多实际知识，专业技术水平也不断得到提高。这期间，我还参与了一些科技工作。如 1958 年上半年，我组织并指导学生进行“真刀真枪”的宜昌火力发电厂工程热机部分的毕业设计（后该厂建成投产）；1962 年 12 月我撰写了题为《对现代汽轮机设计原理的改进意见》的学术论文，在学院科学研讨会上宣读，后在学院学报上发表。该论文后来于 1963 年 11 月在全国汽轮机年会上被宣读，受到同行的关注。因任教后不断成长进步，1959 年 6 月我担任了学院汽轮机教研组副组长、系科研秘书等职务。

1963 年春节，当我快满 30 岁时，完成了结婚这一件人生大事。妻子吴梅芳是我的同乡，我们是在 1960 年 5 月由我的老同学介绍认识的，她在广东阳山县乡村卫生院做妇产科和妇幼保健工作。1964 年 5 月，我们喜得第一个女孩，取名穗宁。为了解决夫妻分居、不能共同养育女儿的问题，我向学院申请调回广东工作。可是就在同年年底，学院人事处突然以工作需要为由，将我转调入水电部武汉中南设计院工作。这让我百思不得其解，也是我人生的一大打击。自那时起，我便开始由教师向火力发电工程设计工作者转变，而后我在电力系统工作的时间，一晃就近三十年。

从 1965 年起，我成为水电部武汉中南电力设计院的一名火力发电工程设计工作者。刚去上班的那会儿，说是工作需要，其实只是做些零星的工作，我继续向组织申请解决调动问题。同年下半年，设计院开始搞“四清”运动。1966 年下半年，我与另外两位同为华中工学院调来的同事（王某、楚某），一同向设计院“四清”工作组反映自己调动工作的请求，并且上书水电部、内务部。

1967 年 11 月，老二穗文（儿子）出生，我利用假期南返广东照料妻子一段时间。1968 年 7 月，因妻子难以兼顾两个孩子，4 岁的老大就被送来武汉由我照顾。此后不久，妻子因家庭出身问题，遭遇批斗、被强迫劳动，到 1968 年底才得到平反。次年 2 月，因妻子下放到“五七”干校，老二也被送来我身边照料有一年时间。这段时期，我们全家经历的生活上的窘迫与思想上的苦闷，着实一言难尽。

从 1964 年底的莫名调动，到“文革”的冲击，再到 1968 年至 1969 年由我单独照料两个孩子的困境，同时妻子又遭到批斗……这段时间，可说是我人生最低谷的时期，即便如此，但凡有工作任务安排，我都是会尽力去干好的。

1970 年 5 月，新的电力工程任务开始多起来了。我作为设计院的代表进驻武汉热电厂，参加“保钢会战”的工作，主要任务是多供工业蒸汽给武汉钢铁厂；提高汽轮机机组的出力，多发电供给武钢等部门。具体在专业技术上，一是将电厂的5号机组（50,000千瓦）的纯凝汽式汽轮机改装为工业抽汽式（13ata）汽轮机（当时国内无此先例），向武钢提供工业用汽；二是参加该机组提高出力的试验工作。我主要负责汽轮机提高出力后的热力核算、汽轮机主要部件的强度核算等工作，并由我写出总结性报告。同年9月，我本已得到单位同意请假16天返回广东，因电厂工作需要，我便放弃了这一宝贵的假期，其主要原因是电厂提高出力后，汽轮机、发电机设备需要更低温的冷冻水，电厂方面又请我负责设计出一套制冷量1,000,000千卡/小时的蒸汽喷射制冷系统及其装置，1970年10月经由电厂方制造、安装好后，投入使用。这一蒸喷制冷设备，在当时也是一项新技术。我感到这次进驻电厂所做的两项工作，是自己进入电力系统后所做的一次技术含量较高、值得自豪的工作。

1970年11月，水电部决定撤销中南电力设计院，人员下放分流到中南各省工作，我们一群人被下放到了广东省电力基建公司设计处（地处韶关乌石）。1970年12月17日，当我坐上列车南返广东的那天，内心无比激动，因为这总算为解决夫妻两地分居的问题前进了一大步，与此同时我也很感慨，因为自己即将告别曾经学习、工作17年的美丽的江城——武汉。这里给我留下了太多美好的记忆，难以忘怀！

我回到广东后，1971年2月便投入了工作。这一年我先后参加了韶关电厂5号炉改炉工程和6号机扩建可行性方案论证工作。1972年，因为前后几年广东严重缺电，到处都要计划停电，韶关电厂5号机扩建上马项目被提到了议事日程上来。在决定安装苏联50,000千瓦BK－50－3型汽轮机组后，设计处决定由我担任扩建设计工程机务专业负责人（主设人）工作。机务专业含锅炉、汽轮机、热工仪表与自动控制等几个专业。作为主设人，要负责机务大专业的总体设计工作（如确定主厂房布置方案、全厂热力系统方案等），既要对内部各专业的设计质量负责，负责本专业主要图纸的校核工作，又要对外部专业（电气、土建）搞好协调配合工作。我感到任务光荣而艰巨。为了搞好工作，我天天从公司步行数公里到韶关电厂收集资料，到火电处工地借阅该机组的本体设计资料，还负责翻译苏联 BK－50－3 型机组的俄文有关资料。

工程的正式设计从1972年3月开始。我组织了热机组11人到韶关电厂开展现场设计。那段时间，我们经常加班加点，晚上工作到十一二点是常事，但也忙得不亦乐乎。经过共同努力，短短三个月后的6月中旬，我们终于完成了5号机扩建工程从初步设计到施工设计图纸的任务，大大缩短了设计工期。后来，我作为电建公司设计处驻工地的总代表，天天都在现场协助解决安装过程中出现的技术问题。在广东火电安装公司、水电工程一局技术人员的全力奋战下，5号扩建机组在10月29日进行了启动试验，而后经过72小时的试运行，完成了广东省委提出的11月1日建成发电的任务。11月8日正式投产发电，较大程度上缓解了当时广东缺电的困难局面。我作为前线工作的其中一员，感到无比的喜悦和十分的荣耀！同年年底，我被电建公司设计处评为韶关电厂5号机扩建工程的先进工作者。

1972年7月，我爱人生下了老三穗涛（女儿），我与妻子两地分居的消极影响更加突出。为了解决这个老大难的问题，我几度向组织提出申请，组织上也十分重视，终于在1972年11月将我爱人从阳山县调入省电建公司医务室工作。当时，我内心充满感谢之情。令人遗憾的是，1973年1月电建公司设计处并入省水利电力勘测设计院，迁回广州，而我爱人却仍然留在韶关电建公司医务室工作，她们娘儿4人都未跟我一起迁入广州，夫妻再次分离。这一情况又一次对我造成了不小的打击。

为了继续缓解广东缺电的困境，韶电6号机扩建工程（50,000千瓦）又提到议事日程上。1973年1月下旬，我们开始了扩建工程的设计工作，我仍然担任机务专业负责人。在团队成员的共同努力下，6月底我们完成了施工设计，机组仍由广东火电安装公司安装，12月25日机组试运行，继而正式投产发电。

作为当时广东主力发电厂的韶关发电厂的5号机、6号机的扩建工程，是水电部的全国重点项目之一，纳入国家计委的计划之内。短短两年时间，两台扩建机组都先后按期投产发电，一年可多供电 6 至 7 亿度，为扭转广东严重缺电困局，立下了汗马功劳。我庆幸自己参与了这场大会战，用自己所学所能干了些实事，对国计民生产生了实效，甚感自豪与欣慰。

也许我这一生与教书有缘。1974 年 7 月，为了便于统一解决我爱人和孩子们入广州户口问题，组织上将我们夫妻俩同时调入户口关系在广州从化的广东省水利电力学校（到 1975 年，我们一家的户口才一起迁入广州。为解决住房问题，我爱人又于同年转调入电力局中心修配厂工作。1986 年秋，学校给我分配了新宿舍，她才又被调回学校工作），从此，我重新登上教坛，又开始做教书育人的工作。

1974 年的 10 月，我开始为热机班（中专）、汽轮机班（技工）的学生讲授汽轮机课，由于缺乏教师，我还先后讲过物理、热工学、传热学、自动调节原理等课程，范围较广。那时，学校搞开门办学，即强调现场教学，以期学生毕业后能较快上岗。因此，在学校统一部署下，我带着学生先后到广州五仙门电厂旧址、广州发电厂、茂名热电厂及其安装工地、广州黄埔电厂安装工地等地，参加机组安装劳动和运行跟班劳动。从 1974 年到 1980 年，经我直接教过的学生至少有 8 个班，他们都喜欢听我讲课，认为我讲课说理清晰，能结合生产实际。那些年里，我们所培养的毕业生，为省内原有的电厂特别是新建的黄埔、沙角等骨干大电厂，解决了建厂、投产所急需的大批技术人才的问题，其中的不少学生后来还成为生产骨干或管理领导干部，每念及此，我内心都感到莫大的慰藉。

1980 年初，因“水”“电”分家（省电力局从原省水利电力厅分割出来，由此，原省水利电力学校的动力、电力专业也归至省电力工业学校），开始筹建广东省电力工业学校。1981 年 9 月，广东省电力工业学校正式开办招生，我被分配到电校。1982 年秋，我担任教务科副科长职务。

1983 年 7 月，我光荣地加入了中国共产党。早在 1968 年在武汉工作时，我教大女儿认字、写字，她 4 岁时学写的人生第一个字就是毛主席的“毛”字；五岁时学习书写的句子就是“共产党万岁”，这都是我内心对党的表白和

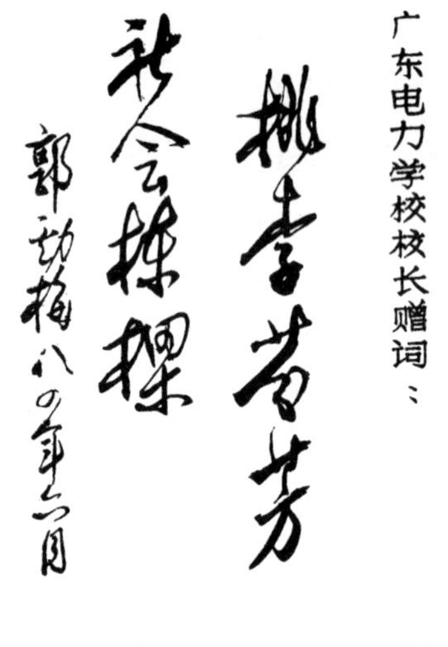

1984 年，郭劲梅在学生毕业纪念册上的题词

爱戴。我一直这样想，我所拥有的读大学的机会和后来的工作机会，都是党和国家给的，我十分感恩和珍惜。我深深认识到，入党不是为个人谋取私利，入党是为了更好地为人民服务，为祖国的社会主义建设奋斗终身。

1983 年 8 月，上级任命我为副校长。9 月，又任命我为校长。对此，我颇感意外。作为一个长期从事具体教学工作和火力发电工程设计工作的人，突然需要走上行政领导岗位，我感到有点勉为其难，觉得自己不是那块“料”。尽管如此，作为党员，我还是服从组织安排。

我上任校长初期，学校的办学条件还不太完备，学校基建任务很重，只能是边建校、边开课。按照广东省电力局领导“办成省内一流中专学校”的指示精神。我们学校领导带领师生员工努力创造好的办学条件，努力提高教学质量，不断扩充提升师资队伍，狠抓正规化教学管理，建设好实习工厂、各种实验室以及计算机中心。总之，以办一流的中专学校的要求去抓好整个学校的工作。

1986 年，为了解决在大型火力发电厂和电力系统中不容易实现实际操作的难题，我提出建设一座以电子计算机技术为核心的电气运行培训模拟装置，以利于学生开展实践教学之用。经与教务科共同商议，学校安排了计算机教研室与电气教研室的欧阳先顺、买宝林、甘灼坚、欧建平等骨干教师去组建，其间得到了西安热工研究所的技术帮助。该培训模拟装置于1988年基本建成，1989年进一步完善，当时在国内处于领先水平，大大提高了学生的实操能力，受到上级领导的肯定，电力工业部下属的中等专业学校联盟（简称“中电联”）也对此十分重视，建议在全国电力中专、技校推广应用。

经过几年的努力，学校面貌发生了较大变化，校园依山而建，环境优美，办学水平日益提高。到1987年底，学生在校人数由1983年的870人发展到1240人，在职教师人数132人，实验开出率在71%以上，接近重点中专80%的要求，教学质量逐步提高。在我当校长的任内，共向广东电力系统各部门，特别是新建、扩建骨干大型电厂——沙角电厂、黄埔电厂及供电部门，输送了近2000名中专、技校毕业生，为广东电力事业大发展作出了应有的贡献。

在我担任校长期间所做的另一项我很欣慰的工作，就是在上级领导下，在广东省电力工业学校的基础上成功筹办成立了广东省电力专科学校。我上任一段时间后，就根据广东电力建设事业的未来发展对专门技术人才的需求和电校的较好办学条件，以发展的眼光向省电力局提出了在电校现有的基础上争取办成大专院校的构想，受到局领导的重视。1985年，这项工作被提到省电力局的工作议事日程上来。6月1日，省电力局领导颜鸣鹤副局长指示成立筹备领导小组，要我亲自抓，想尽办法做好这一工作，并将此项工作向省政府汇报。6月11日，颜副局长在学校首届教代会开幕式上正式宣布要筹办电力专科学校。一同前来参会的省高教局中专处温处长也称赞了学校的快速发展，说电校已步入了省内先进中专学校的行列了。

为了把学校办成重点中专，同时为了升格办大专学校，在创办的过程中，省政府、省高教局和省电力局都高度重视，做了大量与上级联系和争取的工作，加上我们几年来创造的较好的“硬件”条件，使办大专学校成为可能。我上任以来，我们学校新建了不少教学设施和生活设施，主要有2770平方米的图书馆、3060平方米的饭堂、5496平方米的教工宿舍、3200平方米的教学

1987 年，郭劲梅与妻子在广东省电力专科学校合影

楼、1625 平方米的电教楼等等。与此同时，我们大力加强教师队伍建设，大量从省内外调入优秀的骨干教师，教师队伍从 1983 年的 84 人（其中拥有高、中级职称的分别为 1 人和 24 人），发展到 1987 年的 132 人（拥有高、中级职称的分别为 12 人和 32 人）。

1986 年 11 月 14 日，由省高教局计划处李处长带队，省电力局教育处杨裴科长与我一行三人出差北京，到国家教委汇报筹办大专院校的情况，争取得到批准。当时，教委计划处徐处长作了如下答复："我们派人到广东电校做过调研，认为你们的办学条件不错，这里面关键要看中央批准办高校的口子开有多大……"此时，省高教局计划处李处长做出一个表态："如果广东只批准一间，第一号就是广东省电力专科学校。"

1987 年 12 月，国家教委终于正式下文，同意在广东省电力工业学校的基础上建立广东省电力专科学校。1988 年 4 月，省政府正式向省高教局、省电力局行文下达建校的决定。几年来的辛劳与努力终于有了结果。对于国家教委和广东省高教局如此认可我们电力学校，使之在省内乃至全国众多的中专学校中，能够为数不多地升格为大专学校，我感到不胜荣幸，内心得到极大安慰！

广东省电力专科学校 1988 年秋季开始招生，7 年间共计培养专科毕业生 594 名。

据说是出于实施广东省大教育战略布局的考虑，1995年后广东省电力专科学校与华南理工大学联合办电力学院，原校停办，实在令人惋惜！

1988年6月，学校实施机构变动并配备新领导班子。在此之前的1987年，我曾多次向省电力局领导反映自己这几年来在领导岗位上的工作感受。对复杂的人事关系感到厌烦，希望上级能安排能力更强的同志来承担校长工作，自己愿意回到教学岗位上，发挥教学专长。因此，当局领导根据我的意愿来校宣布调整、配备新的领导班子的决定时，我很愉快地接受了免职调整，对于当不当领导，我的确不在乎。令我感到欣慰的是，赵甘泉副局长在宣布这一决定时，对情况进行了说明："对郭劲梅同志的调整，是发挥其教学专长，不是别的原因。对电校的建设，郭劲梅同志是有贡献的，这次调整，也是应其本人的意愿。"

可以说，教书是我一生中最大的幸福，即使在担任校长期间，工作再忙我都会坚持上讲台，坚持站在教学第一线。从领导岗位卸任后，我如释重负，全身心地投入到培养电力技术人才的教学工作中去。

改革开放以后，广东电力建设事业获得迅猛发展，形势喜人。1989年，广东沙角电厂（A厂）300兆瓦汽轮机组（美国先进技术的引进型机组）即将投产，需要电校对电厂生产人员进行岗前培训。为了搞好培训工作，首先得有一套实用的培训教材，而当时国内没有此类教材。为此，我担任了两本教材的编写、讲课任务。我从1989年8月起收集并学习该机型的资料，1990年3月开始编写。同年8月到制造厂家上海汽轮机厂参观、蹲点学习，尔后又到山东横石发电厂了解装备有该机型机组的运行情况，这些都使我增加了不少实际知识。回校后，我便抓时间继续编写，不顾年事已高，常常工作到半夜，真可谓呕心沥血，终于于同年11月编写完两本培训教材：一本是20万字的《N300－16.7/538/538型（引进型）汽轮机本体》，另一本是15万字的《N300－16.7/538/538型（引进型）汽轮机数字电液（DEH）控制系统》。后一本教材中涉及的数字电液（DEH）控制系统，是用电子计算机控制取代了传统的汽轮机调速系统，当时是国际上尖端技术，国内期刊尚无此类介绍，更无教材可言。所以，我编写的这一本教材，可以说是开了国内的先河。1991 年 10 月，我把这两本教材带到全国电力中专学校汽轮机引进技术研讨会上时，与会者争相传阅，纷纷要求购买，由于我只带了两套，后来就复印发给大家。编写这套先进技术的教材，是我较为满意的一项学术工作。

沙角电厂（A 厂）生产人员岗前培训班于 1990 年 11 月 5 日正式开课，我每周讲 8 节课，共 120 课时。当时我同时为本校一个大专班讲汽轮机课，也是每周 8 节课。两个课程的讲授同时进行，其辛劳程度可想而知，但为培养紧缺的电力专业人才而付出，我虽苦犹甜！

从校长领导岗位退下来的 6 年间，我依然全身心投入教学工作中去，共为中专和技工的九个班学生讲课，并为三届大专班讲课和指导课程设计，为直接培养技术人才竭尽全力。1993 年教师节，我被评为广东省首届“南粤教书育人优秀教师”，为我的教育生涯作了圆满的总结。在延聘了一年后，我于 1994 年 4 月正式退休。

为了老有所为，发挥余热，我退休后曾受聘于广州白云职业技术学校（后升格为学院）、广州大学等大专院校授课，先后讲授过热工学、制冷技术基础、电冰箱、化工仪表等课程，直到 2000 年辞去一切外校教学工作。

人生几十年，弹指一挥间。我漫长的教学、火电工程设计生涯在此就打上了句号。回想过去，正如我在自己所作的《往事》一诗中表述人生中三段历程时所写的：

报效祖国志气坚，学技求知苦钻研。
毕业听从党分配，九年执教育英贤。
四化建设能源首，设计电厂献图谋。
呕心沥血十冬夏，强劲电流供神州。
命运之神巧安排，重登教坛桃李栽。
辛勤耕耘新苗壮，南粤优秀获奖牌。

退休后的赋闲生活，我依旧过得很精彩。初时，我主要学习唐诗宋词，并试着学习写律诗。后来，为了年少时那曾有的音乐爱好，我又把主要精力放在学习弹钢琴上面。为了圆我青少年时期的一个音乐梦，2003年买了一台钢琴，2005年报名参加了广州老干大学的钢琴班学习，走正规学习之路。经过十余年的努力，现在我的弹奏水平有些小进步，虽不能登大雅之堂，但可以自我欣赏、自我愉悦，陶冶身心。

退休后的郭劲梅在家练习钢琴

在此一生中，我最感激的其中一人就是我老伴了。因工作调动困难，1973年以前，我们夫妻两地分居、聚少离多。很多时候我都照顾不到妻子和儿女，妻子在默默经受着生活的困苦。我在武汉工作和参加韶关电厂5号机组扩建工程期间，妻子当时在偏僻的广东阳山县乡村卫生院工作。她既要经常到农村外诊，又要照料孩子，其困难可想而知。夫妻长期两地分居，三个孩子出生后，我都没能陪伴在妻子身边，这是我一生中的大憾事。我在广东水电学校、广东电力学校特别是在担任校长职务这些年里，一心扑在工作上，基本上无暇顾及家庭，幸得老伴把家庭生活的重担都担当下来，使我能全心全意投入工作，取得一点成绩和成就。如今，我能够过上幸福的晚年生活，有健康的身体，也多得老伴的悉心照料。我们的三个孩子都上了大学，都有了工作。老大于 1986 年毕业于华南工学院电力系统自动化专业，1992 年赴美留学，获得硕士学位，现在美国搞 IT 业务；老二 1989 年毕业于华南工学院成人教育无线电专业（后来也取得本科学历），现在中国电信广州分公司工作；老三 1995 年毕业于广东工学院电力系统自动化专业，现在外资企业 ABB 公司工作。他们都有一个美满幸福的小家庭。所有这些，都多亏我老伴的鼎力支持与无私付出，我对她表示发自肺腑的感激！

我身体力行的人生信条是："踏实认真做事，诚恳正直做人。"综观自己一生的作为，我认为自己已经做到或基本做到了。回首往事，在漫漫人生路上，我走过了求学—教学—工程设计—教学等几个人生阶段，不曾虚度年华，也没有碌碌无为，而是全心全意地投入新中国伟大的社会主义建设和四个现代化建设事业中去，有所贡献、无怨无悔，人生虽有坎坷，亦算圆满。我的人生，正如梅花香自苦寒来，留下淡香在人间。

（郭劲梅口述/张志刚整理）

业精于勤，学而致知

温瑞泉 男，1933年4月出生，广东梅县人，原广东省电力工业局调度所（现广东电网有限责任公司电力调度控制中心）通信科副科长。1951年底开始在中南工业部武汉送变电工程局当学徒工。1952年12月，调入武汉送变电工程局。1958年8月起，在广东省电力工业局调度所任职。1993年退休。

1933 年，我出生在美丽的水乡顺德逢简。小时候听父亲讲，我的老家在广东梅县松口镇，祖父 15 岁便去到广州做工，父亲从小就跟随祖母在梅州长大，直到 16 岁才陪着祖母来到顺德逢简，与祖父相聚，全家在顺德经营起一间小烟店。

1939 年，日本人入侵顺德。我们一家人逃到广州，由于父亲一直找不到稳定工作，吃饭也成了问题，经常是饱一顿饿一顿。1940 年，我到了上小学的年龄，尽管家境不好，但父亲还是咬着牙供我在广州开始读书，但之后八九年因生活不稳定，我们经常搬来搬去，家中粮无隔宿，我断断续续读到高小也就辍学了。为了谋生，父亲把家迁到了番禺市桥，做些小本生意，但好景不长，经营的小店慢慢也做不下去了。

1949 年，广州解放。虽然百废待兴，但我和家人心情却无比激动，工地上歌声此起彼落，我们仿佛又看到了希望。由于生活窘迫，我没有再读书，而是在番禺的一间杂货店开始打小工，包吃包住，月薪大米 50 斤，我当时已很知足。1950 年秋，广州白云机场扩建招工，我加入工赈队参加扩建工作，虽然平均每天要工作 10 多个小时，但一点也不感到劳累，每月连加班可以得到 60 多元，可买 500 斤大米。到年底工程结束了，我拿着可以买到 1500 多斤大米的工资回到家里，一家人真的乐开花了。之后没活干的日子，我就在石楼家里，白天帮家里做些卖熟烟的活计，晚上参加乡政府组织的民众夜校学习，积极参加乡里的各种政治运动，斗地主分田地。

1951 年底，不甘一辈子干苦力的我，毅然报考了中南工业部武汉送变电工程局招考的送变电技术学徒工。当时，中南工业部武汉送变电工程局主要负责中南六省送变电工程的组建安装规划实施工作，具体代招工及培训工作是由广州电业管理处负责，最终我顺利地被录取了。

1952 年 1 月 7 日，我怀着十分兴奋的心情，到广州市人民政府电业管理处（广东电网公司前身）正式报到上班，根据工作安排，我被分配到供电科西线路工区（广州西区供电局前身）。当时广州电业局分为东、南、西、北、中、西南六个区，西区分管广州西面的高低压供电线路和变压器等配电设施及区内所有的新装和大修改造工程，还分管日常巡视维修。工区还设置了24小时值班岗，执行值长要进行负荷配置和用户报障处理。能到供电局工作，我备感珍惜，干劲十足。在每次上杆作业前，师傅会认真地将每个程序讲解清楚，手把手地教导，经过不断的练习和实操，我进步很快。有一次，工区长带着我和其他学徒到南洋烟厂检查变压器失压情况，原来是专变高压手动插入式熔断器烧坏所致，由于现场条件受限，经过一个多小时的抢修，才顺利更换跌落式熔断器，合闸送电。工区长跟我们说：“做外线工就是要有胆、有力脚、皮厚。”“有胆”就是指有胆量有知识，无学识必然无胆量；“有力”就是指身体好有力气，做外线如果身体不好没有力气，就等于纸上谈兵，白扯；“脚皮厚”就是从安全角度出发，要求从事外线工作时穿厚一点的胶底鞋，以便随时对低压设备或线路进行带电作业。在广州电业局的一年中，我一边工作一边学习，通读了《架空配电学》教学参考书，对电力系统的发、送、变、配电有了基本的认识，掌握了一定的实际操作技能。

1952年12月26日，我被调到武汉送变电工程局，这里是我入职后的第二个新起点，在这里要重新学习送电工程的新知识新技术，学习用脚踏板登杆，还有线路测量、木杆防腐处理等等。1953年，我们就架设了南昌、西安等地的多条输电线路。1954年，我们参加了武汉防汛工程，对武汉市低洼地

1952年广州电业局参加祖国经济建设会议全体成员合影，前排左二为温瑞泉

带的输电线进行加高加固。记得当时我参加汉口水厂那档“门”型杆加高3米的改造，当卸下3根导线，再卸下横担和斜撑后，正好刮大风下大雨，我站在单条失去依靠的木杆上，人和木杆都在随风摆荡。如此恶劣的环境，要一个人在杆上接驳一条4米杆，现在回想起当时可真有点儿玩命。杆塔升高后，扳线地锚位置也要按木杆升高重新安装地锚，由于沿线已经水淹两三米，所以需要会游泳的人潜入水下作业，完成新的地锚安装，整个改装程序必须更加准确严谨。虽然工作极其危险且有难度，但我还是勇敢坚定地完成了。看着一条条输电线路的木杆坚挺而立，我心里无比自豪。

同年的12月，我体验了一次难忘的经历。当我在株洲架设湘潭至331工厂的35千伏线路时，在操作中遇上倒杆，我迅速从杆上往山坡一跳。事后以为没什么大事，只觉得小腿里边有点痛，第二天还继续到工地工作，一直坚持了十多天。等工程竣工后回到武汉，我才到医院去检查，结果发现右脚腓骨骨折严重，医生给我打了石膏，往后那两三个月我只能待在宿舍养伤。这期间我找来好些专业书籍学习，继续努力钻研无线电技术，我的床头到处堆满了电工、电器和无线电的书籍，床下堆满绕线机、铁芯电机、变压器等器具。4个月后，我被调到工程处行政办上班，从事修电器和广播等工作。

1956年初，工程处选派我到东北电管局学习载波电话，那时正是苏联援助我国，对东北电网的继保和通信系统进行改造，他们带来了许多适合于220千伏线路使用的单边带电力载波机。我有幸跟随东北电管局的通信工程师及苏联专家到抚顺、阜新、哈尔滨等地去调试及安装设备。这期间我抄录了许多厂站有关载波专业的安装调试运行方面的技术资料。为武汉送变电工程局抄编了一本电力载波安装工程的组织措施和技术措施。1956年8月，我结束了在东北的学习回到武汉，适逢武汉冶电业局举办捷克斯洛伐克Tesla载波机学习班。授课老师后来是我们广东省电力局的郭渭彬副总工程师，当时他是武汉冶电业局通信科的科长，后来被调到广东。我也参加了学习并到武汉大冶铁山等厂站进行安装工作，获益良多。同年11月，我回到武汉送变电工程局的高压试验室，和一位负责高压实验工作的工程师一起检测水电部分配给工程局的两套西林电桥。我们两人还对两台 10 千伏、50 千伏安的变压器进行绝缘电阻、泄漏电流、C2/C50 和介质损失角 tg 等试验。试验后进行耐压直至变压器被击穿，然后我们把变压器修复，再重新进行各项测试再击穿再修复。如此周而复始十多次，获得了十多套能够说明介损测试是对电力设备的绝缘强度鉴定十分敏感的测试项目，可以作为对电力设备绝缘鉴定的主要依据。1957 年底，这个科技成果在湖北省电机工程学会年会上进行发表。

在武汉工程局工作期间，我也曾到赣州大余等变电站进行变电安装工程竣工后对甲方的交接试验。1958 年，由于当时有多个变电工地同时建设施工，试验室人手紧缺，我只能独自背着一套电桥，到湖南下摄司电厂对新装的发电机进行试验。试验完后又赶到广州西村 5 号机进行高压介损试验。就在这个时候，武汉基建局机构下放，我和“电桥”便留在了广州电业局，“电桥”仪表由输变电部门接管。

我被安排在生技处调度室参与调度通信工作。流溪河电厂和广流 110 千伏输电线路投产后，调度与流溪河电厂就靠一台 5 瓦的无线电报话机作为调度的通信工具，由于电离层影响，信号经常变化衰落甚至中断，调度员整天对着话筒叫喊，现在看来这样进行电力调度实在匪夷所思。

1958 年 9 月，物资部门送来了两台捷克 CZ－75000 电力载波机，但载波

1956 年，温瑞泉在武汉冶电业局工作时的留影

机的其他配件没有，要等待武汉分配。当时处里安排我和陈钦新负责在配件未调来之前，要先动起来。还好当时有陈帝根、许美娥、谭元根等几位邮校刚毕业的同志一起干，于是我先带领他们熟悉载波机图纸资料，包括收发信机及载波方面的一些特殊电路、收发信机的自动控制电路。自动盘有50多个继电器，每个继电器都有五六组接点，每一次通话过程都要几番动作继电器的对应电路。约两三个星期后，我们已大致掌握了载波机工作的基本原理，开始设置模拟电路对机器进行测试调整，并24小时开机试运行，由于不知等到何时才能收到武汉调来的配件，所以我向处里提出，自制结合滤波器，在广流输电线两侧出线下边各架设一根长300米、横截面积50平方毫米的导线，代替耦合电容，利用天线将高频信号送上输电线，送到对侧载波机上。这样的做法其他省份都没有先例，没想到我的建议得到处里领导大力支持。几天后天线和结合滤波器装好了，载波机就位通电，马上收到了对方送来的信号，拨号后也能收到对方回铃，经再三调试后基本能够正常通话，这个小小成就让我们喜出望外，之前的努力没有白干，打铁趁热，我马上安排人力三班倒进行轮值，并不断对电路和机器进行技术改进，务求载波机通话的可靠性更加稳定，音质音量达到通信的最佳效果。

1959年底，我们又收到了两台苏联的3型载波机，但设备说明资料全是俄文的。由于我在东北那半年，安装过好几对2型载波机，现在的“3型”与“2型”差不多，所以对这种设备并不陌生。这时邮校又分配了几个毕业生来到我们组实习，我看到年轻人的学习热情都很高，于是就和他们一起边查资料翻译边了解载波机结构，3个星期后大家对单边带且装有压缩和扩张器的载波机有所认识，我们很快就熟悉了该设备自动盘的动作顺序，并接入模拟通道试运行。

1961年，在新丰江水电厂1号机组投产过程中，我参加了新丰江水电站到广东中调的载波通信设备安装建设。新广线载波通信线路长达164公里，这是当时最长的一条载波通信电路。那时条件十分艰苦，交通也不便利，坐班车下车后，要走几里路才到新丰江电厂，仪表设备全部靠我和同事们背着、扛着进去。在工地也没有热水供应，大冬天只能在新丰江电站出水口洗澡，冷得大伙直打哆嗦。在广新220千伏输电线投产后，这对苏联的载波机便安装在河源站和棠下站，长期为调度通信服务。

1975年夏季，我负责主导建设409变电站（现广州白云区茶山变电站）到广东省电力局中调所（现广东电网调度控制中心）的地下小同轴音频电缆。在1979年冬季，省港联网（即广东电网与香港电网实现并网），我参与并主导建设深圳水贝变电站到广东中调的载波通信线路。当时调度通信使用的分立元件设备安装量大，故障频率高，我承担的工作压力也越来越大。为了破解难题，我参加过省内和联省通信人员的学习班，多次召开通信运行分析会议，共同探讨设备运行和维护经验，提出设备改造和调测计划。由于载波在电力线传输受可用频段限制，不能在同一线路上安装多台设备，所以我们开始用更多不同类型的设备，尝试使用长途音频电缆和小同轴电缆特高频通信机等设备，还利用音频分离、音频增音等手段，大大改善和提高通信质量。

20世纪70年代末，省电力局、黄埔电厂、中调所都装了纵横制的自动电话交换机，可惜这一切仍满足不了系统自动化对通信和系统行政电话的要求。

为加强与其他行业的联系交流，经单位推荐，我加入了广东省通信学会，当了两届理事会的学组理事，与邮电、民航、海运、铁路等单位，在通信技术及管理方面都有过广泛的交流学习。1980年5月，我参加了电力部全国电力通信规划会议，会议提出全国各大电网几年之内要建成独立的数字通信网，听到这个消息后，我非常激动，下定决心为实现全网自动化贡献一份力量。

1984年我到日本NEC（日本电气股份有限公司）参加学习卫星通信有关课程后，和赖仕生、王迪非、李宗昌等几位同志，继续负责小塘变电站的卫星地面站建设，通过卫星实现广东电网与全国通信联网，为全网自动化奠定基础。1987年，我由载波组长升为通信科副科长，1988年，我参与了粤东通信线路大改造，更换了设备、更改了频率，提高了电力通信可靠性。随着广东电网调度自动化工程计划的逐步实施，我还参加了中调至粤北、中调至惠阳至河源、中调至深圳珠海蓄能核电、中调至茂名等微波工程及局大楼程控

1984 年，温瑞泉（左一）在安装中调至电力卫星通信工程现场与同事合影

交换机的安装，大大地提高了电力调度的通信质量，为电力系统调度自动化提供了稳定、可靠、大容量的传输通道。到 20 世纪 90 年代随着科学技术的发展，光纤通信取代了微波载波通信。以前的微波载波也就退出了历史舞台，至于我们所有在电力系统从事过电力调度有线无线这个频段的师傅们，都是我们电力系统通信的拓荒者。可以自豪地说，我是第一代广东电力通信工人。

从小我爱看书，更爱解决问题。我发现在 20 世纪 60—70 年代，国家靠自力更生生产了很多类型的载波机，电力系统也安装了不少，但由于这些机器的原配件质量不高，而且需要分立焊接安装，所以故障率极高。我们每年都要安排很多时间到全网各个站点进行调试维修及改造，由于可用频段限制，不能在同一线路安装多台机器，根本无法适应自动化设备对电路的需求。于是在 20 世纪 70—80 年代，我们开始采用更多类型的通信设备，比如音频电缆、小同轴电缆、特高频通信机、卫星通信地面站，再利用音频分离、音频增音等手段改善和提高通信质量，但都是头痛医头，脚痛医脚，成效很有限。经过多年的经验，解决系统通信的迫切方法就是培养更多的载波专业技术人才，让他们在各个站点上都能发挥作用。我作为载波专业技术骨干，非常愿意和全省通信技术人员相互交流运行维护经验，哪里需要我，我就去哪里。

1992 年，中调总工程师冯博文对我说："几十年来你做了很多也学了很多，何不申报一个职称，留下你的身影？”在他的鼓励下我申报了。对于一个快60岁的人来说，英语考试真是有点难！但还好考试允许带字典，我的字典很袖珍，我带上老花镜还是模模糊糊的，查个单词都十分费力，那天考场七八十人都交卷了，只剩我还未交卷，监考员对我十分体谅：“阿叔，你别慌，我等你。”半个月后，我得知英语考试成绩居然及格了，欣喜若狂。英语笔试过了，还要在全局评委面前答辩。

还记得答辩是在一天上午10点开始的，主持人问我雷电的形成及如何做好通信的防雷工作，当时我很自信和轻松地将防雷要点及认识在会上叙述一遍后，换来了大多数评委的信服和认可的眼光。答辩会宣告结束，在我向评委告辞的时候，评委站起来对我说：“温科你快退休了，我们想请您一起去吃顿饭呀。”这句话让我特别感动。

1993年，我年满60岁，正式退休了。就在我办理退休手续时，我收到了一本电力通信工程师的中级职称资格证书，我将这本证书捧在手中，思潮涌动，感慨万千！

一路走来，还有一个人与我风雨同舟，一直支持和鼓励着我，她就是我的妻子黄素琼。我和我妻子在1960年相识，1961年结婚，她是广州硫酸厂的生产工人，也是一名共产党员。1969年，我们已经有4个孩子，由于我工作的流动性很大，妻子经常要独自照顾孩子们。妻子年轻时过度劳累，退休后身体出现了不适，病情也十分不乐观，我将她的健康作为我人生最后的一个工程项目，不断地为她寻医问药，哪怕到最后她必须被全程护理着，我也一直陪在她身边。她患的是脑痴呆，前后病了18年，我买了许多关于治疗病症的书，希望能帮助她，但到了2009年，她还是离我而去。

妻子去世后，我又搬回番禺石楼居住。石楼镇比较宁静，空气清新，这里是我的第二故乡，当年我和祖父母、父母、弟妹等一起在这里生活。我喜爱音乐、摄影、录像，会在电脑文件夹中找到多年前的录像或照片，在高清的显示器中慢慢寻找当年的感觉。我喜欢唐涤生编写的粤曲、粤剧和很旧很旧的流行曲。我的文件夹中收藏了许多我喜爱的唐诗和宋词，我喜欢那本很有文采的《秋水轩尺牍》。我认为做人处事要多一些理解和忍让，什么烦事都能放开就好了。

耄耋之年，回想往事依然历历在目。我从没文化、没学历，对电力通信一窍不通的送电工，到获得电力通信工程师中级职称，从一个不懂专业知识的“老粗”到成为科室里的业务骨干，从一般电工成为通信设备安装维护熟手的技师。41 年工作经历，我一步一个脚印，在持续学习中提升技能，在不断实践中积累经验，在通信变革中开拓创新。

我有幸得到这样的经历，我坚信“业精于勤，学而致知”这八个字。非常感恩共产党，没有共产党就没有新中国，也就没有我今天的一切。非常感恩我这一生遇到的良师益友。他们一路勉励和指导我，使我不断得到机遇和锻炼，没有他们也没有我的今天。现在的我还是初心不改，活到老，学到老，做一个爱学习、爱运动，快活健康的老人。

（温瑞泉口述/赵雯整理）

光明路，漠阳情

谭忠仁 男，1935年出生，广东阳江人，原阳江供电局副局长。1958年毕业于华中工学院（现华中科技大学）。先后在江西省电业管理局、阳江县地方国营电力厂、阳江供电局等单位工作。1998年退休。

1935年1月，我出生在阳江县大沟区雅韶村的一个教师家庭，雅韶村可是远近闻名的“文化之乡”，从我降临这个世界的那一刻起，便与窗外那些绵延的山脉结成了一种无法更改的血缘关系和天然的亲情。我们的小村庄，被群山紧紧环绕着，村庄就像在“平底锅”的“锅底”，四周是难以翻越攀爬的“锅壁”。山好大，山路好长，连绵群山拖着长长的小路，有种怎么走也走不出去的感觉。

我的父亲是一名教师，母亲是农民，我在家排行老二，上面还有一个哥哥，随着7个弟弟妹妹的降临，家中9个孩子和两个大人的开支，全靠父亲的薪酬与一块不足一亩的农田。孩童时候，我常在山上种地、放牧、采野菜、采蘑菇，我就是大山上的野孩子，但大家都说，我这个野孩子很聪颖。

1941年9月，我在雅韶小学求学，从小学到初中，我的成绩一直名列前茅。在老师心目中我是好学生，是同学眼中学习的好榜样，每年期中、期末考试，各科竞赛考试我都能拿到奖。家里条件不是很好，本来我初中毕业就得辍学，但父母为了我的前途还是把我送去读高中，这在当时那个年代是非常难得的机会。

1950年2月，我进入阳江一中读高中，当时新中国刚刚成立几个月，条件相当艰苦，我住在二十多人一间的宿舍，环境又脏又乱，还常常受到高年级学生的欺负。学校的饭堂每日只提供午餐与晚餐，早上都没有进食就去上课了，肚子在上课时总“咕咕”叫，中午饭堂会提供馒头、咸菜、豆腐之类的简单吃食，七八个人围一桌，米饭是按桌子固定分量的，吃得不是很饱。

1951年，家里经济实在没办法供我上学了，我就辍学开始找工作。因为我心中的读书梦依旧生生不息，一年半后的1952年9月，又再次回到了学校读书。

我喜欢看武侠小说，作者“还珠楼主”的108本《蜀山剑侠传》，我全都看完了，这些阅读造就了我喜欢冒险的个性，1954年7月高中毕业报考大学时，因为一直喜欢看武侠小说的缘故，我郑重地填下了西北森林大学为第一志愿，但最终是当时作为中南地区重点大学的华中工学院（现华中科技大学）录取了我。

那个时候，能够读大学是许多人梦寐以求的机会，我是村里人的骄傲。我格外珍惜读大学的机会，想到当时农村大多都没有电，经济条件允许的人家去供销社买点煤油，用玻璃瓶做个煤油灯。贫困的农民，就用一个小碟，装上猪油或豆油，再捻一根棉线，那小灯的火焰只有豆粒大。我在报考专业时就毅然填报了热能动力装置专业，想让这座黑暗的大山明亮起来。

我在武汉开启了为期4年的求学生涯，大学饭堂里可以免费吃饭，也有早餐供应，生活简单而又充实。唯一比较困难的是，大一那年，初来到武汉的我根本不会讲普通话，加上老师讲课夹杂着地方口音，我常常听不懂课，只能课下自己看书，到了大三，这种情况才好转起来。1958年8月大学毕业后，我被分配到江西省电业管理局工作，在生产技术处任技术员，主要工作是协助管理省内各发电厂的锅炉和汽轮机的技术工作。在江西省南昌市工作将近4年，除了日常工作，下乡支农与出差也是我生活中的重要部分。这期间，我与在江西省当教师的高中女同学相恋结婚，组成了家庭。

后来，我因身患过敏性结肠炎，经常拉肚子、发热、便血，主治医师诊断为因水土不服而导致的过敏性结肠炎，建议调回原籍工作。虽然当时江西省很需要像我这种专业的技术人员，但也不得不批准，当时江西省电业管理局王处长批准我调动工作时还尽量挽留对我说："回去阳江如果工作不适合，还可以回来。"

1962年7月，我带着妻子回到了阔别已久的家乡，也是在这一年，我的第一个儿子出生了。我持阳江县人事部门的介绍信，前往位于阳江县江城马洲街的地方国营阳江县电力厂报到。在离厂还有大约300米时，就听见煤气发动机震天的响声，厂房的墙也随着机器运转的频率抖动起来，办公室地面也颤震，我当时很感惊愕，这样的情况肯定存在安全隐患。报到的第一天，我碰了壁，没人接待我，厂领导不愿意招我，怕我学历高难应付。第二天我又到电力厂报到，厂领导被我的诚意打动就把我接纳下来，这样我就从大型火力发电厂来到了县级国营电力厂工作。

虽然我知道煤气机、柴油机的工作原理，但在大学时和以前工作时很少接触这类机器，对它们的运作、维护、检修、事故处理等都毫无经验。为了尽快熟悉技术，我跟电力厂的老师傅一起擦抹机器，给轴承加油，检修轴瓦，吊装检修活塞，抓扳手拧紧汽缸盖，等等。不到两个月我就基本上掌握了煤气机、柴油机的运作、维护、检修及事故处理等技术工作，厂领导经过这两个月的观察也对我产生了信任。当时的地方国营阳江县电力厂，只有我一个大学本科毕业的技术员，后来他们也就把全厂的技术管理工作放手给我做了。

当时的阳江县严重缺电，1963 年 5 月，湛江专署经委将原本在湛江柴油机发电厂的一台 500 千瓦柴油发电机调拨给阳江，阳江电力厂组织我及一些技术工人到湛江柴油机发电厂参观学习运作管理。从湛江回来后，我们便着手准备筹建发电机厂房以及组装发电机的各项工作。这算是我工作以来至当时经历的最为艰难的项目，既无可请示的技术领导，又无技术助

1987 年，220 千伏阳江变电站建成，谭忠仁（前排左一）组织参与义务劳动

手，而且我一个人必须对厂房布置、基础土建到发电机出线架设进行全面设计。

当时国内厉行增产节约，勤俭办一切事业，任何大手大脚和浪费都会遭到严厉的批评和处分，因此技术上和政治上的压力都很大。首先碰到第一道难关就是确定厂房的地面标高。地方国营阳江县电力厂在漠阳江边，漠阳江常年都有几次大洪水，洪水暴发时水位会涨高很多，而冬季枯水期江水水位又极低（水位年差极值约5米）。而且当时当地又无准确的水文历史记录可供我查阅，只能参考老师傅们对历史最高水位的记忆。

我依稀记起一段历史，我们雅韶谭姓某祖宗明初时曾在陕西任县令，为官清廉、勤政为民，很受当地百姓的赞扬，被称为“谭青天”，但一场暴雨引发的洪水，把该县的皇家粮食全部淹没，粮食霉烂，他便遭到了弹劾，最后据说是因为粮食选址位置过低而被罢官。联想到这一段史话，我对厂房的选址问题就更加谨慎了。最后我决定把厂房地面标高定高以确保洪水不淹厂房，最后新厂房地平标高比旧厂房挖高约400毫米。后来的实践证明，洪水从未淹过新厂房，发电机也安全度过几十年的汛期。经过我们加班加点的赶工，后面又解决了水泵房设计、机组基础设计、机组出线敷设等一系列难题，1963年10月底，这台500千瓦柴油发电机组终于安装好投产了，年底阳江电力厂两台共700千瓦柴油发电机组首次并列运行，直到那时阳江县电力供应短缺的情况才得到适当缓解。

500千瓦柴油发电机组运来安装时，除有一些备品备件外，没有任何一张图纸可供参考使用，很多备品备件渐渐用完了。1965年3至4月间的一个早上，我上班时，发现500千瓦柴油发电机组停机，原因是六个汽缸盖中一个漏水。那时连县公安局也派员来参加事故调查，怀疑有阶级敌人破坏。拆开汽缸盖检查，发现汽缸本身已是有严重缺陷而致漏水。更换一个备件后，我们再也没有这类备件可用了，那个时候不像现在，我们是没有厂家可以直接供备件给我们的。没有图纸，我只能从头做起，自己绘制柴油机重要部件的图纸，一件件测原件尺寸、描图、绘图。其中一个难点在于汽缸和活塞内部有复杂的水冷却通道，又不能锯开看个究竟，只能凭原理来推测设计绘制。就这样，我利用工余时间加紧绘制，又解决了一些其他的问题，反复校核多遍确信万无一失后，才将设计图交付阳江农械厂和江门机械厂制造。所幸，部件加工运回电力厂后均合用，我们的备品备件问题就这样解决了。

1966 年，随着“四清”运动的结束，“文化大革命”又在下半年开始了。幸运的是，即使是在“文革”期间，阳江的电力建设一直在稳步推进。1969 年 4 月在装好第二台 500 千瓦柴油发电机组发电后，我被借调到阳江 35 千伏电网筹建处工作，按照水电部广东电管局下达的批文筹建一个 35 千伏变电站。这一基建项目的由来得益于阳江小刀厂制造的毛主席像章质量很好，订单甚多，再加上县里多次向上级反映电力供应不足影响产量。我到 35 千伏电网筹建处工作后，对着批文进行计算，按 3200 千伏安主变满载时，阳江端的电压压降超过 7%（大于标准 5%）。将来负荷增长，电压更不符合要求，所以我代筹建处写报告给广东电业管理局，请求把 35 千伏线路按 110 千伏设计降压为 35 千伏运行，待过段时间阳江用电负荷上升时再升压为 110 千伏运行，设计单位江门供电局也支持我们的建议。结果，广东电管局批复同意按 110 千伏设计架设该线路，暂时降压为 35 千伏运行，但变电站仍按 35 千伏简易设计。我的建议为之后阳江 110 千伏输变电工程节省了另外新建一条 110 千伏线路的投资和时间。事实上到了 1973 年底，基于阳江的负荷增长的现状，已经需要升压并扩建阳江变电站了，我的建议为阳江 1976 年建设成 110 千伏输变电工程打下了良好的基础。

1969 年，我在电网筹建处工作期间最重要一项工作是到北京的水电部物资处请求调拨 35 千伏线路的导线。1969 年 9 月中，导线迟迟未到，影响了工程进度。当时处于计划经济年代，一切重要物资均需根据计划向上级调拨。我和另外一名同事到北京找水电部物资处肖处长向他汇报工程待工紧急，需要导线架设。他说没货，要我们回去等候。如此三番两次在他的办公室都是这么说。我想这怎么行，要等到猴年马月，我们就专门等候在他办公室，等他下班就求他，跟他到住处，他出门口上班也跟着求他，如此四天，他嫌麻

1989 年初，干部工人巡查220 千伏阳开线，谭忠仁（左三）与同事经过恩平线附近的锦江水库时合影

烦，只好批了五吨新产品 LMJ－70 给我们。我们拿了批条心花怒放，心想总算有了交代。1969 年底，35 千伏线路杆塔已立好，简易变电站也建好，只等导线及悬式高压绝缘子到货就可正式架线。但等了两个多月货还是没到，当时筹建处同事们谈及此事，问我原因何在，我说调拨单早就下了，可能因为火车运输问题（事实上当时调配火车运输很慢）耽误了。我们筹建处的蔡主任是一名军队转业革命老干部，他说："是不是火车爆了胎？"我们大家听后哄堂大笑，火车哪有胎可爆。我问他坐过火车没，他说没有，情有可原，不是故意逗我们乐的。过后两年我与他坐火车出差北京，他顺路回河北探亲。在火车上我们闲聊，我问他坐过飞机没，他说坐过，在解放沈阳时，他曾坐在一架损坏了的飞机的执舱上，我微笑点头，这也确算是坐过飞机。蔡主任是位待人和善的老干部，不计较得失享乐，我至今内心还深深敬重他。1970 年初，阳江线路导线终于到货了，但工程仍旧不能投产，因为要建设的变电站少了隔离开关、油开关和带有 35 千伏的三线圈主变。后来经过连续的努力和上级的支援，我们阳江 35 千伏输变电工程终于在 1971 年 3 月 7 日投产供电，从此，阳江正式接入湛茂电网（粤西电网）用电，这是一个历史性的时刻。阳江接通粤西电网后，阳江电力厂的两组柴油发电机组就不用常开动了，

有时用电高峰开开，或者变电站以及35千伏线路有故障时才开机。

1984年，一场大暴雨将阳春县双捷镇拦河堤变成一片汪洋，该镇的柴油发电机组失灵了，拦河堤的蓄洪和泄洪面临严峻的考验。灾情就是命令，太阳刚从地平线上升起，我和六名技术人员组成的抢修队来到双捷，被眼前的景象惊呆了，积水漫过山野，茫茫一片，原先的过河大道已不知所踪。“路断了！”一位同志不禁喊出了声。满载仪器的车子没路可走，只能停在了离现场最近的河边，从岸边到现场最近的路线有近一公里长，“怎么办？”焦虑的气氛顿时弥漫开来。我稍作观察，挽起裤腿，脱掉鞋子，用力扛起一个装着仪器的大木箱，侧过身来，神情坚定地朝着同事们喊了声：“跟着我，扛过去。”大家心领神会，纷纷挽起裤腿，脱掉鞋子，踩着河床的淤泥，肩扛着手抬着仪器朝河床中心走去。河床淤泥最深的地方漫过了小腿，大家一脚深一脚浅地小心翼翼前进着。有的同志脚底被埋在淤泥里的石头划破，忍着痛一声不吭继续前进；有的同志腿抽筋了站不稳，一屁股坐在了泥水里，双手紧抱着仪器设备搁在自己的大腿上……就这样来回十几趟，没人喊苦喊累，把所有的仪器设备安全地搬到了现场。为了赶时间，大家顾不上休息，顶着暴雨，马上投入到抢修工作中去。6个小时后机器运转正常，大家全身湿透，看着每个人脸上的泥水，这时已经分不清是汗水还是雨水。完成任务的我们终于可以放松下来，但此时此刻每个人都已经累得不想说话了。我在40年工作经历中，参加抗灾复电大大小小一百多次，这只是一个缩影。

1987年阳江第一个220千伏变电站投产，我也全程参加了相关的筹备和投产工作，之后主要负责单位的管理工作，一直到1998年退休。我的三个孩子比较争气，1978年恢复高考后相继考上了重点大学，三个孩子都从事与电力相关的工作，二女儿后来移民去了加拿大，现在生活也美满。

退休后，除了看电视、看报纸、下棋、爬山锻炼等日常生活，我还参与了《阳江电力工业志》的编写。另外，我还常常去旅游，除了青海与西藏，祖国每一个省份都留下了我的足迹，也实现了到世界各国游玩的心愿。

前段时间，我在电视新闻上看到，阳江市的用电负荷已经破200万千瓦

1993年，谭忠仁（前排左二）出席阳江核电站奠基仪式

时了，心中不禁感慨万千，小时候大家都用松香照明，后来渐渐有了煤油灯、钨丝灯，到现在各种照明灯具已层出不穷，以前阳江地区只能用小柴油机发电，后来渐渐建成了35千伏、110千伏、220千伏、500千伏输变电工程，我参与了半辈子电力建设，就感觉像看见自己的孩子一样，出生、成长、成熟，内心充满了骄傲和自豪，我知道这条光明之路走得颇为曲折，也体会到点亮万家灯火背后所需要付出的辛酸与不易，但也一生无悔。

（谭忠仁口述/王艳萍整理）

将奉献进行到底

刘浩川　男，1936年出生，广东澄海人，原肇庆供电局总工程师。1957年毕业于华中工学院，先后在重庆线路管理所、广东茂名热电厂、肇庆供电局等单位工作。曾从事高电压试验、电器检修、输电线路勘察设计、继电保护、电网规划等各项电力专业工作。1996年退休。

我叫刘浩川，1936年3月出生，如今已是耄耋之年。我们老一辈人，思想很纯粹，一心干革命，凡事讲奉献，讲究干一行、爱一行，学一行、钻一行。进入电力这一行业，躬耕了一辈子，如今回想，也是一次看似偶然的因缘际会。

我的祖辈自福建迁居至潮汕地区，后因生活贫困，迫于无奈举家漂泊异国。我出生于泰国曼谷，在我一岁的时候，因家父患上急病，我随同父母由泰国回归故里，适逢抗日战争席卷全国，当时我们在农村老家——澄海县樟林乡。1939年汕头市沦陷，日本侵略者到我乡里烧杀掳掠，为避其凶残，我们不时连夜逃往穷山僻野躲避战火，我的童年就是在这种悲惨又动荡不安的日子中度过的。值得庆幸的是，1949年迎来了新中国成立，熬过了战火纷飞的年代，我十分感恩国家和共产党的栽培，让我深信知识改变命运的硬道理。我以地市第一名的优异成绩考上了当时潮汕地区最好的金山中学，毕业后顺利考进华中工学院。大学四年期间，二年级时被院校评为第一批优秀团员，在班内依次担任过“班三角”（即班主席、班长、团支部书记三个主要班干部），主持过班内肃反、反右派。1957年秋季大学毕业，学校有分配工作的机会，作为班干部加之学习成绩突出，本来可以优先选择好单位的我，将机会让给了家庭更加艰苦的同学先选，所以华东中试所、华中中试所、中南设计院等好单位都被同学选走了，最后我就选择了当时条件艰苦的重庆线路管理所（重庆供电公司前身）。对于此事，后来系党委书记彭伯永还追问我，怎么不选择华东中试所或者华中中试所？回想起来，那时的我们都很简单、很纯朴，从来不会想太多前途、成就这些事，作为一名班干部，当时想得最多的是同学们离开的时候高不高兴，希望他们能获得更大的成就。

在命运的无形牵引下，1957年10月，我来到山城重庆，踏上电力工作岗位，开启了我与电结缘、艰辛奋斗的50余年（1957—1996年在岗，2002—2014年受亚洲铝业返聘）。

当时的重庆，是抗日战争时国民党的陪都，汇集了各类志士和人才。新中国成立以后，电力部门各层次的专业人员流失较多，也为我进入供电行业，呈现出更为开阔的空间。我来到重庆线路管理所，开始便被安排在修试场高压试验班，是班内一个小技术员，但专业对口，基础知识扎实，不怕吃苦，喜欢钻研，在重庆线路管理所总工程师郭舒永的循循善诱、高压试验车间主任黄拯民工程师的具体指导下，我得到组织的关怀，将学生时代的很多知识理论化为了实践操作，得到周围同事、工友的支持。我踩着崎岖的道路，在实践的泥泞中不断打滚，在短短的几年时间，就牢固地掌握了各项高压试验技能，较深层次地了解了电力系统中所用各种电器的设计原则、结构原理和运行、维护，能熟练地进行各项特性试验，确保电力系统的安全运行，在这个艰苦的年代，恶劣的工作生活条件也造就了我工作生涯的坚韧和专注。

1959 年因工作需要我被调往输电工区，让我更充分地参与 110 千伏及以下的线路斟测、设计、施工、运行、维护，一切从零开始，也扩大了我的工作视野。重庆是山城，输电工作很艰苦，每天就是翻山越岭，一天来回走四五十公里是再平常不过的事，晚上睡农居的猪棚或是粪坑是经常的事。记得有一次，因为第二天早上要提前紧线，为了不耽误工期，我晚上一个人在黑夜茫茫中走了一个多小时的山路来到施工点，寻找未压接的导线和工器具，并在一片漆黑的施工地把这些线压接好，在伸手不见五指的夜晚，陪伴自己的是夜深的虫鸣，在我完工时已是凌晨三点多。虽然工作劳累，但看着横架于连绵大山上翻舞的银线，心里特有成就感，就这样，在山区的高强度工作下，青年时期的我不断获得锤炼，也收获了今天硬朗的身板。

1961 年，我服从组织的安排，重新调回修试场高压试验班，承担起更为繁重的业务——配电系统改造所需的各项试验。由于重庆是雷害事故的重灾区，在这种环境下，与提高防雷水平有关的各项试验和改造措施显得格外重要。公司决定把配电系统的木杆线路改为水泥杆线路后，在当时条件下，线路加装管型避雷器是一项重要措施，提高管型避雷器的外绝缘水平和抗老化能力，就是我们每年冬季大量修试的工作。绝缘层的削平、绝缘漆的选用和喷着，是该项工作的核心环节，在经历了无数次的同类对比和反复试验后，我最终从多种喷漆中确定选用中国生漆，使得绝缘漆不到一年的寿命提高到两年；为了提高线路的输送容量，公司决定把6千伏电压等级提高到10千伏电压等级，相应又做了大量的设备改压工作，其中对修试工作影响最大的是阀型避雷器改压工作。我记得十分清楚，因当时10千伏避雷器缺货缺了几年都难以买到，又迫于生产压力，穷则思变才寻求自己进行改压，改压后能否满足系统的安全运行？工放、冲放、残压等电气试验都能完成，但避雷器运行中，在雷电波作用下，避雷器导通后接着而来的工频电流能否被遮断的续流遮断？试验该怎么做？这些都成了眼前最大的问题。在测量条件很落后的状态下，这是一项难度极高的系统性试验，我已经记不清在试验现场多少个日夜没有好好休息。高强度的工作让我的身体逐渐吃不消，1963年的一个夜里我病倒了，也因病得福，在护士院收获了爱情，组建起了自己的小家庭，家庭的支持也让我工作动力倍增。方法总比困难多，在我和班组工友的不断探索和实践下，终于有所突破，这是我高压试验工作中的一项重要成果，填补了当时现场高压试验的空白，也为重庆电力争了光。为此，重庆大学第一次学术报告会还特邀我到场做了几个小时的学术报告。

为了适应20世纪60年代重庆“三线建设”的需要，扩大系统输送容量和提高设备绝缘水平、耐雷能力以确保运行安全、供电可靠，这必然是我们重庆供电刻不容缓的责任。我先后为此与技术团队开展多项技术攻关，解决了绝缘子串和35千伏针式绝缘子各裙边的电位分布测量，准确检出低值和零值，确保了安全运行；解决了10千伏、35千伏、110千伏变压器为提高其容载能力改变冷却方式下的内部温升带电测温获取可靠数据；又在电力部技术改进局（中国电科院前身）要焕年专家的现场指导下，现场负责对35千伏中性点经消弧线圈运行，在单相接地断弧时的内部过电压、残流、残压等的实测和分析；设备的局部放电测试也跟着展开，这若干项标志性的技术创新工作，均获得重庆各级领导较高评价。与此同时，我还利用工作之余的节假日时间，从专业理论基础到现场实践，培养了一批专业技术骨干，王长明、朱菁等电力工程师就是这种情况下培养出来的，对重庆电力系统的发展颇具影响。

在电力部技术改进局的倡导下，重庆110千伏系统中性点由直接接地改为经消弧线圈接地，我们为此做了大量工作，除提高各类设备电压水平和绝缘强度外，110千伏消弧线圈现场型式试验、系统各条110千伏线路电容电流实测、消弧线圈的断弧测试、断弧过程操作过电压和各数据的测录也显得十分重要，工作延续两三年，在电力部技术改进局要焕年专家指导下，我是每次现场试验的组织者和具体测录技术指挥。

1969年，刘浩川负责主持编写的《高压电气设备试验方法》

出色的技术功夫，让我在重庆工业界小有名气，铁路、矿场、钢铁公司每当有电气技术方面的难题都来找我帮忙，我也能够帮他们解决问题。

“文化大革命”期间，为了确保供电设备的安全运行，我带着班内的年轻人，高喊“抓革命、促生产”的口号，连年来一次次冒着人身危险，圆满完成了分布于七区二十几个县的几十个变电站的各项预防性试验任务。20世纪60年代末，动荡不安的时刻，我受四川省中试所的委托，“窝藏”起来，专心致志地编写了《高压电气设备试验方法》，这本书记录了我十来年在理论和实践中的经验体会，也为后续重庆电气设备试验领域的发展提供了宝贵的文献支撑。现在回想起来，是历史造就了我，而我也没有辜负国家和党的信任，完成了我的初心和使命。

1978 年，刘浩川（左三）与家人在广东茂名合影

就此，我在重庆阶段的工作画上了句号。

1973 年 8 月，我由重庆被调到广东茂名热电厂，为了适应电厂有旋转电机的生产环境，我预先充分复习电机结构、旋转磁场与反复磁场的变换、派克—戈列夫方程在电机过渡过程的应用。当时茂名电厂正在安装、调试苏联制造的 10 万千瓦 3 型机组，是广东省单机容量最大的机组，这正为我提供了学习的好机会，投产不久又开始筹建 4 型机组，该机是哈尔滨生产的 10 万千瓦机组。

此时茂名热电厂正在跃升为全省最大的发电厂，深受省局重视，设备更新改造力度大，同时又在筹建茂江 220 千伏带串补的长距离输电线路，成为送电至珠三角的命脉。为了满足生产对人才的需求，厂内组建了“七二一工大”，安排我负责讲解高等数学和电工基础。为教好高等数学，我花了几个月的时间，做了一千多道难度较大的习题，由于我备课充分和理解深入，基础水平显现，教学效果突出，一再获得赞扬，人脉基础初步形成。我又和车间其他人员合作制成串联谐振试验的设备，利用自制的设备完成 10 万千瓦机组的线棒交流耐压试验，同时还检出故障线棒，确保了设备安全运行，这是该项试验在广东省首次取得成效。

1976 年，我和厂内四位工程技术人员

在组织的培育下，同时被省电力工业局任命为各自专业的工程师。之后我又担任了全厂继电保护和电气自动化专家，这对我来说责任更大了，压力也更大了。因向来极少接触和关心过继电保护这方面的东西，对电厂二次回路更是一无所知，在新领域的学习我从不惧怕，硬着头皮边干边学。前后花了将近一年时间才真正进入角色，此时适值4型机组的主励磁设备已经到齐，该系统是国内首次生产的产品，缺乏现场使用经验，加上当时所采用的国产电子元件没有过关，这批10台机组问题成堆，励磁事故比比皆是。在此背景下，大有不寒而栗的感觉，我们特邀了省中试所和火电公司调试励磁的技术专家来厂指导调试，但经过了两个多月的努力，技术专家调试不到位，机组因不能投运而中断，专家们也相继离去。面对这块“硬骨头”，我只有一背到底，重新组织有接触过电子元件的人员到各地采购高品质的二极管、三极管、各类稳压管、大功率硅二极管等等，并通过一再老化处理和严格筛选，严禁脱焊和虚焊，缩短连接线，增设抗干扰措施，反复调试和优化处理。前后经半年的努力，全面、可靠地重整和调试好主励磁系统，机组成功投入启动发电，为电网安全运行作出了新的贡献。在随后连续的长期运行中，机组一直处于安全、可靠的良好状态，

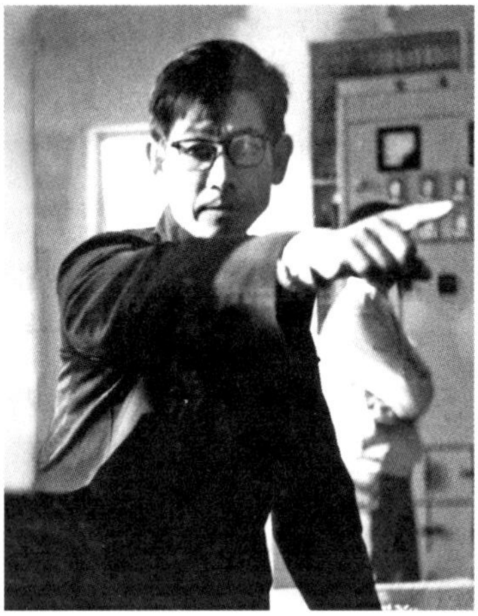

1980年，刘浩川在茂名电热厂继电保护室工作

是国产十台 10 万千瓦机组中难得的一台无励磁事故记录的机组，为茂名热电厂争得了荣誉。

在主励投产后，高内阻抗的主励和低阻值的备用直流励磁机，如何实现并列运行，平滑、安全切换，这又是一个新的难题。我们冒着安全运行的风险，经多次反复尝试，都不能如愿，主励的高内阻抗无法变动，备励又是一台庞然大物，不可随便驾驭，最后我们通过多方分析，采用深度调节备励的励磁环节，按非对称操作程序，这才完全适应了切换需要。一个个难题的攻克，为安全运行奠定了牢固基础。

我对电子元器件、电子电路的学习研究比较深入，对专业领域深层次知识了解深刻，不断通过实践和总结，在 1980 年的论文评比中，我被茂名市电子工程学会大会推选为理事长。

1982 年，我以出众的技术技能、专业知识和工作业绩，获得省局各单位的好评，被提为厂内副总工程师，1983 年我光荣地加入中国共产党，1984 年就被省经贸委任命为茂名热电厂的总工程师。按厂党委安排，我负责生产、科技和教育。那个年代的安全状况很糟糕，在多年来安全运行难得连续有两三个月的安全记录情况下，我与同事们维持了三个安全运行 100 天，创下连

1991 年，刘浩川（俯身使用测距仪者）在肇庆西电东送 500 千伏输电线路工程验收现场

年来的最好记录；在此期间，又组织了20几年来长期处于生产一线的运行工人，分批外出参观、学习、扩大视野、舒展胸怀，这项工作更深得全厂职工的支持和好评。这12年来靠自己的刻苦努力和所取得的成绩，我赢得全厂上下的认可，留下难忘的情谊。

1985年秋，我依照省电力局的安排，调离茂名热电厂，来到了肇庆供电局任总工程师。适逢改革开放大潮初起，广东用电急速增长，西电东送就成为一项重要的能源决策，肇庆是西电东送的枢纽点，第一条由广西进入广东的220千伏线路，落脚于肇庆，肇庆珠山220千伏变电站是中转站，由此转送进入珠三角地带。我到肇庆时，正值该站处于收尾和验收启动阶段，见证肇庆电网的起航。近30年来，从只有一个220千伏变电站和两段220千伏的线路，发展成有交流500千伏线路和变电站，直流500千伏线路和换流站，以及一大批220千伏、110千伏线路和变电站，能源在此集结、在此扩展，肇庆在迈进，中国在腾飞！

我回到供电领域恰好跟上电网的腾飞，就我当前的职责，工作的重点应是做好电网的规划，变电站的布点、选址，在肇庆管辖的十个县（当时包括云浮在内），力争把电力从以往的体制中释放出来，让各县电力有自我发展的空间而不再隶属于水利，使电力布网成阵以适应整个社会工、农、商等行业开放发展的能源需求，并协调各中、小水电站上网运行和解决相应的一些技术问题，建立起密切关系，互联互利、共同受益。

在“肇庆电力工作是一盘棋”的共识下，受肇庆供电局的委托，在肇庆市科委、科协的大力支持下，由我和局内几个工程师共同发起和组建肇庆电机工程学会，我被推选为理事长，并组织了第一次会员大会，涵盖肇庆地区的发电、供电、用电和电机电器行业，以及电力管理部门等。在我的努力下，肇庆电机工程学会每年组织一次会员大会，并带领大家外出参观学习，依次去过全省第一个500千伏变电站、第一个核电站、第一个抽水节能站、第一个风力发电站、第一台100万千瓦发电机组等地方，走遍广东的东西南北中，既领略了现代电力的发展，增长见识，也让大家舒心凝志，瞻望未来，学会成员大多成为肇庆电力事业的精英、顶梁柱！我深感高兴，学会是个大家庭，是孕育着电力人才喷发的“活火山”！这是一次大胆的尝试，一次成功的经验。

随着改革开放对科技的要求，起用有真才实学的科技人员，我是义不容辞的促进者。设计室的组建、技术人员的起用，计算机室的组建、室长的选用，副总工程师的设置和选用，等等，都是我一手操办的。同时，在新设备的选用，如微机保护、远动装置、通信更新、真空和六氧化硫开并的引用，干式变压、电力电缆进入闹市，10 千伏系统中性点改用消弧线圈接地等工作，我带领着大家在不断尝试中前进，有挫折也有喜悦。1993 年按省局张毓麟局长的指示，我带领着修造厂等有关部门到香港接受港灯公司赠送的三台 110 千伏变压器，经过多方周折，终于顺利运回，由我确定技术改造方案后，交由佛山变压器厂进行改造，而装用于高要、四会、云浮等三个 110 千伏变电站，凭机遇和大家的力量，为肇庆走出一条不可逆转的科技发展之路。

第一条西电 500 千伏输电线路工程的验收是由我和南方电力联营公司陈经武、武汉超高压公司奉崇东三人组成的验收领导小组完成的，带领着由肇庆供电局派出的十几个现场验收人员，经过了半年多跟班检验，确保了工程质量，为第一条西电东送线路的安全、可靠投入运行做出应有的贡献。

肇庆市第一个柴油机电厂——西江电厂的建设，也是由我协助并担当现场技术总指挥，主动承担责任，确保电厂按时发电，为缓解肇庆电力紧缺的局面做出了应有的努力，在获取一定经验之后，相继又为高要、云浮、德庆等若干个县级的柴油机电厂进行指导和具体帮助建设。

1994 年省运动会被定在肇庆举行开幕式，为了确保体育中心供电可靠，建设接待的合格酒店等工作我都有一定的参与，在共同努力下确保了圆满完成任务。由于涉及政府的各项电力技术工作，我都能积极配合和尽力支持，一再获得好评和信任。

正因如此，我在退休后，2002 年又应肇庆市市长的要求，全力以赴帮助

1994 年，刘浩川在肇庆西江边

肇庆市引入当时最大的制造企业——亚洲铝业。建设之初，我每天自己驱车往返大沥，路程长达 300 公里。随后，在其厂区内，建设两个 110 千伏变电站和 50 余个 10 千伏变电所，规模不是一般厂区可以相比。经过五六年的基础设施的建设和不断改进，我总共又在那里度过了 12 个年头，直至我 79 岁才离开。毕竟是国家和党培养了我，闲着总觉得可惜，真正退休的日子，我也整天跑到外面，经常关注电力系统。

今年我 83 岁了，我依然在广东骏驰科技股份有限公司中担任电气技术顾问，每天乘车前往有技术难点的工地现场，协助解决业务难题。我很乐意去参与和帮助解决问题，我觉得这是个人价值的体现，可以让自己永葆一颗年轻、奉献的心。

“一切都是最好的安排。”想当初，误打误撞进入电力这一行，到后来电力工作逐渐成为我工作生活的重心，成为我心之所系、追逐一生的无悔事业。对酒当歌，人生几何！如果还有什么地方，还能为电力发展作出一点贡献，还需要我竭尽微薄之力，我愿将奉献进行到底！

（刘浩川口述/莫国健整理）

努力成为响亮的『名片』

游新林 男，1936年出生，广东兴宁人，原兴宁供电局输变电工程公司经理、生技股股长。先后在广东省电力勘察设计院输变电室、兴宁供电局等单位工作。曾分别于1970年至1971年、1977年至1979年两次率队到非洲刚果（布）支援当地电力基础建设。1996年退休。

1936年7月，我出生在兴宁县宁新镇城南乡下游屋的一个普通家庭。在我的童年印象中，在那个战火纷飞的年代，家中境况非常窘困。我的父亲名叫游锦祥，是兴宁县乡村一位勤俭朴素的农村干部，在20世纪30年代至50年代曾担任我们村里的生产队长，他把自己的一生都无私地奉献给了党和国家。虽然父亲是农村干部，但我的家庭却没因此而享受过半点特权。那时候的农民都异常艰苦，起五更、睡半夜，每天忙忙碌碌，可还是为一日三餐发愁，遇到收成好的时候，红薯南瓜还能勉强填饱肚子，而收成不好的时候，一日三餐都没有着落。如果能吃饱的话，也就很满足了，要是偶尔能够吃上一顿大米饭，就觉得是人生中最大的福分，然而就是这样小小的要求往往都得不到满足，饥饿就像一个可怕的恶魔，总是如影随形。

1943年，我到了上学的年龄，就读在兴宁县宁新镇义尚小学。由于家中经济窘迫，虽然当时只有7岁，但我每天早晚都要去拾一篓狗粪换两份工钱，年纪稍大一点就去赶放鸡鸭，再大一点就去放牛。整个小学期间，我上学几乎没有穿过鞋。庆幸的是，艰辛的童年并没有压垮我对生活的希望，更没有令我安于现状、麻木不前，相反却使我逐渐树立了靠读书求学摆脱命运束缚的信念。那时候，我经常放学后到田地里摸爬滚打，和庄稼打成一片，靠瘦弱的身子挑起担子在田间小路奔走。晚上则孤影为伴、星月作陪，在油灯下埋头苦读白天在学校里所学的文化知识。有时为了赚点钱买书本和纸笔，就和一帮乡村里一起读书的小伙伴半夜两点钟出发，走10多里的山路，到大山深处挑100多斤木材到集市上卖，经常回到家里天已灰蒙蒙亮，小憩一会儿又赶去上学。这样辛苦劳作却只能赚六七毛的苦力钱。当时的物价还很便宜，猪肉六毛钱左右一斤，我赚回来的钱主要用于帮助家里改善伙食，只能尽可能剩下一点去买书本和纸笔。

经过不懈的努力，我于1949年小学毕业考入了当时兴宁县最好的宁中中学就读初中。中学三年，我继续怀着对知识的渴求和改变生活的向往，在学校认真读书，努力汲取文化知识，受到学校师生的广泛认可。1953年，我在初中即将毕业时光荣加入中国共产主义青年团，这可是无上光荣的事！因为我们宁新镇5个乡村只有10名团员。

1953年，17岁的我初中毕业了，然而当时家里的经济条件实在难以支撑我继续读书求学的梦想，为了缓解日渐年迈的父母的压力，我从初中毕业后便回到宁新镇城南乡帮助父母干农活，这样的生活状态一直维持了3年。1956年，当时兴宁县正在全力建设合水镇水库大坝，兴宁县水利科急需招募大量青年人参与施工，于是我在当年应招进入兴宁县水利科工作。正如一句话所说：“生活就像一盒巧克力，你永远不知道下一颗是什么味道”。在参与合水水库大坝填土夯实建设一年后，1957年5月，我到汕头市参加了上级单位组织的考试，最终考进了位于广州市的广东省水电学校。如今回想，我得感谢童年读书和青年回乡劳作的那段苦难生活的磨练，那段经历使我逐渐养成了生活独立、学习自觉和诚实稳重的性格。在广东省水电学校学习生活的3年是我人生中最简单而快乐的时光，我在这里不仅跟以前一样认真学习各种水电理论基础知识，而且还结识了许多优秀的有志青年，比如日后在广东省惠州市惠东县供电局担任局长的王清宏、在新华社当记者的李沪，我们经常会在课余生活一起玩乐、一起运动，通过共同学习生活，同学们彼此间结下了深厚的友谊，直到现在我们每年大年初六还会到广州举行同学聚会，共叙当年同窗情谊。

1960年，我毕业后进入了广东省电力勘察设计院，我们单位当时位于广州市人民南路52号，我在这里一干就是22年。初出茅庐的我，从输变电室送电组一名普通员工干起。由于刚参加工作，没有实践经验，当时的主要工作任务就是跟着刘春熙、沈敬和两位师傅到广东省各地去勘查线路，这项工作干了整整3年，其间主要勘查过110千伏潮汕线和220千伏茂广线、枫梅汕线。虽然自己科班出身，对大部分理论知识比较熟悉，但在1962年讨论220千伏韶长线线路走廊规划设计过程中，被刘春熙组长问起关于线路铁塔占地如何更有效率开展青苗赔偿工作，以及线路走廊如何因地制宜规划设计，做好群众思想工作的问题时，我却无言以对。当时我就深刻意识到电力工作并非仅凭几页图纸和几条理论就能够解决问题，还需要丰富的实际操作经验支撑，于是我开始沉下心来埋头苦干，不断积累实践经验。自那以后，我把每一个施工队的师傅都当成老师，在和他们并肩作战的同时认真学习施工过程中的各种知识；我也把接触过的很多乡亲百姓当成老师，在和他们沟通协调的时候不断学习各类常识，比如在勘察设计 220 千伏茂广线时，由于茂名地区靠海，人们日常的生产生活受海风影响较大，在架设输电线路时必须充分考虑到海风对线路的影响，在这个工程中我学会了如何在有风偏的地区规划挂设线路。就这样，我在工作的时候不断学习和成长，逐步丰富了自己的知识结构，开阔了视野胸怀，也逐渐成为单位里为数不多的年轻技术能手，对很多工作也更加轻车熟路，如鱼得水。

20 世纪 70 年代是中国援助非洲的初期，当时的非洲地区大多存在电力基础设施落后、电力短缺严重、电网运行不稳定等状况，严重制约着当地的社会经济发展。为了响应国家号召，我两次赴非洲支援当地基础电力建设，那段艰苦难忘的异域他乡生活，是我人生履历中最为浓墨重彩的笔画。

1970 年 11 月 12 日，我当时正在韶关连州开展 110 千伏潭东潭连线的工程建设。当天中午，组长沈敬和跟我说："小游，你现在回去驻地收拾一下行李，吃完午饭后马上赶回韶关单位总部，组织有新的任务安排给你。"等我下午赶回单位总部后，才知道组织考虑到我比较年轻，而且经过这几年的历练，

游新林在非洲援建时留影

已经积累了各项实践经验，决定安排我到非洲参与当地的电网建设。说实话，我们那个年代的人比较单纯，而且特别相信组织，觉得组织让我去哪里发挥作用，那就去呗，也没多想其他问题。

我老婆叫黄仕香，比我小 7 岁，我们是经人介绍相识后自由恋爱结婚的。由于各方面原因，我和老婆当时一直过着分居两地的生活，我在省城工作，而老婆当时在兴宁县合水农场务农，我们每年只有过年时才能一家团聚。接到组织派遣我去支援非洲的指令时，我老婆头胎即将临产，我基于这个特殊原因向单位领导申请回家探亲。考虑到我情况特殊，单位领导也特意批准了我一天的假期，但也再三强调，这是国家交给我的一项光荣任务，探亲务必快去快回。我在 11 月 13 日搭车回到兴宁县合水镇老家，看望了近一年未见面的亲人，也跟他们如实说了单位派我到非洲参与电力建设的事情。我的父母听了后只是不停嘱咐我去到异国他乡要照顾好自己，而挺着大肚子的老婆坐在床上默不作声，只是双眼“吧嗒吧嗒”往下掉眼泪。我当时深刻地体会到一个女人经历了十月怀胎即将临产时，自己的老公却不能陪着自己度过这个艰难而又幸福的时刻的难过与无奈。但我当时转念想了想后跟亲人说：“派我去援助非洲建设是组织上对我的认可，综合我们新中国援助非洲的外交地位以及丰富我自己的人生阅历、积累工作经验考虑，为了支援非洲基础电力建设工作，帮助当地人民建设美好家园，我没有任何理由推卸这份光荣的使命。没有国，哪有家？没有国家这个大家的和平稳定，哪来全国每个小家的幸福安康？”最终我说服了家人，决定奔赴非洲。11 月 15 日，我再次坐车赶到广州后搭飞机直飞北京，一到北京就接到家人打来的电报：儿子出生，母子平安。我拿着电报喜极而泣，当年 34 岁的我从此当上父亲，为大儿子取名游文忠。在北京，外交部帮我们办理好了出国的手续，我从拿到的护照上才知道，当时批示我们到非洲援建的领导是时任国务院副总理纪登奎。

1970 年 11 月下旬，我和许多其他电力建设单位的同事搭上飞往非洲刚果（布）的飞机，偶然发现其中有一位是我在广东省水电学校读书时的老同学王清宏，我那时别提有多开心了，想想这段未知的异国他乡之旅总算也有熟人陪了。我们国家当时没有直飞非洲的航班，我们先搭乘了20个小时的飞机到了法国，经过转机后又飞行了5小时，终于踏上了那片完全陌生的土地。

刚到非洲时我们都懵了，想想我们的新中国成立之初各个行业已经够艰难困苦了，没想到20世纪70年代的非洲居然更加贫穷落后：道路是泥沙路，几乎看不见水泥路；我们所在的尼亚里地区连35千伏变电站都没有，用电负荷小，当地只有2个糖厂和1个水泥厂用电。我们当时主要负责援建刚果（布）布昂扎水电站（共4台机组，每台17,500千瓦），同时负责尼亚里地区的电网规划建设。第一次抵达非洲后，我的工作任务是负责规划设计水电站和变电站的线路出线和走向，并考察当地的用电量以及分析用电负荷。经过为期一年的详细考察采样，我于1971年底回国整理一手资料并开始着手编制工程考察报告，施工人员则留在当地展开前期的施工工作。由于当时没有电话、网络等现代化通信工具，施工人员在1972年至1976年间遇到的所有施工难题都是我们通过越洋信件沟通解决的，寄信要通过外交部转交大使馆，一封信从国内寄到非洲要半个月时间。现在回想，在这4年多时间里我们一共写了有100余封信件，信件的主要内容大多是探讨如何设定更合理的线路走廊，以及如何制作更实用的水泥电杆。记得我当时最长的一封信是1972年初刚从非洲回到国内时写的，因为施工人员对施工图纸不熟悉，所以必须在信中详细向他们说明图纸上的各个施工要点，那封信基本上属于施工图纸的说明书，共有15页，2万多字，我花了3天才写完。现在回想起来真的觉得非常不可思议！从1977年开始，工程建设逐步进入施工高潮，遇到的棘手问题越来越多、越来越复杂，于是我在1977年被第二次派往非洲开展工作。

在非援建的近十年艰苦施工中，我和同事们不仅要披星戴月、日夜兼程、保质保量追赶工程进度，同时还要克服身处异域他乡面临的种种困难：首先是水土不服、语言隔阂。非洲地区地处热带，气温常年居高不下，我们工作所处的地区正好在赤道附近，全年最高温度可达40度，夏天外出干活经常都是带顶帽子、光着膀子就出门了，晚上睡觉也只能靠手摇扇迷迷糊糊入睡，我们这些“温室里的花朵”到那里后由于一时难以适应，很多人都被晒得脱皮。非洲地区人们的饮食习惯跟我们的截然不同，他们经常吃马铃薯、面包，甚至将木薯叶捣碎后煮盐水吃，我们吃过一段时间后实在难以适应，拉肚子的状况也像传染病一样在很多人身上蔓延。为了保证我们的身体健康，改善施工人员的伙食，国家专门从国内运输食物过来，才解决了我们的食物问题。其次是专业施工机械化程度低，组织协调难度大。非洲地区较为贫穷落后，当时的机械化程度几乎处于刚起步状态，所有的施工过程都采用人畜合力的方式开展，不仅工作效率低，施工安全也难以保障。与此同时，还存在维修零部件采购选择更换困难的问题，但我们国家还是通过海上运输在国内采购运输过来解决；点多线长，施工管理和后勤保障难度大；资料散失严重，除去刮风下雨等恶劣天气后的有效工作日有限，道路交通状况极差的情况，我们严格遵照国家提出的“不撤人，不停工，保证发电”的指示要求，坚持不懈开展工作，终于在规定的1979年确保工程竣工投入运行，有效解决了非洲尼亚里地区居民的生产生活用电。工程竣工投入运行后，我于1979年11月回到广州。

50多年中非关系发展史表明，对非洲提供援助是推动中非关系不断发展的充沛动力，是维系中非友谊的重要纽带，我很自豪地见证了一直以来中非人民的深厚友谊。

如今我已步入耄耋之年，其实我觉得人在年轻时最大的资本就是精力无限、激情无限，但最大的缺陷或许就是缺乏爱的责任与担当。我在广东电力勘察设计院22年的工作时光里，靠着不懈努力与顽强拼搏，经历了大大小小无数工程，收获了不少赞誉，也在援助非洲回国后的1980年从一名输变电室送电组普通员工干到送电组组长，可以说所有的付出都取得了应有的回报。但我对家人的关爱却远远没有对工作付出的那么多。1972年3月，我远在茂名参与220千伏茂广线建设，在这期间收到一份加急电报，上写：“父病危，速回。”当我火速回到兴宁县老家父亲病床前时，父亲早已奄奄一息，虽经几日悉心照顾，但最终依旧未能抵抗病魔的侵袭，永远离开了我，父亲去世时年仅68岁。由于工作需要，我居然连父亲的“头七”也未等到，只待了3天时间就匆匆赶回了施工现场继续奋战。我老婆为我生育了2个儿子和1个女儿，考虑到我常年在外四处奔波不利于孩子成长，于是她默默承担起了培养教育孩子的重任。

1981年9月，我率领队伍在汕头市处理某一工程遗留问题时不幸被高空坠物砸伤，虽然身体并无大碍，但由于已有许久没有返乡探亲，于是便就此申请返乡养病。那时的我，已经是成家10年的中年汉子，也度过了整整10年夫妻分隔两地的时光。在家养病的一个月里，我接触了不少兴宁县电力行业的干部员工，比如后来的兴宁市供电局局长黄云开、书记刘伯贤，实地考察了兴宁的电网结构和发展前景，深谙家乡电力事业落后的同时也看到了未来发展的无限希望。考虑到家乡电力事业广阔的发展平台，也从照顾家庭的角度出发，我当时做出了人生中最艰难的选择：放弃省城优越的工作返乡支援家乡电力建设！

20世纪80年代的兴宁，电网结构异常薄弱，全县（兴宁于1994年撤县设市）当时仅有一个110千伏新陂变电站支撑着主网架构，配网架构更是聊胜于无，加之奋战在兴宁电力事业的各类技术人才奇缺，当时兴宁县供电局整个单位电力专业毕业的人员不足10人，诸多窘迫状况着实令我有点后悔当时的莽撞抉择。万事起头难，但任何事业不是正因为开局艰难，才凸显先行

游新林在北京时留影

者的伟大与光芒吗？转念想想心里又踏实了，开始全身心奋战在家乡电力建设的土地上。

我在家乡电力事业上的“处女作”是1980年7月开工建设的110千伏丰五线（丰顺至五华）。如果依照以往我在广东电力勘察设计院时的工作队伍、设备和经验来看，这种线路工程简直就是“小儿科”，但放在当时兴宁县供电局肩上，却显得异常艰难：首先是整体人员素质不高，大部分技术人员都非科班出身，开展工作普遍以经验主义为主，缺乏事前规范严谨的设计与研究；其次是施工工具落后，施工以半机械化状况为主，严重影响施工工期；第三是我的身体状况自受伤后也大不如前，工作时经常感觉力不从心，跟着施工人员每天翻山越岭、风餐露宿也经常跟不上节奏。虽然当时各项条件异常艰苦，但庆幸的是周围的同志们都怀着建设美好家乡的愿景跟随我奋战在电力建设的第一线，甘洒汗水、勤于付出，施工过程中遇到的任何问题也都被我们一一化解，结出了一个又一个丰硕的果实。

提起游新林，在当时的兴宁县还算是一张响亮的“名片”，因为我是兴宁县第一批高级工程师，更是20世纪90年代初全兴宁仅有的16名高级工程师之一。广东省很多地方的电力老前辈，都是我的老领导、老同事，或者徒弟，比如后来任广东电网梅州兴宁供电局党委书记的黄伟浩。说起黄伟浩，可是我一手带出来的徒弟。他当时从中专学校毕业被安排在兴宁供电局工作，也是跟着我从一个初出茅庐的小青年，经过不断摸爬滚打历练后成长为后来兴宁供电局的技术骨干，并走上了领导干部岗位。正是在省城20年的工作经历让我“名声在外”，而我也借助自己的“名气”，率领兴宁供电局的施工队伍到深圳、东莞、海南等多个地方参与电力工程建设，比如110千伏乌沙线、沙宝线、上沙线，为当地的电力基础建设、社会经济发展贡献了兴宁电力人的力量。

回顾我这一生的电力工作历程，经历的工程数不胜数，包括梅县丙村电厂选址工程，220千伏汕头变电站出线工程，220千伏丰梅线、茂广线，110千伏丰五线、乌石线、沙宝线、上沙线，110千伏白泡、刁坊变电站，等等。

我的一生，多数时间都在路上。这路，一条在脚下，走了 40 年；一条在空中，看了 40 年。我没有当上什么大官，也对官位没有兴趣，我只对电力技术情有独钟。曾经有很多人都说我傻，可自己内心深处真实的声音会不时涌现："每当夜幕降临千家万户灯火逐渐点亮的时候，才是我真正的价值所在。"

（游新林口述/刘健整理）

亲历电力变革

谭洁明　男，1936年出生，广东韶关人，原英德市供电局副局长。1955年毕业于韶关师范专业学校短师班，先后担任英德县供电公司副经理、英德市供电局副局长，英德市政协委员，英德市政协副主席，清远市政协委员。1997年退休。

我从 20 岁起到英德参加电力事业的建设，见证了英德电力从无到有，从贫弱到繁荣的历程，可以说是亲身经历和目睹了英德电力的发展变化。

我于 1936 年 8 月出生在韶关市西门路吾牙巷一所普通民房，我的父母都是韶关本地人，父亲名叫谭经纶，母亲早亡，我现在已记不清她的名字。我是长子，母亲还给我生了一个妹妹、两个弟弟。

1937 年 7 月，因为战乱，一岁多的我随父母逃难到始兴县，一家人在始兴艰难地生活了六年，生活没有丝毫的改善。1943 年 5 月全家回到韶关，我开始上学。我读书时处在抗日战争和解放战争时期，所以我读书的过程也是一波三折。1943 年 7 月，我在韶关市武城二小上小学一年级，那时的韶关硝烟弥漫，世道纷乱，飞机在经常天上投放炸弹，大家都忙着躲避，我被迫休学。1944 年 11 月，粤汉铁路（1896 年清政府下旨修建，历时 40 年，1936 年 8 月贯通，抗战时一度中断）重新开通，大量难民逃到韶关，12 月中旬，日军出动飞机轰炸韶关城，在得知日军将要轰炸韶关城的消息后，我们一家人凌晨 5 点多随大批难民走浮桥渡过浈江，躲避在黄田坝树林里（今韶关北江中学后山）。等日军轮番轰炸后回到城里，只见大街上一片狼藉，满目疮痍。我很庆幸地发现自己的家没有被炸，但一家人整日生活在惶恐之中。此时的韶关城已经被日军占领。为了生活，我的母亲上街兜售香烟，却被日军抢夺，一家人的生活更加窘迫。屋漏偏遭连夜雨，1944 年 7 月，妹妹和一个弟弟患病，在生活无着、问医无门的情况下，妹妹和弟弟相继离世，一家人陷入悲痛之中。次年 3 月，年仅 29 岁的母亲也在贫困潦倒与忧郁悲痛中去世，那时我才 9 岁，小小年纪的我便尝尽了战争带来的无限痛苦。我的童年，经历了抗战时期最苦难、最残酷的年代，这给我留下了不可磨灭的印记。1953 年我父亲再婚，与继母（姓名未知）接连生育了两个弟弟、两个妹妹。1984 年，父亲去世，享年 73 岁。

1945 年 8 月中旬，因为信息闭塞，韶关城里的百姓还不知道日军已经在二战中投降，当人们在街上看到以往飞扬跋扈的日军在扫街，表现得异常谦卑时，都感到非常的诧异，后来才渐渐知道日军已经投降。

抗战胜利后，父亲开着一家缝缝补补的小摊档并兼做会计，带着我和当时唯一活着的弟弟谭畅秋艰难地生活。动荡的社会趋于安定，我们一家人的生活也逐渐稳定，1946年我在韶关市达德小学再一次开启求学之路。在解放战争期间，我断断续续参加学习。新中国成立后，我在韶关联合中学顺利初中学业。1953年7月，我考取了韶关师范专业学校短师班综合类，在韶关师专短师班就读期间，有幸成为学校的电工，这给我了解电的机会。学校所谓的电工其实就是帮学校抽水，管理学校照明，为学校开开广播，但当线路、机器出现故障时要进行维修。工作虽然简单，但对于我一个门外汉来说，没有师傅指导，全部都要自己去琢磨研究。我一边通过旁听数理课，提升自己的理论知识，一边对线路、设备进行研究琢磨，慢慢地解决了很多线路故障、机器维修的问题，也由此对电有了浓厚的兴趣，慢慢地养成了琢磨有关电的问题的习惯。就是这样的经历，为我走上电力事业的道路提供了良好的机遇。青葱岁月里对电的钻研，也为我今后献身电力事业打下了坚实的基础。

1955年我从韶关师专短师班毕业后，得到留校任职的机会，在机段管理处负责水电工作。当时英德县隶属韶关，电工紧缺，日常的电力都无法正常供应。1956年5月，韶关地区工业处安排我从学校去到英德电厂，相当于从城市到农村。当时的英德电厂办公室在英德县英城镇陵园路天主教堂旁边，电厂就只有一台80千瓦柴油发电机，以煤、木炭为燃料发电，只供给县城机关单位及附近新街、下街一片的居民区，每天的通电时间只在傍晚的六点到晚上的十二点之间；白天只有在县委临时有重大会议时才会为大会会场供电。我到英德最初的工作就是为县城发电，当时整个英德人民发电厂就只有20名职工，发电房由两组人员负责，发电人员就我和从广州招募过来的潘添两个人，我负责一个班，潘添负责一个班，我除了负责发电外，还负责全城居民用电的线路安装和维修。简陋的设备、简单的工作并没有让我消沉，反而激发了我改变英德电力现状的热情。

1956年11月，广东省工业厅招收一批电力培训班学员，培养地方电力人才，招生的标准是初中以上学历，四级电工，具有基本的电工基础。我是师范生，完全符合条件，于是被选派到省工业厅干训班接受培训，我参加了其中电工班的课程培训。我非常珍惜这样的机会，在一年的培训中，认真学习，刻苦钻研，除了上课听老师讲外，我还自己买了很多电力方面的书来研读，毕业时，我的电工原理、电机、架空线路等 7 科专业课全部在 90 分以上。

1958 年，因为年轻又在省工业厅接受过正规系统的电力培训，我经常下乡到东华、浛洸等各乡镇协助电力建设，帮助他们解决用电技术问题，为后来进一步发展乡镇电力事业，提供了必要的技术支撑。

进入 20 世纪 50 年代，县城里的文化生活逐渐活跃起来，县文化局经常举办一些文体活动，我主要负责文艺活动的灯光照明，台前幕后的协调工作。我和妻子静贻的邂逅就是在 1957 年元宵晚会上，那年的元宵晚会，我负责灯光照明，静贻负责演员服装。当晚会结束后，全体演职人员一起合影留念，我和静贻不经意地站在一起，人们看到我们在一起简直就是金童玉女，郎才女貌，于是就起哄要我们两人单独合影。就这样，我们相互熟识，并开始了恋爱。

我从韶关来，妻子从广州来，同一年出生，我比她大一个月，我们同在 1956 年 7 月大学毕业被分配到英德，我被分配到供电所，她被分配到供销社五金厂，我学的是电力专业，她学的是会计专业。1958 年 10 月，我们幸福地结婚了，大女儿谭丽华在次年降生。甜蜜的爱情始终伴随我们，梦幻般的婚姻让我们携手走过近 60 个春秋。妻子是我背后的英雄，我平时忙于工作，经常下乡，疏于照顾家庭，妻子默默帮我操持家务。如今妻子还安静地陪伴在我的身边，我们相约一同走过百年风雨。

1959 年 7 月，为了使全城市民都能用上电，英德县政府拟扩建英德人民发电厂，我以工程师的身份参与了发电厂的筹备工作。在我的参与和努力下，发电厂从韶关引进了一台 500 千瓦的发电机。从此，加上原有的两台，英德人民发电厂有了三台发电机，发的电可以供给城区居民的全天的日常用电，改变了过去只能在傍晚六点后六个小时内用电的困窘。

英德电网的建设始于 1962 年。当时电网建设的资金由省、市两级投资及县一级自筹集得，以农机电灌为开发中心，英德人民发电厂也在同年改名为英城供电所。电网建设初期，我作为二十多岁的年轻工人，勇挑重担，担任电站建设指挥部技术指导，不断地奔走，指导设备的安装，线路的架设，使英德电网的建设有条不紊地进行着。1962 年，在县委、县政府的大力支持下，英德电厂筹建 35 千伏果木场变电站，连通珠韶电网。1963 年 6 月，坑口咀至果木场 7 公里 35 千伏输电线路架设工程竣工，35 千伏果木场变电站建成投运，英德县城区用电接通大电网，电网建设迈入一个新的阶段。

1964 年英城供电所更名英德县供电所。同年 6 月，英德县遭遇二十年一遇的罕见洪水灾害，洪峰值接近 33.15 米，我冲在最前面，一边组织人员乘坐皮艇开展抢修复电工作，一边积极协调材料采购，在材料短缺的情况下用短短的一周，完成全部抢修复电工作，做到水退、人到、电通。

1965 年，英德县供电所更名为英德县供电公司。同年，浛洸、大镇、沙口井角三座 35 千伏变电站相继建成。我担任技术人员带领十几名工人进行验收投产，当时困难重重，相关技术几乎是从零起步，人员技术薄弱。我带领技术骨干，昼夜攻坚，逐一克服困难，在那段时间，我既要负责项目的申报，又要带领工人搞建设，事无巨细都参与，使电站建设达到最高标准，因为我的严谨细致，凡事都要亲自把关，决不让工人有一点的疏忽，几十年来我所负责过的电机都没有出现过故障，人们也给我送上一个外号——“犟牛”。三座变电站的顺利投产运行，让英德电网更加安全可靠，英德电力事业也由简陋到初具规模，电力队伍也逐渐壮大，全县城电力供应已基本满足生产和生活用电需要。

经历此事后，我认识到培养技术人员的重要性，便积极开办电工培训班，亲自授课，教年轻人电力知识和基本技术，提升大家的电力基本理论知识和技术技能操作水平。还利用变电站空闲设备进行培训，亲自示范用绝缘棒操作跌落开关、接线、简单维修开关等专业技能。

我一直坚持抓生产、抓运行并推广技术革新，1970 年，我开始自主设计安装 35 千伏变电工程，并推广适用于农村电网降低造价的双瓷担应用。这十几年间我在工作上进行得如火如荼，对家庭却疏于打理，这也是我一直以来对家人愧疚的地方，当时单位没有资金修建员工宿舍，自己在英德又没有住房，只能在外面租房，家里五口人挤在不足12平方米的狭小空间，床是两张木板拼凑起来的，三个女儿挤在一张床上。那时英德还没有修建防洪堤，年年发大水，我们住的出租屋经常遭遇淹水，一家老小常常跟着我抬着床板，辗转不同的出租屋，家里人也因此受了不少的苦，作为一家之主，我至今仍觉得很是愧对她们。

“文革”期间，英德电力事业处于停滞不前的状态。党的十一届三中全会后，英德电力随着形势迅猛发展，开始走向新的征程。在这一背景下，1983年，我开始担任英德县供电公司副经理。农网建设是当时英德电力发展的起步，但因县委、县政府缺少对于此领域的资金投入，农网的建设完全靠供电局从上年的盈利资金中调拨，且英德是广东省面积最大的县级市，有5671平方公里，要在全部农村进行农网建设存在巨大的困难。于是，我向县委、县政府提议每年建设20公里的农村线路，这一提议立即得到了县委、县政府有关领导的认可与重视。在这项工程持续了五年后，英德农村电网建设持续高歌猛进的同时，建设资金的运作状况也有所改善。

1986年，地处英德县英城区陵园路的供电局住宿紧张，办公场所局促，严重束缚了供电局的发展。为此，我提议搬迁并扩建供电局。经过我和同事的不懈努力，在县委、县政府的协调下，供电局的新址终于定在了建设路。经过一段紧锣密鼓的筹备期，一幢办公楼、三幢宿舍楼在两年后落成。这标志着供电局有了更大的发展，供电局的职工们有了舒适的家。在供电局搬迁一事中，场地的规划、资金的筹备、建设的监督，我事事落实到位，这是我对职工应有的关心，也是我对电力事业的不懈追求。

1987年，英德县浛洸镇开始建设110千伏变电站，要建设这样大型的电站，在当时来说，难处不在于技术，而在于规划、资金，为使项目能够顺利实施并落成投产，我多次向县委提出自己的观点：在山区，电网的建设是地方经济发展的基础，发展电力事业要有长远眼光，要有超前意识。只有电力发展了，企业才能发展，经济才能腾飞。在我与县委领导的不断协商后，县委采纳了我的意见，在资金、建材等方面给予了我们大力的支持。1989 年 12 月，在多方面的推动下，浛洸变电站的项目顺利投产运行，很好地解决了全县供电不足的问题。

1988 年，英德县拟申报 220 千伏变电站，当时阳山县也在申报此项目，当时广东省电力建设的项目少，更何况是在清远两个地区要求建设这么大的电力项目，省里只给清远一个变电站建设指标，要想争取到更难如上天摘繁星，但是我为了得到该项目，向县委领导多次反映情况，说明该项目落户英德的重要性。在该项目申报期间，时任县委书记陈庆泉并不同意项目申报，认为选址、征地有困难，项目只是得到欧良超县长、副书记的支持，我以政协委员的名义多次向县委反映情况，反复陈述建设大型变电站对英德经济发展的意义。为了能够使该项目落户英德，我四处奔走，积极向广东省电力工业局申请报批。1988 年除夕，项目终于得到审批，我连夜赶回英德与为项目筹备工作出谋划策的人员一同分享喜报，并积极开展筹划工作。

规划、征地、基础建设、设备安装、输电线路配套工程建设……我们攻克了一个个难题。1993 年，英德县终于建成第一座 220 千伏变电站，英德电力从此得到极大的改善，也为此后英泥、台泥两间大型水泥厂落户英德起到关键作用。截至 1993 年，英德已经建成 220 千伏变电站 1 座、110 千伏变电站 6 座、35 千伏变电站 9 座。在我看来，超前意识决定了英德电力的发展，独到长远的决策对经济发展起着重要的作用。

1993 年 8 月 19 日，110 千伏浈阳变电站遭受雷击，站内高压室部分设备被击坏，造成重大的经济损失，我们还没遇到过如此重大的事故，虽然当时我已年近六旬，但仍无法安心撂下这次抢修的担子，立即组织人员抢修，冒着雷雨前往变电站查找故障点。在闷热的高压室内，我和抢修人员一边查看设备的损坏情况，一边制定抢修方案，经过几个昼夜的奋战，我们终于将站内设备成功修复送电，我心上的一块大石才放下。

1988 年至 1997 年我担任英德市政协委员、清远政协委员期间，除了认真钻研业务之外，更多地把时间用在思考如何发展英德的电力事业，把理论与实践相结合，力促英德电力事业更臻完美，提高英德电力专业人员的整体素质，为英德经济创造更高的效益，帮助英德人民提高生活水平。

在1994年4月9日市政协第七届委员会第二次会议上，我作了题为“英德电力建设的现状和发展方向”的发言，当中我提出英德市电力建设滞后影响经济发展的问题，引起了市委、市政府领导的高度重视，相关领导认为我的意见提得确切、及时，应尽快组织专门机构进行可行性研究并上报争取项目立项建设。在建设110千伏南山变电站时，我主动投入工作，既抓设计、又抓施工，夜以继日地工作，确保了南山变电站按时投入运行，保证了南山周边几家水泥厂的生产用电，产生了很大的经济效益。

1997年，我拟写了题为“抓住机遇，发展英东经济”的提案，市长谭强炎同志审阅该文后非常重视，把该提案提交给江惠生书记，江书记作出批示，要求进一步落实。副书记朱明接在桥头镇主持召开英东七镇党委书记会议，通过该提案。此后，英东的小水电站如雨后春笋般拔地而起。

我于1997年5月退休，现居住在供电局院内一幢20世纪80年代建造的旧居室里。在我看来，现在居住的房子虽然简陋，但是自己曾经主持参与建设的，很静谧，很安逸。偶尔还会有单位的领导、职工来看看我，和我拉拉

1996年，谭洁明参加政治协商会议英德市第七届委员会第四次会议

家常，更重要的是四世同堂给我带来的幸福享受，因此尽管房子很简陋，但我很满足。

我生育了三个女儿：谭丽华、谭玉华、谭红华。三个女儿都继承了我的事业，都在英德供电局工作，大女儿谭丽华在云岭供电所，二女儿谭玉华在生产技术部，三女儿谭红华在办公室，现三个女儿都已经退休并且也育有儿孙。大女儿和三女儿的孩子都在深圳工作，大女儿的孩子叫钟美燕，在国税服务窗口上班；三女儿的孩子叫钟暖冬，在华润集团上班，她们表现都非常出色；三个女儿都在英德市区居住，她们几乎每天都来看我。我觉得现在的生活很惬意，事业有成，儿孙满堂！

1998 年，退休后的谭洁明在家中

我的一生，从苦难童年到青葱岁月，从忙碌的中年到四世同堂的幸福晚年，回想起来，我在电力系统工作了一辈子，是越干越有劲头，越干越有心气，越干越有自豪感。如今，我身体健康，心态平和，已没有什么遗憾。

电力是经济的命脉，只有电力发展了，才能保障经济的快速发展。从业几十年，我亲身经历、亲眼看到了英德电力的发展变化，电网电压等级从 35 千伏到 110 千伏，再到 220 千伏，最后到现在 500 千伏电网覆盖全省各地市；电力供应从严重紧缺，到基本平衡，再到相对充裕；农村从 1993 年实

2016 年春节，谭洁明（一排右二）一家四代同堂

现“镇镇通电”，到 1997 年实现“村村通电”，再到现在实现“户户通电”。因为有了电力的保障，经济越来越发达，社会越来越文明，老百姓的日子也越过越红火。在这个历史进程中，我是建设者、参与者，也是见证者，为国家、为社会、为群众做过一些实事，付出过自己的努力和智慧，还小有成就，我感到十分骄傲和自豪。

我感叹现如今电力企业发展迅速，经济腾飞，弥补了我在任时没有争取到被系统接管，难以引入大学生的遗憾。现在企业有了一大批青年才俊，我希望这些年轻人边干边学，不要以为毕业了，拿了文凭就可以不学习了，学无止境，把自己的理论与工作实际紧密结合起来，多实践、多下基层锻炼，坚持为企业的发展发光发热，也为自己的青春增光添彩！

（谭洁明口述/朱明朗、李晓怡整理）

我的奋斗没有终点

张 岗 男，1936年出生，广东湛江人，原湛江供电局局长。1965年毕业于广东水利电力学院。先后在广东省机电安装工程公司、湛江地区供电公司、湛江供电局等单位工作。曾任湛江供电局计划基建科副科长、副总工程师、副局长、局长等职务。1996年退休。

我的祖辈一直是朴实的农民，在湛江市坡头区南三镇湖村过着清贫的生活。祖父去世后，留下十多亩薄田，父亲张安喜自耕自种自收，是扛锄头耕田又耕海把式的庄稼人。母亲陈真贵，是地道的农村妇女。1936 年 12 月 25 日，我出生在南三岛这座小岛上，我还有一个姐姐和一个妹妹。

因为祖父、父亲吃透不识字的苦，他们知道知识和文化对于贫苦人家意味着什么。在“万般皆下品，唯有读书高”的主流思想影响下，为了不让孩子长大后吃“睁眼瞎”的亏，父母决定再苦再累也要送我上学。于是我还未满六岁便跟村中的孩子一起上私塾读书，其间我学会诵读《三字经》《千字文》《大学》《中庸》等。直到 1945 年村里才开始建小学，村小学叫日星小学，1946 年小学建好后，我直接插班四年级就读，1949 年秋小学毕业。南三岛与湛江市区隔海相望，那时，岛上没有中学，上中学就要过海进城，这对于南三岛上的农村孩子来说是一道难以跨越的难关。深知读书机会来之不易的我，平时学习非常勤奋。1949 年升初中考试时，我被市区正义中学（1950 年更名为湛江市第二中学）录取，一家人都很欣喜，却又为此担忧，隔海相望的中学，与南三岛隔着一道难以跨越的水路。尽管如此，我的父母亲还是咬住牙根坚持让我进城上中学。读书期间，由于家境贫寒，我每天都穿着破旧的衣服上学，没有鞋子穿，后来母亲省吃俭用半年才给我买了一双布胶鞋。记得高一的语文老师陈一凡对全班同学说：“你们之中有不少学生来自农村，你们要好好读书，考上大学走出农村，不要一辈子穿草鞋或赤脚，一定要穿上皮鞋。”这一番话给我很大激励，于是心里有了要穿皮鞋的梦想。正如一句老话所说：“庄户人种地，种在人收在天。”1951 年春，春荒严重，农业受灾失收，父母无法供给粮食和费用，我只得辍学回家帮父母耕种田地，就这样，我的初中只读了三个学期。那一年，我失学在家，还未满十五岁，父亲便要我学犁田，好继承我们世代相传的耕种生活。但我不想再像父亲那样一辈子都耕田种地。于是我就恳求父母同意外聘到邻村地聚书院读私塾，最后父母同意了。

1951 年 3 月 20 日，我正式来到地聚书院念书，跟着书院山长陈永祥学经学、史学、诸子百家、汉唐诗文、孙吴之机等。一年后，山长见我思维敏捷，颇善言辞，又在城里读过中学，是可塑之才，又同情我家徒四壁，于是他把我推荐到吴川县人民政府水利科打杂工。1952 年 3 月初，我到水利科参加工作，所得工资全部用来帮补家用。同年 8 月至 12 月，吴川县人民政府水利科派我参加了广东省水利厅举办的“水利训练班”学习，这是新中国成立初期培训水利技术人员的速成班。我十分珍惜这次难得的培训，认真汲取知识。四个多月的培训结束后，我便留在吴川县水利科从事水利工作了。1955 年全国工资改革，我被评为 14 级水利技术员，月工资 53.5 元，这工资待遇在当时算是很不错了。

年轻时的张岗

我在参加工作六年半之后，深感知识不足，因为少时家庭困顿，失学少文，这一直是我的锥心之痛。1957 年秋，广州水利学校招生，我渴望获得这次学习的机会，后来吴川县水利科科长袁振元同志批准我报考，最终我和水利科同事吴杰才都考上了广州水利学校河川枢纽与电站专业（学制三年），再次踏上求学路。开学前，袁振元科长还亲自为我们召开科内茶话会表示欢送。在学校我一点也没闲着，在学习上自然不敢懈怠，不忘初衷，一门心思花在学习上。我不喜欢“死读书”，除了学习专业，还担任学生会副主席，还代表学校加入广东省农林水“丰收”篮球队。

1960年春，学校安排我们毕业班到新丰江水电站工地实习6个月之久，在工地上课并“真刀真枪”地完成毕业设计。返回校园后不久，就举行了毕业典礼。此时，学校人事处一位姓王的女处长找我谈话：“你在校三年学习成绩优秀，校方决定送你上大学深造，你愿意吗?”大学生活是我梦寐以求的，当时我喜出望外，二话不说就答应了。一个多月后，我接到广东省高考委员会下发的广东水利电力学院（1963年与中南科技学院、广东矿冶学院三校合并，更名为广东工学院）电力系录取通知书。一纸通知书，圆了萦绕我许久的大学梦，5年美好的大学时光就此开启。我的大学梦，走过了非常艰难曲折而迷离的过程，幸运的是最终实现了。我大学所学专业是发电厂电力网及电力系统，从此我与电结下了不解之缘。

1965年我大学毕业，求学生涯就此结束。那时我已经29岁了，人到中年有不少尴尬，唯一可以告慰自己的是，过往人生的九曲十八弯，我虽跌跌撞撞却也终于走过来了，见证了新中国走过的艰难曲折，与共和国一起成长。在中专与大学的这8年时间里，我享受到了国家调干助学金待遇，每月学校补助32. 10元。为了感谢国家和人民对我的培养，我下定决心以最大的努力报效国家。毕业后，我被分配到广东省机电安装工程公司，该公司隶属省建筑工程局，故我到建工局人事处报到。自此，又踏上了新的人生旅途。

广东省机电安装工程公司当时在茂名炼油厂承担安装工程任务，由于我是调干毕业生，无需一年实习期，公司便派我去茂名炼油厂工地担任主办电气技术员，独立负责热工仪表及热力自动控制以及电气安装工程的施工。值得一提的是我主持电气安装工程的施工，工程责任重、工期短，对铝母线的施焊技术要求高。综合考虑各因素，我大胆提出采用氩弧焊接，当时有反对的声音，但我还是坚持己见。最后，该焊接方法大大提高了铝母线的载流量，也改善了散热条件。经过夜以继日的施工，1966年初，我们提前完成了全厂电气安装工程任务，经验收安装质量达到优良水平，为公司争得荣誉。

1966年底广东省计委安排广东省机电安装工程公司承接从韶关坪石电厂

至湖南梅田35千伏架空线路及变电站的安装工程。于是公司当即将我从茂名工地调往该工程负责施工。该线路全长32公里，总杆塔128基，线路走廊要跨越原始森林和灌木林，崇山峻岭、悬崖峭壁，架线十分困难。我带领工人爬山越岭，日晒雨淋，在冰天雪地的冬季抢施工、战严寒，经过120天的奋战，终于高质量完成32公里的架线和变电站安装任务，顺利把电送到矿区。

1962年，张岗在武汉实习时，于武汉长江大桥前拍照留念

1969年冬天，省机电安装工程公司与建工部中南工业设备安装工程公司合并，更名为广东省工业设备安装工程公司，新公司在编干部职工4500人。

1969年开春，国家大力推进“三线建设”。公司为了响应国家加强“三线建设”和军工建设的号召，决定组建国防工程队，人员要经过严格的政审，符合政治可靠、贫下中农出身、家庭没有海外关系等条件的才能入编该工程队。我被任命为国防第七工程队队长，欧阳雄旺任党支部书记，该队干部职工在编250人。

1970年春至年底，我带领本队人马进场广州某船厂，由于我在电气安装工程方面工作经验丰富，上级让我承担南海舰队建造常规潜艇的安装工程任务。该工程总指挥是“南舰”副司令员田松少将。田松少将是一名老红军，平易近人，常常鼓励我们。我们全体队员深深地为能参加潜艇工程会战而光荣、自豪，干起活特别来劲！

1971 年春，我带队接手了韶关山区和海南山区两项工程的设备安装工作，主要承担机场油库、机场自备发电站（2×300 千瓦）、机场跑道信号灯、洞内照明与通风设备和机场配电所与电缆等安装、铺设工程。这是两项人工洞体工程，石壁均由厚厚的钢筋混凝土浇灌而成，洞内冬暖夏凉，四季恒温。在洞内施工，没有风吹雨淋，没那么辛苦，所以我们在洞内日夜奋战，不敢丝毫懈怠。这期间，我生了一场重病，组织批准我回家疗养一段时间，等身体养好了再来，但我还是坚持留在工地。1971 年 3 月，我在韶关山区工程工地光荣地加入了中国共产党，转正后兼任该队党支部副书记。

1972 年 3 月至 12 月，我带领本队人员转战连县山区，承担三个军工厂的设备安装任务。当时我在其中一个军工厂负责安装调试两台高频感应精炼钢炉，精炼钢炉安装好后试产时的情形我仍记忆犹新，当时我一挥手，只听见“哐啷”一声，钢炉的肚子突然打开时露出脸盆大的圆孔来，一股沸腾的钢水涌了出来，直向炉子底座旁边的大铁桶里倾泻，溅起无数火花，犹如点燃了冲天花炮，十分壮观。钢水灼人的光焰、巨大的热量使得车间的温度上升了不少。看着这滚烫的液体，我心里乐开了花，这是我们安装工人辛勤劳动的成果，每座高频电炉一次可精炼合金钢水 3 吨，每隔 2 小时可出炉一次钢水。

1973 年春至年底，我带领 300 多名工人组成的安装“大军”驻扎在广西全州县，接手某军事设备安装工程。全州地处我国喀斯特地形分布区域之中，所以“有山必有洞，有洞必神奇”。洞内姿态各异的石笋、石花、石柱、石幔、石钟乳等，构成了大自然艺术神宫，令人目不暇接，叹为观止。我们具体接手的是一项钢板并装工程，钢板及管道共重达 3500 吨，大量的金属焊接和钢板加工、油漆、吊装等工序，工程量大，特别是对合金钢的施焊工艺难度较大。这对于我这个电气工程出身的工程队队长来说，是一个极具挑战性的任务，多亏以往几次安装工作中金属焊接和油缸施工练出的技艺和积累的经验，我才得以完成这项艰巨的工程。“九层之台，起于累土”，考虑到这几年在金属焊接工程所取得的成绩，省建工局派我参加 1973 年秋季第 34 届广交会，同日本川崎株式会社主任研究员进行金属焊接技术的交流，大连造船厂、上海江南造船厂等单位派出共 8 人参加了技术交流，我是广东唯一参加交流的代表。

“三线建设”这段不能被磨灭的历史，深深烙印在我的脑海中，成为我人生旅途中不可多得的经历之一。

1974 年 1 月，广东省机电安装工程公司进行机构改革，把 7 个工程队合编为 5 个工程处（科级），公司任命我为省安装公司第一工程处主任，崔德贤任党总支书记，在编职工 600 多名。1974 年夏至 1975 年冬完成广州氮肥厂扩建工程的设备安装工程任务；1976 年春至 1978 年 8 月完成广州石油化工总厂的设备安装工程任务。

我家人全住在农村，父亲年迈无依，我作为儿子未能常伴跟前尽孝，我和妻子长期两地分居，她分娩也得不到我的照顾。子女逐渐长大，得不到应有的抚养和教育，在我心里，除了工作，还有一份牵挂、一份责任。虽然组织也十分关心我的家庭，长期给予困难补助，但这也没有减少我对家人的牵挂。正当广州石油化工总厂投产，人们兴高采烈的时候，我向公司党委递交了要求调回湛江工作的申请书。公司党委班子看到我的申请书后，几次找我谈话，竭力说服我留下，但我去意已决。知道我无法挽留后，无奈之下公司只得同意我找人对调。后来我找到我大学时的同班同学、湛江地区水利电力局电力科李昌林同我对调成功。1978 年 12 月，我如愿到湛江地区水电局报到，分配在湛江地区供电公司工作，广州工作时的科级就不要了，干起老本行，做回电气技术员，工资级别为技术 12 级，月工资 68. 5 元。

1979 年春，湛江地区供电公司安排我负责 220 千伏茂湛输变电工程。在工程建设方面，我曾做过 13 年乙方代表，现在成为业主的甲方代表，感触颇深。虽同为国家做事，但乙方代表是受雇于人，甲方代表却是业主的代理，处理事物的角度不同，工作的内容也不同了。1980 年 1 月，赤坎变电站投入运行，这是湛江第一个 220 千伏变电站，实现了茂湛联网。

1979 年 12 月，水电分管，湛江地区供电公司更名为湛江地区电力工业局，省电力局接管湛江电网。1980 年冬，经省电力局批准，我被提升为计划基建科副科长；1981 年 3 月，我晋升为电力工程师。

1981 年冬，广东省电力工业局第一任局长师兆祥同志前来湛江视察，目的是动员信宜县联网和各趸售县供电公司被接管。所谓“趸售县”是指采取广东电网售电给县供电公司，县公司再向属下出售电力，其人、财、物属县政府管理的方式的县城。湛江地区电力工业局局长贾作珍同志和我一起陪同师局长下县调研，调研的第一站是信宜县。信宜县委不愿意把该县电网接入广东电网的原因主要是考虑到当时广东电网严重缺电，一旦接通，县内的水电就被调出抽走，导致县境内缺电。师局长同他们算了一笔细账：丰水期把富余的电力售出，可使县电网运行周波稳定，保证了电网安全，又可得到一笔可观的售电收入，解决县财政的困难；枯水期，大电网倒向信宜供电，保证了工农业和居民用电，发展县域经济，一举两得，何乐而不为呢？经过此番游说，县委主要领导想通了，同意联网。贾局长又指示我要协助该县作出《联网的可行性研究报告》，报送省电力局和省计委审批。1983 年，信宜县以 110 千伏线路接通广东电网，联网成功。

1982 年 8 月，省电力局提拔我担任地区电力局副总工程师，负责基建、设计、规划和线损工作。当时，由于地区局懂得搞电力设计的技术人员很少，只好由我担纲了。我担任副总工程师期间，先后主持完成了坪石、水东、梅录、黄坡、遂溪、安铺、龙潮等 110 千伏输变电工程的设计工作，为湛江电网网架结构的完善发挥了重要作用。

1983 年 9 月，湛江实行地改市、市辖县体制后，行政区域重新划分，湛江地区一分为三：湛江市、茂名市和阳江市。地区电网也要相应一分为三，分网是在 1984 年春进行的，筹建三个供电局的计划纳入议事日程。1984 年 5 月，我当上了湛江供电局副局长，从此走上领导岗位，主要分管安全生产工作。

1984 年 5 月至 1991 年 5 月，我担任副局长的七年间，凡有检修和操作行动，我都亲赴现场检查安全设施是否妥当，亲自审阅工作票和操作票，召开班前会布置安全任务。七年来没有发生过人身伤亡事故、大面积停电事故、误操作事故和严重考核事故。

每年一开春，我都会主持召开电网改造计划审查会议。湛江农村低电压问题是一个“老大难”的问题，偏远乡村晚上连电视、风扇都开不了。为解决低电压问题，我每年力争约5000万元进行电网改造，更换高损耗变压器、增大过载线路、装设无功补偿装置、更换用户电表箱等。经多年整治，农村用户电压基本达到标准值。

湛江电网地处粤西沿海盐雾地带，天气多变，雾中含有盐分。20世纪80年代初，遇到大雾天气时，高压线路经常发生闪电而引起跳闸事故。我发现这是由于线路与变电站是按清洁区来设计的，而实际湛江地区是属于盐雾污秽区，这是事故的主因。而上级主管部门认可湛江是污秽区，必须拿出数据，因为提高设计标准和更换原有设备都涉及增加投资这个热点问题。为此，我主动组织盐密普查工作，购置一批仪器，在广东省电力局中心试验所的指导下，开展盐雾测量工作，经过两年的观测，列出大量数据，并绘出全区污秽分布图上报省局。1986年获得省电力局下文批准湛江地区属Ⅱ类污区，沿海附近属Ⅳ类污区。从此，新建项目的设计标准按污区进行设备选型，原有正在运行的线路和变电站设备，一有检修停电机会都进行更换为防污型产品。自此之后，多年来未见发生过污闪事故，供电设备安全运行提高到一个新的

1987年11月，时任湛江市委书记王冶在张岗（右一）陪同下参观新电厂厂址

水平。未雨绸缪，才能防患于未然，湛江局把防污闪工作做在前面，效果显著，杜绝了类似1990年北方遇大雾天气造成大面积停电的污闪事故的发生，得到省局的肯定和表彰。

长期以来，茂湛电网单靠220千伏茂名热电厂至湛江赤坎78公里线路联网，可靠性很低。经过实地查勘，我发现如果能建设一回220千伏茂名河东至湛江霞山106.47公里线路，在霞山木兰岭建设一座220千伏变电站，再从霞山至赤坎架设22.5公里线路，这样就可实现两地环网运行。我把这一想法向班子汇报，班子同意我负责编制220千伏河霞赤输变电工程的预可行性研究报告，上报省局计划处。经多方论证，计划处同意并委托省电力设计院编制该工程的可行性研究报告，上报省计委，亦经多次研究认证，得到省计委批准立项。随后，湛江局成立工程部负责协调该工程的实施，我负责该工程的青苗赔偿与征地拆迁工作。这是十分艰难的工作，我们顶着极大阻力，磨破了嘴皮子，才完成青赔和征地拆迁工作。

1989年10月，220千伏河霞赤输变电工程竣工投产，仅用15个月时间就完成工程任务，创出“湛江速度”，该工程项目被省建委评为优质工程。忙活了一年半，1990年初，220千伏茂湛电网实行环网运行，心心念念的环网工程终于实现了。

1990年10月，我被广东省科学技术干部局评定为电力高级工程师。1991年5月至1994年3月，省电力局提拔我为湛江供电局局长，负责统筹全局工作，不仅要管生产，还得兼顾综合管理。我一向从事生产技术管理工作，对经营管理比较陌生，开始我担心自己难胜局长重任。但既然被任命当局长了，我只能全力以赴做好本职工作。

俗话说：“兵马未动，粮草先行。”上任后我首先了解经营管理各部门的情况，对部门干部的工作性质、态度和作风深入了解，让心里有个底。

我首先调研财务科，财务科的情况使我忧心忡忡。局内有17个账号，资金分流，家底谁也说不清，要整治首先要解决干部问题，他们经营多年，我也感到力量不足。其次是采访用电科，用电营业是经济回收的主要部门，工作面广，人员繁多。用电营业人员向用户收受好处，层出不穷，屡见不鲜；或工作懒惰，用电户偷漏电现象严重，却置若罔闻；或由于没有得到好处而卡压用电报装，使销售电量上不去，效益低。这些现象使我十分忧虑，是我当政的两个心结。后来，我以“杀鸡儆猴”之术，撤换了几位用电报装人员，发现一个抓一个。然而这些利益既得者，上蹿下跳，到处告状，伺机报复。尽管如此，我依然坚持自己的做法，坚决改善各部门作风。

严抓员工的综合素质固然重要，稳定军心更重要。“又要马儿跑，又要马儿不吃草”是不行的。于是我决定实行物质激励与精神激励相结合的改革措施，让员工干起活来有劲头，优质生活有盼头。我推行生产综合奖、劳动竞赛奖、原材料节约奖、超利润留成奖和工程节约奖等，每年各项奖金占工资总额 30% 以上。奖金分配是否合理，直接影响员工的工作热情，经反复研究，确定由原来的部门系数的分配方案，改革为按岗位分值的分配方案。

1992 年，湛江先后成立霞山、赤坎、麻章、坡头区 4 个供电分局。市局向各区分局下放各区配电网改造权、用电监察权、用户单相表校验权等。大家查处偷漏电的积极性提高了，各区局在加强“抄核收”工作、开展指标考核和实施目标管理等方面的工作都有很大的收益。由于历史原因，坡头区还是“趸售区”，城市还有“趸售区”，这是全省非常罕见的，坡头区从湛江电

1990 年 7 月，张岗（主席台左三）出席湛江供电局计量所成立大会

网购入电力电量，独立经营，利润上交区财政，区财政又舍不得下拨资金改造电网，导致坡头区电网年久失修，过载严重。我经过不懈努力，坚持做区领导思想工作，并做出很大的让步，才使得区领导同意湛江供电局接收坡头区电网，并签发上报文件，要求省电力局接收坡头区电网直管。1993年5月，正式完成对坡头区电网的接收。

电力销售是供电企业的主要环节，电力市场的争夺是供电企业的生命线。我经过市场调查后，发现用电客户的心态是令人忧虑的，由于诸多原因使用电客户宁愿购买柴油发电机组自发自用，也不愿使用大电网的电力，严重影响社会环境保护。我采取四项改革措施：一是教育员工，打消“供电企业是垄断企业，皇帝女不愁嫁，没有竞争对手”的固有观念，树立用户至上的理念；二是设立营业大厅，方便群众报装用电；三是加强宣传，鼓励使用电饭煲，城区使用电热水器，培养保护森林牧草，防止水土流失等环境意识；四是转变思想，对大中型用电户，要上门签订供用电合同。经过不懈努力，湛江全社会使用网电比例从1990年的75%上升至1993年的85%，在电网缺电时期能做到这一点确是不容易了。在这里值得一提的就是湛江东兴炼油厂改用网电，湛江东兴炼油厂是一家年炼制石油300万吨的炼油企业，年用电量超亿千瓦时，是湛江用电量最大的企业。但由于诸多原因，该厂自装6台国产燃气轮发电机组，总装机容量6×2000千瓦，自发自用，不愿同电网连接。我上任局长后，三次登门商谈，向其负责人指出该厂不使用大电网电力存在的安全隐患，并解决该厂提出的诸多困难。最终东兴炼油厂同意签订供用电合同，并出资铺设10千伏双回路电缆进厂，同意把6台燃气轮发电机转为备用。该厂自1993年使用大电网电力以来，按时交纳电费，供需关系良好。

为实现管理现代化、电力调度自动化、通信传输和数据处理光纤化、会计电算化、抄表收费电算化、办公自动化等目标，建设一座新的综合电力调度大楼迫在眉睫。为了争取建设资金，我多次向省电力局申请，经过非常艰难的努力，才得到省电力局批准立项，又经过非常艰难地筹措资金，1992年8月，大楼正式破土动工，紧锣密鼓地建了起来，我们没有向银行贷款，大楼落成不欠任何债务。1994 年春大楼封顶，1997 年秋大楼正式启用。看着巍巍供电大厦屹立在海滨大道边，感觉之前的艰难都值了。

1994 年 3 月至 1996 年 12 月，省电力局任命我为湛江局总工程师，主要负责编写了《湛江城市电力网规划纲要》和《湛江电力局科学技术发展“九五”计划和 2010 年发展规划（1995—2000，2000—2010 年）》。在完成本职工作之余，撰写了《垃圾发电》《风力发电》和《潮汐发电》等多篇文章，发表在省级和国家级电力杂志上，并得到省科协科技进步奖和广东省电力局优秀论文奖。

1996 年底，我正式退休，放下诸事无虑无求心自在。这风云激荡、狂澜迭起的半个多世纪漫漫人生旅途，我是走过来了！

2001 至 2004 年，湛江供电局回聘我主编《湛江电力工业志》；2007 年 7 月至 2010 年 12 月，湛江市地方志编纂委员会聘请我担任地方志专家库的专家，负责《湛江市志·能源篇》的撰稿，并参加《霞山区志》《赤坎区志》和《湛江市公安志》的审稿工作；2011 至 2014 年，受家乡族老的邀请，主编并主笔编撰《南湖张氏族谱》，精装印刷出版，族内张姓每户都拿到一本，作为家谱供收藏和阅读。

回望我的人生，虽然没干什么惊天动地的大事，但对待每一件工作，我都兢兢业业，没有一丝懈怠。虽然现在已经退休了，但我的奋斗没有终点。晚年我还会去打打太极拳、玩玩象棋，正是暮年夕阳又东升！现在正值国家经济快速发展的时期，我希望年轻一代的电力人能够不怕苦、不怕累，努力为中国电力事业作出自己的贡献。未来就握在他们的手上了。我想起董必武的一首诗：

竹叶青青不肯黄，枝条楚楚耐严霜。
昭苏万物春风里，更有笋尖出土忙。

（张岗口述/麦志飞整理）

执着的『电力医生』

李木清 男，1938年出生，广东梅州人，原河源供电局变电检修班班长（车间主任）。1956年至1958年在原河源县灯塔农械厂任副厂长一职。1959年参加中国人民解放军，1964年从部队退伍，1965年起在河源县供电公司工作。1998年退休。

1938年我出生于梅州市五华县水寨镇的一个贫困的小山村——黄井村，印象中那里地貌以丘陵为主，人口很多，土地又少。爸爸妈妈也都是土生土长的农民，没有什么手艺，靠种田为生，为了谋生，没日没夜地在田间劳作，刚开始那几年，我和姐姐都是奶奶帮着带。1945年，那时我仅有7岁，双亲因生活贫穷，劳累过度而死，很遗憾的是我对他们的印象仅仅是他们忙碌的身影，没爸妈的孩子就像一棵无根的野草，能活下来实属不易。我唯一的一个亲生姐姐李桂英也被卖给别人家做童养媳，剩下我一人孤苦伶仃。因当时父母双方的亲戚家庭均十分贫穷，三餐不饱，根本无力抚养我，为求三餐温饱，奶奶开始靠讨饭维持家用，我就帮叔叔李庆家放牛、做农活，每天劳动完就在他家吃住，这样的日子维持了九年。那是我最伤心的日子，我哭过、绝望过、放弃过，每当这个时候，我就告诉自己，一定要坚持下去，只有活着才有出路。

1946年到1948年我在家务农，帮着叔叔家干农活，插秧、锄地、放牛、割草我什么都干。在那个填不饱肚子的年代，我还是很幸运地在1949年到1955年在学校学习了6年，勉强初中毕业。那个时候的学习不能跟现在相比，学习的东西也比较简单，简单的识字和算术。白天在学校学习一会，回了家就要帮叔叔家干农活，一边学习，一边干家务。穷人的孩子早当家，在这个过程中我学会了很多求生技能，日后，这些技能也帮了我不少忙。

1954年，那时16岁的我遇到了我生命中第一个贵人——同一个祠堂的叔父李春荣。他是一名中共党员，在河源县灯塔区铁厂工作，他告诉我："你也长大了，靠打散工生活不是办法，不如自己努力找出路。"正巧，当时广东省公路局正在兴建广汕公路，我正好会钳工这项工艺，经他介绍，我参加了广汕公路的修建工作。工程结束后，我继续得到叔父李春荣的照顾，在河源县灯塔区铁场做铁工。作为一名血气方刚的青年，我思想比较活跃，灯塔区公社常会开展党委方针、政策宣传的活动，当时主要都是靠演讲的方式，宣传国家的农业方针、政策，号召大家努力干活，每次这些活动我均踊跃参加，在这些活动中，我的积极表现得到了灯塔区政府张学礼区长、民政部赖部长及武装部刘部长的肯定。这三位长辈干部得知我的家庭情况及自幼成长的经历后，更一直优待于我。

1958 年 12 月灯塔区组织青年应征入伍，在三位长辈干部的推荐下，我顺利入伍至中国人民解放军 125 师 376 团工兵连。当时国际形势紧张，我们连队基地位于海边，对面是香港（当时英国管辖），北面的印度边境也非常紧张。我深知，保护祖国领土完整是军人的天职，所以，平时要练就一身过硬本领，才能在关键时刻贡献自己的一份力。为此，我在训练中比任何人都吃苦耐劳。记得一个夏日的晚上，我们在训练夜间跑步及行军，我在跑步时不小心扑倒了，牙齿掉了一颗，但我没有声张，默默坚持跑完了全程。

1961 年，我所在的工兵连搞国防坑道建设，由于我在铁厂时学会了打铁及钳工本领，便被调至 376 团修械所工作，经过修械所后勤教导队的培训后，我正式负责枪械检查修理。修械所共有七个人，我分工的部分是修枪，负责六种枪，分别为信号枪、冲锋枪、重机枪、轻机枪、步枪和手枪。在修械所工作并不容易，没有过硬的本事还真待不下去。我深知，自己必须得在平时的训练中刻苦钻研。当时我看的是苏联教材，自己文化水平不高，只能死记硬背。为了熟悉操作，我每天将各种机枪拆下来装回去，反反复复。为了让自己记得更深刻，我还用布蒙住双眼，在黑暗中进行装拆机枪。

在修械所的三年工作中，我每天与军械打交道，对机械一类有一定的认识，动手能力更得到一定的锻炼，这样的经历，为我从事供电检修工作打下一定的基础。

1964 年 12 月，我退伍回到河源县。1965 年 4 月，我接灯塔公社通知，到河源县劳动局报道，由劳动局分配到河源县供电公司电气维修部。那时，电气维修部只有三个人，除我之外，一个是从部队回来已经身染疾病的陈学群，另一个是原河源火力发电厂的青年学徒张良俊。当时维修部人员不专业，设备更不齐全，整个部门仅有两架维修 10 千伏线路木杆的手推车和三辆单车，10 千伏避雷器试验都要请惠阳供电公司来做。

大家都知道，电网检修是一项十分专业的工作，一点差错可能会丢掉生命。为了适应工作岗位，克服自己文化低的弱点，我硬是凭着笨鸟先飞的精神，利用业余时间加强专业知识学习，并主动找到党支部书记孙大才（原河源县供电公司党支部书记），请求组织安排我们三人分别到广州、东莞、惠州等供电公司学习变压器检修、高压试验、二次保护等先进技术业务。学习回来后，我与同事组成学习组，互相传授各自学习的业务，在实践中提高自身业务水平。后来，电网再遇到一些小问题，如主变调新、高压开关检修、试验、二次保护、调试、避雷器试验等，都是我们三人在摸索中合力解决，在我们谨慎认真的工作态度下，从来没有出现大事故。

不过，从珠三角城市的供电公司所学的都是先进的知识，那要与先进的设备相匹配。可是，那时候的河源还只是惠州的一个县，通电地区仅仅相当于现在的市区及仙塘，先进设备更无法跟珠三角地区相比。所以，我们在广州、惠州、东莞所学的知识，有很大部分用不上。为了克服这一困难，我还锻炼成了一个手工能手，将许多本该用自动系统完成的工作，都变成了手动操作。记得有一次，维修班的检修设备坏了，需要使用电焊机来维修，可当时连最普通的电焊机也找不出来。无奈之下，我们只能自学业务技术资料，自己动手做了一个盐水电焊机。后来，这台自制的盐水电焊机在检修应用中帮了大忙。这台机器造价便宜，解决了实际问题，得到了单位的肯定，在1970 年的河源县工业局总结大会上，党支部书记孙大才还介绍了这台盐水电焊机，我在现场表演给各厂矿领导看，得到了他们的认可。在这一年，我也终于完成了自己的人生大事，成了家。当时由于工作忙一直也没有遇到什么喜欢的女孩。在那个年代，30 多岁还没结婚是要被人家说闲话的，叔叔李庆非常着急，在梅州老家给我介绍了一个农村的女孩。当时我是不同意的，他就经常批评我，找我做思想工作。没过一个月我就和那个女孩结婚了，后来就有了两个儿子三个女儿。

学海无涯，我也抓紧一切机会认真学习。1973 年正处在“文革”期间，原广东省广电集团惠州供电分公司的技术员陈庚猋（后来当了惠州惠阳供电局局长）和工程师陆泽源（后来当了珠海供电局副局长）被打倒放到班组劳动改造。我正好到这个对口班组跟班学习，便结识了他们两个。得知他们是有文化、有知识、有技术的人，我很尊敬。

我是 1977 年加入中国共产党的，所以在工作中我总是不忘记用党员的身份要求自己，因为那个时候公司对党员的要求很严格，做得不好直接会在公众场合批评。我手臂上这些像鳞片一样的东西就是工作中留下的，在天气炎热的时候，我们就要外出检修变压器和其他设备，变压器的油就会弄到手上，与汗水混合在一起，时间久了就会有点皮肤问题。不管什么时候，党员都要冲在前，脏活累活都要抢着干。我看到工人们在做体力活时，会主动帮他们做，能帮忙解决就帮忙解决，我在学习中遇到有不懂的或不会的，他们也会毫无保留地教会我，特别是陈庚彝技术员，对我的帮助特别大。在他那里，我透彻地学习了二次保护和高压试验，在操作实习中效果特别好。回到河源县后，我熟练地将自己所学运用到工作中。

当时，河源县供电线损特别高，尤其是蓝口花径水电站发出电能（10 千伏）送到骆湖变电站，除了蓝口用一部分外，多余的都是送去骆湖变电站。但是，由于线路过长，接口过多，且由多种不同线径组成，从花径至骆湖就只剩下 40% 电能，中间线损十分严重。河源县供电公司把情况反映至惠阳供电公司，决定在骆湖变电站加装两组无功电容补偿，减少线损。惠阳供电公司批准了，河源供电公司党支部书记孙大才很重视，要求我们电气维修部务必做好。说实话，这么大的损耗，要提升指标，我们压力还是挺大，只好硬着头皮顶上去。这些电力知识，虽然课本上有学过，但我从来没有安装过电容，很没有底气，感觉也无从下手，我只能干着急。笨鸟先飞，要大胆想办法解决问题。当时刚好有名邮电学校的大学生张奎明因成分不好被下放到河源县，我就找到他，与他为伴，研究讨论怎么来攻克难关。我们找来技术教材，边做边对照，哪里做错了，哪里需要改进，我们都认真地在本子上记录。一步一个脚印，摸着石头过河，我们经常会研究得入迷，错过了饭点，弄得脸上身上脏兮兮，看到对方的模样，我们就相视一笑。最后经过大家的共同努力，电容成功安装完毕，并投入运行，大概减少了 10% 的线损，为供电公司减少了损失。这是很有意思的一次尝试，很多事情就是这样做成的，我们要勇敢去尝试我们不擅长的东西。

“安全生产无小事，责任大于天”是我常常挂在嘴边的一句话。可是做电网检修，有时却顾及不了自己的安全。检修过程中，我们经常要接触到绝缘油，这种油对皮肤有害，多年来，我的手脚皮肤均被损伤，到如今，手脚皮肤很粗糙，一到下雨天、回南天全身更是痒到不行。虽然知道绝缘油会损伤皮肤，但是遇到了险情，我们也顾不得那么多，只能干。我记得，1979 年，深圳刚刚被设立为经济特区，有一次，特区的一个设备坏了，具体是哪里就记不清楚了，我作为河源派出的一个技术骨干，到深圳帮忙解决这一难题。经过检测，发现是一颗螺丝掉进了变电箱内，阻碍了变电箱的动作。可是，变电箱内是满满的绝缘油，为了找出这颗螺丝，我几乎是整个人泡在绝缘油里，在里面摸索着寻找了半个小时，最后找到了这颗螺丝。不过，想起自己为经济特区解决了难题，我觉得很光荣，总算没有给河源供电系统丢脸。

难题解决后，深圳特区的供电局，当时还是属于东莞供电局管，向我抛来了橄榄枝，有意让我前往深圳工作。说实话，当时我很心动，只是当时河源的第一座 35 千伏骆湖变电站刚刚建立，没有什么先进的设备，没有万用表，也没有摇表，只能靠经验来判断。我记得这个站的开关是进口苏联的，

1993 年，李木清（右三）与同事在洋江安装小水电设备时的留影

我们完全不懂怎么操作，就往设备里面加水，结果每次推上开关就跳闸。后来请求广州的同事支援才知道，里面是要放柴油。虽然很好笑，但是不得不说我们的电网真的进展很快，正是需要专业人才的时候，我深深感觉到了自己的神圣使命，我不能离开。

1988年，河源建市。同年，河源供电局成立，设立检修班，当时的我可以算是供电检修系统的元老了，由于工作时间长、资历老，惠州供电局作为原来的领导单位，也提出把我从河源调往惠州的想法。这一次，我又心动了，但想起了朝夕相伴的工作伙伴，想起我在河源电力行业的那份难解的缘分，心里还是很不舍。与此同时，家人都在这边，家庭对于我来讲也很重要，太多情感一下涌上心头，我又一次断了离开河源的念头。

有些朋友说我傻，可是他们不知道我在这里得到的幸福感与满足感，我要在这里，看着河源供电事业越来越壮大，看着检修班越来越专业。的确如此，河源供电局成立后，从事检修工作的供电人也从原来的3人增加到了9人，我成为河源供电局第一个检修班的班长。在当班长的第一天，我就给自己写下一个工作格言：要求别人做的事自己先做；要求别人完成的任务自己首先完成。所以，每一次变电设备出事故，我依然是站在最前线。

要知道，从事电网检修，不被电击到是不可能的，特别是在以前那样简

1994年，李木清在原河源供电公司220千伏河源变电站工作站

1995 年，李木清（右二）与原河源供电公司变电检修班同事合影

陋的工作条件下，我从事检修工作 34 年，被电击的经历就有两次。我印象最深刻的那一次，是在 20 世纪 90 年代初。当时，仙塘的一个变压器短路，冒着火花，“噼里啪啦”地响。“出大事情了，出大事情了！”有几个检修的年轻人在那里喊，慌张地跑来跑去，有个同事就吓得眼泪都掉下来了，跑到我这里说出事情了。我作为老师傅不能慌啊，带齐工具设备我就赶到了现场。现场其他人都是新人，没有什么工作经验，那我只好独自上阵，虽然我经验相对丰富一点，也做了很足的安全措施，但是最后在接线的一瞬间还是被电到了，电流的速度很快，我一下子整个人都不省人事。过了几分钟我醒了，想想也是很可怕，所以说安全还是很重要的，一定要做好安全措施，确保万无一失。

那时，进入供电系统当检修工作的都是新手，不像现在都是科班出身，有专业知识。所以，有好长一段时间，我不仅坚守在自己的岗位上，发挥着中流砥柱的作用，更多的是对青年员工不遗余力地关心指导，我会一点一滴去传授他们工作中的经验，告诉他们遇到什么问题该怎么解决。做人做事方面的心得我有时间都会与他们交流，帮助他们早日成才。

耕耘与收获总是成正比的，当班长的 10 年时间里，我以不攻克难关誓不

2007 年，李木清（左四）与家人四世同堂，合影留念

罢休的工作作风，多次获得先进个人奖状。如今，家里存放着我的 10 多张奖状，这些都是我过去工作的见证，如今还时刻给我带来勉励。

1998 年，60 岁的我从检修第一线退休。退休后，我仍住在供电局宿舍，经常与同事们互动，还多次参加供电系统举办的老员工活动。我们一家人，也都跟供电系统分不开了。三年前，我的孙子李浪宏就接了我的衣钵，他是东源县仙塘供电所一名基层业务员，继续为万家灯火而努力。我经常告诉他，在供电系统，无论做什么工作，最重要就是要有责任心，干一行就要爱一行。

时间过得很快，我不是当年的小毛孩了，现在也是有曾孙的老人家了，看着我们越来越好的生活，亲眼看到我们家四世同堂的情景，我发自内心地开心。我是经历过旧社会的人了，真的要感谢党和国家让我们农民有了土地，感谢改革开放让我们发展得越来越好。

无论是作为一名普通的检修工人，还是作为检修班班长，在工作的 34 年时间里，我都以一种对工作高度负责的精神和精益求精的工作态度恪尽职守，扎实做好本职工作，在自己的平凡岗位上默默耕耘，用辛勤的汗水保障着电网的安稳运行，体现了一个基层带头人的坦荡胸怀和男人的铮铮铁骨。我感谢党和国家的培养，我们电网的发展越来越智能化，我们的万家灯火越来越璀璨。我发自内心地骄傲，真的很荣幸能见证电网的发展，我希望我们的后辈们继续发扬老一辈的艰苦奋斗精神，兢兢业业，忍得住寂寞，潜心修炼自己的技能，“两个一百年”的奋斗目标需要现在的年轻人去知识创新，去拼搏。

（李木清口述/李浪宏、徐猛整理）

寻找光明

李子添　男，1938年出生，广东江门鹤山人，原珠海斗门供电局生技股股长。1961年毕业于广东电力学校。先后在中山石岐发电厂、斗门县供电公司、斗门县北澳氮肥厂、高鹤县供电公司、斗门县供电局等单位工作。1999年退休。

1938年，我出生在旧中国的农村家庭。那时，广东江门鹤山市龙口镇平心村的老家，家徒四壁。父亲李学林年近30岁才和母亲刘群英生育了我。在此后十几年的时间里，我都是家里的独子，直到1952年底，妈妈才为我添了一个弟弟李子才。那时，我们一家人借住在堂伯的房子里，父母没有土地，靠打零工挣得的微薄收入，仅能维持基本生存。破旧的房屋塌了房顶都没钱维修，只能窝缩在没塌的部分下面，家里根本送不起我去学堂读书。看到学堂里其他的同村小孩捧着书本“咿咿呀呀”地念着，我羡慕极了。在我未成年以前，甚至有两次差点被卖掉。第一次是在1942年，那一年广东大旱，连续几个月不下一滴雨，村里的土路一走便尘土飞扬，田地都龟裂了，禾苗全旱死了，当时的国民政府也不管。我周围饿死了好多人，祖母易玉枝就是在那一年饿死的。我正是在那样的“黑夜”中成长着。那年夏天，在广东云浮的姑妈叫父亲带我到云浮去，我们以为有饭吃，于是年幼的我跟着父亲步行去云浮投亲。因为买不起鞋子，我们脚底板走得全是血，父亲心疼我，时常会背着我走。一路上好多揣着枪的土匪，看见有包袱的就抢。因为我和父亲衣衫褴褛，连土匪都懒得抢我们。就这样一路走了两天两夜。到云浮后，姑妈让父亲把我卖给地主，说那样至少我可以有饭吃，能活下去。父亲听了，气得眼泪都掉了下来。他气愤地对姑姑说：“我近30岁才有了这个孩子，就算讨饭吃也一定会把他养大……”就这样，我跟着父亲又一路走回了老家。也许父亲的坚持感动了上天，吃着草根和树皮，我竟也熬过了那次大旱灾。

第二次在1944年的春天，灾荒过去没多久，广袤的中国大地元气尚未恢复，又遇连连战事，大多数中国农村的人们依旧过着黑暗的生活。我大婆王氏（我外婆的邻居，因为我们关系好所以叫她大婆）家里已经卖掉了三个女儿，这一年他们又要把四女儿阿喜卖到有钱的华侨家去。后来那个华侨竟然托人到我家找我父亲，说是要买我。虽然那时候我家也经常吃不饱饭，但父亲毫不犹豫地拒绝了，他说他绝不会卖亲生骨肉。

上述两件事，实际上都是1986年我到广州考工程师时，我叔父李拔（曾名李学长）告诉我的。那时我已经47岁了，可是听到这些，我还是忍不住流泪了。旧中国是多么黑暗，那时中国农村的家庭是多么贫穷，而我是多么幸运，有这样爱我的父母亲，我才没有像阿喜的姐妹们那样经历骨肉分离之痛，才得以成就后来新的人生。

1949 年国民党撤退前炸毁了广州白云机场，1950 年国家招聘工人修复机场，一直在广州打零工的父亲得到了参与白云机场重建的机会。我和母亲在农村也分到了两亩土地。从那时候开始，家里的经济条件一天天好了起来。后来父亲在广州西村供销社做了国营单位职工。1952 年，他将我接到了广州读书，而母亲则留在家乡继续耕田挣得些许收入。也是在这年底，我的弟弟李子才出生了。

这时候，我已经 14 岁了，可我目不识丁，没有读过一天书。父亲一直以来都希望我能读书，于是帮我在离西村供销社几百米远的西村第六小学（现广雅后街小学）报了名。因为夏季才开学，此时离开学还有三个月，父亲单位恰好每周有两晚开扫盲班，教学员识字、做简单算数。于是我也跟着上起了这个夜校。读书是我一直以来的梦想，所以即便是上夜校，我也非常努力认真。三个月后，我到西村第六小学报到，班主任高佩珍看我年纪很大，便说测试一下我的文化水平来定我上几年级。她惊讶地发现，此时的我已经达到了小学三年级的水平。于是，我刚正式入学便是从小学三年级开始的。读书的机会来之不易，我抓紧一分一秒来学习。父亲自然对我是非常支持，那个年代很穷，父亲却总是想方设法找些有营养的东西给我吃，比如鸡蛋、白米饭……我也很争气，学习成绩一直保持在全年级前五名。

广雅中学（前身为广雅书院，由清末张之洞筹建）在 20 世纪 50 年代，同如今一样非常有名且非常难考入。虽然成绩优异，但我还是没胆量、没把握报考，最重要的是担心继续读书会给父母增添太多负担。高佩珍老师知道我的苦恼后，便专程到我家里，劝我全力以赴考广雅。我还记得她说："一定要考！别怕没钱，只要你考上，我去学校帮你申请助学金！就算助学金不够，我再另想办法帮助你！"看着老师殷切的眼神，听着老师诚挚的话语，我非常感动，于是 1956 年夏天，我参加了广雅中学的入学考试，并以很靠前的名次被录取。

暑假转瞬即逝，在广雅中学开学后差不多一个月时，爸爸发现我每天早出晚归，却没有带书本，每天晚上回来手上都沾满黑乎乎的机油。他感到很奇怪，一天晚上他问我是不是没有去上学。我只好告诉父亲说："看到您为我和弟弟拼命工作，五十岁不到头发都熬得全白了，我太心疼了，所以去广州第二汽车公司打工，从暑假开始到现在已经干了三个月了。"当我用脏兮兮的满是机油的手，把三个月的工钱54元递给父亲时，原本气愤的父亲突然怔住了，眼泪湿润了面庞，我也跟着他流泪。父亲一把抱住我说："儿子，爸爸对不住你，你看爸爸就是因为没文化一辈子受穷，你要读书！就算我死了你也一定要读书！"那一晚，在煤油灯下，父亲这个扛上百斤货物都不吭一声的铁汉子，抱着我哭了很久。

当时已经开学一个月了，学校念及我入学成绩优秀，便准许我此时回校入学。就这样，我进入广雅中学，开始了我的初中生活。然而没想到的是，父亲一语成谶，一世辛劳的他，在1957年离开了刚上初一的我，抛下了4岁多的弟弟和没有文化的母亲，永远地闭上了眼睛。父亲逝世，家里失去了顶梁柱，全家生计无依，我流着眼泪第一次向学校提出了退学申请。初中班主任邓光明老师很喜欢我，他觉得我聪明伶俐且成绩优异，非常舍不得我退学，于是在他的强烈坚持和积极争取下，我获得了学校9.5元一年的助学金，得以继续学业。一直到初二下学期，我的成绩始终保持在学校全年级前20名。

但是，奖学金仅够维持我的学业，对于一个家庭的开支来说，不过是杯水车薪。不得已，1958年夏天，我刚上完初二，便第二次向学校提出退学申请。班主任觉得很可惜，依旧不准我退学。那一刻，老师在哭，同学在哭，我也在哭……我是多么想继续读书呀，多么不想离开这些热心帮助我的同学们啊……可是我明白，毕竟长贫难顾，这就是生活！那一天，我跪着、哭着，求班主任让我退学。

我永远记得这一天，1958年7月15日，20岁的我从广雅中学退学了。从学校走出来，一路上我忍不住流眼泪。广州的夏天很炎热，我却感觉很冷。

魂不守舍的我回到了家，在进家门之前，我擦干了脸上的泪水，进了这道门后，我就是家里的顶梁柱了，我还要安慰我的母亲和弟弟，为他们撑起家庭的天空。

7 月 16 日，一天都没有耽搁，我便进入了广州西村电厂当学徒，每月工资 18 元。18 元是个什么概念呢？当时在广州吃一顿午饭只要 1 毛 7 分钱。

西村电厂当时是为全省培养和输送电力人才的单位。我在西村电厂工作的半年里，恰处于全国“大跃进”时期。因为怕国民党军队轰炸，广东电力局要把调度所搬到防空洞里去，我便和其他学徒一起没日没夜地挖了一个月防空洞。1958 年，毛主席号召全民大炼钢铁，突破帝国主义封锁，所以那年 9 月，我又被抽调去清远佛冈挖矿。直到 11 月，我终于进入电厂车间，开始了真正的学习。那时我负责值守发电厂的汽轮机，虽然时间很短，只有三个月，但我自学研究了汽轮机的原理和构造，这为我后来的电力设计生涯打下了第一桩基础。

人生中总会在一些时间节点遇到一些人，使自己后来的人生轨迹因此改变。1959 年春节刚过没几天，西村发电厂技术员梁朝达找我说：“厂里的领导决定补送你去广东电力学校读中专，要把你培养成为技术人员。”我对他说我初中都没毕业。他说：“你

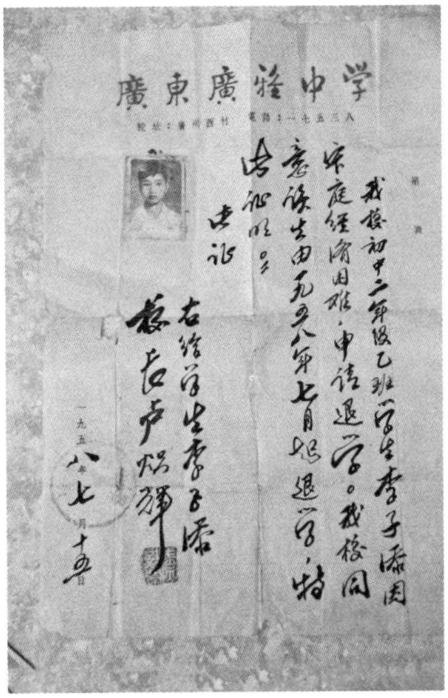
廣東廣雅中學

我校初中二年级乙班学生李子添因家庭经济困难，申请退学。我校同意该生由九五八年七月起退学，特此证明

右给学生李子添

校长卢炽辉

一九五八年七月十五日

1957 年，李子添向广雅中学递交的的退学申请

是广雅中学的学生，能考上这中学的人一定行的。你对自己要有信心。”

当我来到广东电力学校报到时，学校要测试我的文化水平，根据测试结果来决定我够格读中专还是只能读技工班。我初中没读完，卷子上好多题目都不会，于是我在卷子上给自己打了0分，同时写上我的决心：

学校领导：

厂里补送我来读中专，要把我培养成为技术人才，我无法答题，但我有信心、有能力读下去，否则我对不起厂领导的期望。学校领导，请相信我吧。拜托。

李子添

当天晚上，学校筹建处主任赖峰找到我，他说：“你写的要求我看了，学校安排读中专的人绝大部分都是高中生，只有你一个人文化水平这么低，你真的有信心吗?”我回答说很有信心，他就答应让我试一试。开学之后的一个多月，我的各学科成绩都只有一两分（五分制），全不合格。一天晚上，赖主任找我说：“小李呀，你的课程全不及格。学校决定把你调到技工班去。”我对赖主任说：“对不起，但我有把握能够继续读下去，这一个月之所以成绩不好，是因为我除了学习日常功课以外，其他绝大部分时间都用来补学初三课程。因为补课，一个晚上我仅睡两个小时。因为学习时间长，用眼过度，我的视力由原来的1.2变成了0.6。我相信通过努力，我的成绩一定能赶上来，如果上不来，我自动申请去读技工班。请相信我最后一次!”通过努力，我的成绩逐渐提高，后来甚至能考到满分五分。从中专二年级开始，我当了班上的团支书。直到今天，我都很感激梁朝达技术员和赖峰老师，我能有今天的发展，离不开他们对我的教导与信任。

1961年7月，我中专毕业后，被分配到中山石岐发电厂（现中山供电局）工作，负责值守汽轮机。同年9月，我和妻子甘慕英结婚，组建了家庭。后来不到一年，中山就用上了系统电，我也因此改行，从此走上了电力设计

1961 年，李子添与妻子甘慕英的结婚照

的职业生涯。

我记得在 1962 年，正是因为要上“系统电”，公司必须架设中山石岐老安山 10 千伏 36 米过河杆线路。公司最初给该项目批了 4 万元预算，当时公司负责高压设计的同志何洪发（时任中山石岐发电厂生产技术股股长）对线路进行了设计。然而，当工程按照图纸施工时，大家发现这个设计行不通，整个工程要重新做，然而经费已经用掉了 1 万元。这时，领导李光（时任中山石岐发电厂厂长）想到了当时尚未转正的我，便问我 3 万元能否做完这个工程。凭着初生牛犊不怕虎的精神，我答应了领导，但是心里却很没有底，因为我除了读书时学过一点相关知识以外，从来没设计过线路，也不知道 3 万元够不够。第二天一早，我便乘船赶往广东省电力设计院，希望能借到图纸来借鉴学习。

然而，广东省电力设计院的规矩严格，设计图纸不允许外借，更别说借给我这名不见经传的毛头小子了。这可怎么办呢？我急得都快要哭出来了，苦苦哀求着设计院的同志。当时设计院工程师关应涵见我态度诚恳，说话得体，于是好心地把我需要的设计总图拿给我看，但只是总图，又不能外借，只能看那十几分钟。也许我有设计方面的天赋，又或者是当年在广雅中学打

1961 年，广东水电学院中专部机电专业首届毕业同学合影，李子添位于二排左八

下的扎实的数学、物理基础以及后来在电力学校学到的知识起到了作用，只几分钟我便看懂了图纸，心里顿时有底了。回到中山之后，我花了差不多 20 天的时间，便设计出图纸。线路按此图纸在不到两个月的时间完工后，统计下来仅花费 2.5 万元，而当时我的实习期工资是 33.5 元一个月。

但好事多磨，当时电厂请了江门电力公司的同志来验收，江门电力公司书记、经理都来到现场。看到我的设计和广东省电力设计院的设计有出入，他们马上断定我的设计不对，不让线路送电。我一下子懵了：“怎么会这样?”但我很快清醒过来，我观察到验收队伍中有个高个子白皮肤的男人，听介绍他名叫程启诚，好像对线路很懂行。我绕到他身边，轻声把他喊进了办公室，把我的计算书和图纸给他看。“您看，我这个设计是平衡对称的设计，用料更节省，虽然和广东省电力设计院的不一样，但是没问题的，麻烦您帮帮我们。”我不卑不亢地告诉他。果然，他听了后，便去向他的领导解释了我的线路设计思想和用意。最后，我们的线路通过验收成功送电了。1964 年 10 月，珠海遭受高达 12 级的 15 号台风侵袭，很多 40 米的铁塔和 3.5 千伏的线路都被刮倒了，而我设计的这条 3 公里的 10 千伏跨河线路，竟一根杆也没倒!

这是我人生中设计的第一条线路，它也让我在公司一战成名! 因为这条线路，公司为我颁发了“节约奖”，奖金是100元。刚毕业就获得这样的荣誉，无疑令我非常兴奋。对于月工资只有38.5元的我来说，这笔钱是个不小的数目。我也非常感慨，如果在旧中国，我也许还是个贫困的种田人，根本没有机会上学，没办法让母亲和弟弟过上好日子，也没有机会实现自己的人生价值。1962年，除了设计的首条线路获奖这件喜事之外，我的大儿子也出生了，他叫李少杰。

1966年，斗门县脱离当时的中山县独立了出来，县里决定同时建立斗门县供电公司。我实际是1965年便来到斗门，开展早期建局事宜。那时侯，因为我还懂一些土建工程知识，于是被分配到斗门县供电公司，成了该局历史上的“开荒牛”。我的妻儿也随同我一起来到斗门。当时斗门县供电公司共有76名职工，然而当我来到公司时发现，我们竟没有办公场所，76人中大部分在变电站等地住宿，真正在局本部办公的，一共只有9个人，而核心人员一共只有5人，分别是梁玉池、吴润球、赵康强、苏佩强和我。我们5人的临时办公点在斗门镇旧市场二楼的一间屋子里。用20世纪60年代的眼光来看，我们的条件也是艰苦的，空荡荡的办公室里只有几张桌子，连喝的开水都要我们自己带，可谓“家徒四壁”，唯一能吸引人目光的便是桌子上的一些电路设计书籍。我们5个人一边带领大家开展线路建设维护工作，一边管理修建正式的办公场所。没有宿舍，我们就睡在办公室，没有食堂，有时我们用馒头就咸菜干当一顿饭。

当时斗门县电力事业的基础相当薄弱，从中山县电力公司接管的小托（村）和乾务（公社）两座35千伏变电站及江门黄布（村）向斗门上横（公社）、西安（公社）送电的10千伏线路，就是当时斗门县供电公司的全部家当了。斗门县属于水网地带，河流纵横交错，地广人稀，交通很不方便，巡线也只能依靠骑单车前往，天刚亮就要出发，天黑才能回到单位。途中是清一色的泥路或泥沙路，如果遇到下雨天情况就更加恶劣，雨天泥土松软，单车很容易陷入泥浆中去，难以通行，这时就不是人骑车而是车骑人了，人只能背着单车行走。电网建设的条件也是相当艰苦的，我虽然是从事设计工作，但因为当时公司人力有限，遇到工程建设我也要上阵。那时供电公司拉货物去工地会用到船只，但当河道变窄，船只无法通行时，就全部用人力搬运货物了。然而在那些年，这些苦难对我们这些经历了旧中国苦难的人来说，根本算不了什么，我们都能熬得过去。能吃饱饭，有稳定的收入，这已经比旧中国的贫穷生活好太多了！

1968 年，经过大家的努力，斗门县供电公司办公楼落成了。准确来说，这不能叫楼，而是一排平房。这栋办公用房就是我设计的，虽然我是国家干部身份，但工人的活我们也干，在那个年代，由于人力少，大家都是“多面手”。

经过多年的历练，我逐渐从一个初出茅庐的少年，成长为单位专业技术骨干。1974 年夏天，我当上了局生计股副股长。但是在这一年，发生了一件让我终生难忘而且遗憾的事情。局里有一个聪明上进的年轻人叫黄启瑞，那时候我恰好下乡搞运动，不在局里。黄启瑞跟着同事们去 35 千伏三板变电站检修，走的是水路。逆流而上水流湍急，黄启瑞就拿竹篙乘船，谁料撑着撑着，竹篙突然断了，他就跌进水中，被湍急的水流冲走了。那时候船上没有救生设施，同行的也只有两名不会游泳的同事，大家拿竹篙去拉他，根本救不上来。就这样，这位原本很有前途的年轻人，就这样没了，当时他只有二十多岁……这个安全事故，让我非常心痛，从那时起我深刻地意识到，安全生产永远要排在第一位，我们平常的安全防护措施也一定要做到位。

原本以为自己一辈子会奉献斗门，然而 1979 年发生的一件事，在我人生里掀起了波澜。那年夏天，公司一名职工的哥哥盖房子，在当时的计划经济体制下，木材这样的材料个人是很难买到的。我出于帮助职工的想法，写了一张购买木材的批条给那名职工的哥哥。然而这件事被定性为投机倒把，我因此被调到斗门县北澳的氮肥厂工作，负责烧锅炉。

从一个副股长陡然蒙冤变成锅炉工，这种人生际遇令我难过，但是对待工作，我依旧坚持自己的原则，能为国家、为组织出力的一定出力，决不会因为个人受了委屈而耽误工作。我刚去氮肥厂，组织就决定建设一个 60 吨的锅炉，要吊起来 8 米高。锅炉重，施工环境恶劣，在当时的技术条件下，谁都不敢接这个设计。这时，我主动向组织提出参与设计。最后，我们用 25 米的扒竿顺利架起了锅炉，完成了任务。

1979 年末，国家号召知识分子归队，此时我便提出回到家乡去。就这样，我在 1979 年冬调回高鹤县供电公司工作。在家乡的四年里，斗门县供电公司的领导们在调查清楚事情真相后，也多次邀请我回去，直到 1983 年，在老朋友谭诚的邀请下，我又回到了斗门县供电公司。

从 1966 年到 1984 年近二十年的时间里，斗门供电事业发生了巨大的变化，1973 年 35 千伏白蕉变电站升压为 110 千伏变电站，1975 年全省最长的 1200 米跨海 10 千伏架空线路在斗门县建成，二十年间县里的供电量翻了几十番。这无疑是令人兴奋和高兴的变化。

回到斗门局后，最令我难以忘怀的是设计磨刀门跨海线路的经历。那是 1985 年，我刚刚入党不久，斗门局计划从中山 220 千伏造贝变电站接一条 28 公里的线路到斗门，以缓解斗门县紧张的电力供应情况。这条线路要跨越斗门县磨刀门水道，当时广东省设计院帮斗门县设计了一个排价方案——定宽 2.2 米的猫头型线路，造价要 270 万元之多，高价方案更是达 330 万元之多，远远超出了工程预算。当时广东省电力工业局生产技术处一位姓张的处长，把设计磨刀门跨海线路的重任交给了我，我深感责任重大。这不是一个小工程，当时全广东省最高的过河杆是 170 米，如果这条线路过河杆达到 100 米，就意味着它将成为广东省第二高，也将是斗门供电历史上技术方面实质性的飞跃。

我有些紧张，但是，已经入党的我，必须冲在前面，于是我毅然接下了这个艰巨的任务。我费尽脑筋，翻阅了很多资料，去研究设计这条线路。最终，我和省局生计处程启诚一起，设计出一个“苗条”的“上”字型线路，定宽 1.2 米的高架设计。这种设计的数学计算量，比猫头型线路复杂好几倍，但是省工省料，最终工程预算为 120 万，仅为广东省设计院预算的二分之一还不到，而当时作为专责的我月工资只有 110 多元。

1985 年年中，当我兴奋地拿着我的设计图，到省局去审查，得到的却是当头一棒！省局的领导看完我的图之后，说这是“一个完全错误的计算”！我的图纸是经过我严格的计算和检查的，我不信。“我没有错，请您再计算一下。”我跟那位领导说。那位领导拿出一份根据我的图纸的新的计算结果，说：“按照你这种设计根本行不通，预算根本不可能这么少，这是我按照你的图纸的计算！”我接过这份领导的计算结果，刚刚翻了前面几页，我就非常确信他算错了。我有些生气地说：“我看了您开头就知道您算错了，我的计算是没有问题的！我不能因为您是上级领导而把白说成黑！”在办公室里，我们就这样吵了起来，谁也不服输。这时候，在省局开会的佛山供电局的一位领导刚好经过，了解了我们争吵的原因后，大笑着说道：“你们看，李工这个设计，100 米过河杆的基础也爆了，铁塔也倒了，李工你完蛋了！”他的玩笑让现场气氛松弛了下来，我也平复了心情，我对那位领导说：“咱们这样争论是没用的，不如您再仔细看看我的设计计算好吗？我回去等您的消息。”

那位领导很重视这件事，他根据我的图纸，又亲自算了一遍，最终发现和我的计算结果吻合。我没有错！那位领导是对工作很负责的人，这一点我非常敬佩他。当他发现自己错了，便第一时间打电话到斗门，向我诚恳地道歉，同时批准斗门按照我的设计来建设。最终，仅用不到 120 万的资金，我们便完成了磨刀门跨海线路的全部工程，100 米的过河杆成为广东第二高的过河杆！同时，这条线路使得斗门县地区供电容量增加了 4 万千瓦，有效缓解了斗门县的“用电荒”，并满足了该地区 5 年内的用电增长。

1994 年，珠海遭遇了一场巨大的台风，当时珠海气象台最高限制 48 米/秒的测风速表竟然因风速太快而爆表。在大台风即将到来时，我拿着工具来到磨刀门跨海线路附近，检测线路的安全。当时的风速已达到 40 米/秒，而此时过河杆的摆幅却只有 40 至 50 厘米，可见线路是非常安全的。果不其然，在那场令珠海电网大面积受灾的台风中，100 米高的磨刀门跨海线路屹立不倒，无一条杆发生倒塌！毫无疑问，这是在大灾中令人备感欣慰的事了。

可以说，这条线路是我整个电力设计生涯的巅峰作品，我因此获得了“全国重大科协成果奖”“广东省农村科学技术先进工作者”等重量级奖项和荣誉称号。在这条线路投产后，我也升任为斗门县供电局生技股股长。在斗门的三十几年里，我先后设计过35千伏白蕉变电站、六乡变电站以及110千伏深坑变电站、110千伏珠斗线、深平线等，同时设计过我也记不清数量的10千伏线路。斗门区600多平方千米的土地上，到处都有我设计的作品。可以说，我参与和见证了斗门区电力事业从无到有的历史变迁。

1999年，我从斗门县供电局退休了，然而我的电力设计生涯却没有结束，电力设计带给我的一切，已深深刻入我的生命，我和它已经分不开。我接受当时斗门县供电局局领导梁涉盛、蒋洪峰的邀请，在恒源电力建设公司做设计师主任。在把关设计的同时，也帮助局里培养年轻人才。我的小儿子李少刚1972年出生，在广东电力学校毕业后，也来到供电局参加电力设计工作，继承了我的衣钵。我亲自带了他两年，把毕生电力设计经验，也一同教给了他。目前他在金湾平沙供电所工作。

2003年，因为身体原因，我辞去了顾问的职务，回到家中过上了退休的“清生活”。这些年，有很多私人公司请我去为他们做电力设计，珠海有些公司在我拿三千元退休工资时，甚至开出月薪五千、配车配房的条件吸引我。但我知道，他们请我不仅是看中我的设计能力，同时看中的还有我在斗门县供电局多年的工作经历。我想过“清悠”的生活，另一方面，比起高薪，我更想过“清廉”的生活。

在夕阳西下之时，每每走在这片土地上，我总有一种说不出的感情，那些变电站、线路，就像我的儿女，一直陪伴在我身边，自我翩翩少年之时，到我如今白发苍苍之际。我时常想，如果当时没有数以万千的英雄们一起建立了新中国，此时的我会何去何从？此时的中国大地上会是怎样的情况？也会像如今这样万家灯火通明、百姓安居乐业吗？我想不会，就像那首老歌所唱：“没有共产党，就没有新中国”，共产党带领我们迎来幸福生活。我又想起了我的父亲，如果他的青春时代，是在新中国成立后，那么我想，他一定会比我更努力去追寻知识，一定会比我更成功吧。

现在的中国，已进入新时代。新时代的电力青年们，是电力事业的朝阳。

2019年，李子添（左）在家中回忆当年毕业时的喜悦

我想把广雅中学赖峰老师说过的一句话送给电力青年们："做人要正直无私，要诚信，有志气，有上进心，要相信别人。"新时代青年们拥有比以往丰富百倍的物质条件，在精神上，也要守住初心、坚定信念，用青春为中华民族谋复兴贡献自己的力量。

如今的我，已值耄耋之年。广雅中学退学证明书上那张照片上稚嫩的脸庞，不时勾起我的回忆，一切仿佛就在昨天，差点被卖掉的经历、我满手的污渍和父亲的眼泪、挖防空洞时外面刺耳的警报声、在电力学校读书的同学们、我设计的第一条线路……我的人生已过完一大半，出生在黑暗时代，我却用双手建立光明、寻找光明，从事电力行业为百姓送光明。电力事业带给我太多成就感，如今的我膝下儿女相伴，晚年悠然自在，我觉得我的人生至此已无遗憾。

（李子添口述/李星整理）

活到老学到老

汤显洲　男，1938 年出生，广东广州人，原广东省电力工业局试验研究所（现广东电网有限责任公司电力科学研究院）副总工程师。1959 年在广东省电力工业局试验研究所任职，曾任全国电机标准化委员会委员、电力部发电机标准化委员会委员。1992 年获首届国务院特殊津贴。1999 年退休。

1938年9月，我出生于广州花都汤边村，父亲母亲也都是花都人，中农家庭出身。我在家里排行老三，有一个大我十岁的姐姐、一个哥哥（在我出生前就因病夭折了）和一个弟弟。幼年时期家庭条件十分贫困，当时一个两分钱的鸡蛋对我们来说都是异常珍贵的，有时我们兄弟姐妹都不舍得吃，你让给我，我留给你，结果鸡蛋就放坏了。而我的父亲在我五岁的时候就因病离开了我们，这给家庭造成了很大的打击，我的母亲便独自挑起了家里的重担，她不得不一边照顾我们生活，一边起早贪黑地干农活、到城里找散工挣钱养家。母亲读过书，对我们的要求也非常严格，经常教育我们要做一个勤劳、勤思、有所作为的人。

年少时，我姐姐为了帮母亲减轻生活的重担，读完小学后便外出打工挣钱。我和弟弟一边帮母亲干农活，一边在茶塘小学念书学习，虽然可以用来学习的时间不多，但我非常用心、刻苦，在茶塘小学念书时，学习成绩非常突出，一直都是班里的佼佼者。我的外公是个书法爱好者，在他的熏陶之下，在小学念书时我也培养了书法的爱好，那时条件不好，没有笔墨纸砚，我便在地上练习，一直到现在我也保持着练习书法的习惯。

1953年，我时年15岁，在花都区第二中学读初中。为了以后能找个好的工作，早日帮母亲分担家庭重担，我要求自己加倍努力，刻苦学习。功夫不负有心人，我的学习成绩非常优秀，在学校始终名列前茅。初三那年，听说郑州电力工业学校（后改名为河南电力学院）在招人，我听说该学校是当时电力工业部直属中专学校，是全国电力专业院校中较权威的一所院校，更重要的是那里免学费、发补贴、包吃住、管分配。当时，报考该学校的人很多，但学校的招生名额有限，在整个广东省只招收100名考生，我果断选择了报考并凭借扎实的学业功底，十分顺利地被录取了。

1955年9月，我来到郑州电力工业学校后，出身贫寒的我非常感恩国家的政策，能让我免费上学。在学校期间，我第一次终于能够全身心地投入到学习中去，我一方面努力学习，认真对待每一门课程，遇到不懂的地方，反复去钻研，务求搞懂、吃透；另一方面勤俭生活，没有向家里拿过生活费，每个月两块钱的生活补贴我都省吃俭用，把省下来的零钱用来购买专业书籍。在郑州电力工业学校四年的求学生涯中，我不仅收获专业知识，提升了自己的技能水平，更是深深地知道人要不断地学习进步，不断拓宽自己的知识面。在学校期间，我不仅保持学习书法的爱好，还担任了学校乐队的第一小号手，学习了小提琴，为后来在“五七”干校革命委员会毛泽东思想宣传队担任宣传正队长打下了良好的基础。

1959 年 3 月，我从郑州电力工业学校中专毕业，被分配到了原广东省电力工业局试验研究所（现广东电网有限责任公司电力科学研究院，以下简称“中试所”）工作，从此我便投身于电力行业。入职后我被分配到了高压室，主要从事高压电机专业，而这个专业只有我一个人，要负责诊断、分析、解决全省所有发电机的疑难杂症。在这个人才济济的单位，只有中专学历的我感到压力很大，尽管工作很忙，出差频繁，近至黄埔、东莞，远至汕头、湛江，全年几乎 70% 的时间都在外出差，但我依然决定要继续学习、努力深造。

在当时，广东省只有广州业余大学设有成人本科教育，入职半年后我下定决心扎实复习备考，每次出差的时候我都随身带上复习资料，一有时间就看书，遇到不懂的问题就及时查阅书籍，请教身边的同事，争取将知识学懂吃透。我于 1960 年顺利考入广州业余大学，继续攻读本科，并于 1966 年，在“文化大革命”展开之前拿到毕业证。广州业余大学的上课时间都是晚上，每个星期要上四次课，每次三个课时，从晚上七点一直上课到九点半。工作经常出差，我都会随身带上书本，白天在电厂做实验，晚上就自学补课，坚持完成老师布置的作业。在不出差的日子里，下班后我就在单位的饭堂温习功课直至深夜。现在回想起来那五年的生活虽然艰辛，而且在旁人看来很枯燥，但是我过得十分充实，并且在学校学习到的知识极大地提高了我的专业技术水平。记得那时教我们数学课的老师是华南理工大学著名教师唐健安，专业课老师是清华大学高材生刘兆棒，我很幸运能成为他们的学生，从他们那里我学到了很多很多，特别是学习数学期间，我始终按照老师的要求，尽量做到不照着书本，自行推导演绎出每一个公式。在工作中我也潜意识地养成了自行推导演绎的习惯，促进了已有经验知识的有效迁移，为之后的业务实操提供了莫大的帮助。

记得1975年前后，五仙门电厂对准备投入运行的发电机组中变压器的接线方式存在疑惑，如果接线错误将很可能造成严重短路和设备损伤，耽误送电时间。五仙门电厂随即向我们求助，当时我们在东川路，距离五仙门电厂约有40分钟的路程，若赶到现场再处理问题，会影响恢复送电的时间。本来这个问题应由二次线路继保人员解决，但因事件紧急，我拿起粉笔，根据变压器向量图和基础运行原理，运用数学运算推导出变压器六角图，发现有一个向量是反的，推断出一次电缆连接错误。经电厂进一步现场核实，确认诊断正确，更换连接后成功上线运行，电厂的同志、身边的同事们，都对这次准确的判断赞不绝口，我内心暗暗体会到扎实做学问、打牢基础的重要性。

1968年，当我快30岁的时候，家里人开始操心我的婚姻大事，我的姐姐打听到同乡家小我三岁的姑娘还待字闺中，碰巧的是这个姑娘的父亲在我1955年备考郑州电力工业学校的时候，看到了我每天晚上都跑到路灯下面看书学习，因此他对我非常满意，这对于我和爱人的结合简直是“神助攻”！我的爱人叫吴肖仙，1941年出生，从广东省邮电中专学校毕业后被分配到广州市市桥邮电局。当时我还住在白云区的三元里附近，爱人在番禺市桥，每次骑自行车过去找她单程需要三个多小时，几次交往后我们互生情愫，并在岳父的撮合之下完成了结婚这一件人生大事。

1969年，我被下放到位于韶关市乐昌县的“五七”干校，担任毛泽东思想宣传队的正队长，用歌舞、独唱等形式自编自演了几套节目，直至同年10月底我才返回到广州，这期间我和爱人分居两地，一直未能团聚。

1970年，我爱人生下了老大（儿子）。这期间我一直忙于工作，出差是家常便饭，爱人经常要独自一人在市桥照顾小孩。由于我还住在白云区，爱人在番禺市桥，为了解决不便共同养育儿子的问题，1973年，爱人从市桥邮电局调入中试所电测室。1975年，老二（女儿）出生了。我的爱人一直是家庭的贤内助，在我出差在外和两个小孩生病的时候，默默照顾家庭，操持家务，可以说是背后的英雄了！

1979 年，广东省电力局总工程师谢培康在全省技术监督会上说，中试所在科研和生产方面取得了很多成绩，可惜没见到有文章在中国电力期刊上发表过。听到他的这一番话，我的内心很触动，我们不甘心，想要有所突破。

那时改革开放刚刚起步，所里的底子差，整体实力远远比不上华北、东北这些国内领先的电力试验研究机构，我们的技术人员数量不到他们的一半，试验环境和硬件设备更是相差甚远，许多业内比较尖端的大项目，比如发电机绝缘老化鉴定等，我们都很难独立承担，通常跟一些大单位、高等院校合作做项目时，又只能做一些辅助配件的研发工作。

心想着我们不能再甘于现状了！自此我开始留意一些小的技术问题，打算从小问题寻找突破口。1979 年一次偶然的机会，得知当时广东最大的新丰江水电厂 72500 瓦水电机组准备更换定子线圈，我想到可以用这个机会来验证发电整机超低频耐压试验的 β 值（超低频电压与工频电压的等效系数）。该项试验的最大难度在于需要对发电机进行耐压打穿的破坏性试验，一旦击穿发电机的定子绝缘，很可能造成设备损坏、停机检修。截至当时国内还没有任何一组真实的数据来验证它。我通过反复测试得出 9 组真实数据，总结出 β 值在 1 至 2 之间的概率很高的规律，并在 1980 年的全国发电机专业会议上分享了这一成果。来自华东电科院的讨论组组长、资深专家朱匡宇教授非常诧异，高度评价说这是他第一次发现如此客观、真实、有说服力的数据。

在朱匡宇教授和原电力部北京电科院全国电机专业领头人之一的盛达昌教授的大力推荐下，我撰写的《用递增交替对比法验证发电整机超低频耐压试验的 β 值》于 1981 年发表于当时国内最顶尖的电力期刊《中国电力》，实现了中试所核心期刊论文发表“0”的突破。

1983 年起，深圳某 220 千伏新建变电站从日本进口了全国第一台气体绝缘金属封闭开关设备，简称为 GIS。按当时的技术条件，进行设备交接试验需要搬置几十吨重的高压试验设备到场组装，耗时耗力。时任中试所所长周良才得知中华电力公司进口了美国 HP 公司的谐振装置。但当时该装置价格高达

15 万美元，借用一次费用高达 7.5 万美元，还需专门委派专家指导使用，专家的差旅补贴高达每天 500 美元。面对如此高额的费用，时任广东省电力工业局副局长颜鸣鹤问道：“我们中试所能不能做?”当时在全国电力技术研发领域整体实力偏弱的我们，一心想要在众多专业领域中脱颖而出，研制该谐振设备，是在相对较少人研究的、多专业交叉领域寻求突破的好机会。

随后，广东省电力工业局下拨了 8 万元人民币，我们所决心用 1 年时间自主研制该设备。周良才所长和我两人即刻组成专项工作组，与中华电力公司几经沟通，对方只提供了一张该设备的照片，无奈之下，我们只能明确分工，从设备的基本原理开始研发攻关。该设备的难点在于各零件间的配合是铁芯在磁场中规律的移动，周所长主要负责线圈、绕组等设备制造，我主要负责设计各零件之间的组装和配合，完成包括每一个螺丝钉在内的总设计图。经过近半年的集体奋战、潜心研究，1984 年终于完成了总设计图提交广东省电力设备厂负责生产制作。

与此同时，一个新难题接踵而至，该设备设计新、时间紧，我们既要让几大生产车间熟悉新设计的原理、把握好设计的关键点，又要统筹协调好实际生产中设备间的兼容和联通问题。面对压力和挑战，我勇敢自荐担任设备生产总负责人，统筹协调各个车间。这期间我常驻生产工厂，与生产人员一

1984 年，自主生产完成的“CHX－230（460）可调电抗器”用于深圳 110 千伏罗湖变电站。图为汤显洲（左二）与同事在变电站的合影

起工作、吃饭、睡觉，一遍一遍向他们耐心地叮嘱和解释，终于功夫不负有心人，成功地在 1984 年 6 月 GIS 试验前，自主生产完成了“CHX－230（460）可调电抗器”。1985 年，“CHX－230（460）可调电抗器”获国家新型专利，在首届国际专利及新技术设备展览会上获金奖。1992 年起，为了表彰为国家工程技术事业做出的突出贡献，我被授予第一批国务院特殊津贴，并享受终身，因此我备感荣幸和感动，此奖励鼓舞了我继续奋斗的信心和决心。

之后的几年时间里，我继续奔走在各个发电厂问诊、研究创新。直到 1994 年，我的人生又一次得到了启发和改变。当时，我们想继续竞标承接大亚湾核电站岭澳核电站的调试项目，但不仅需要过硬的综合实力，还需要 ISO9000 资质，因此单位派我去学习相关知识，以便申请相关资质。老伴问我：“你都 50 多岁的人了，为什么还要这么拼？”我说：“单位安排了我做事，我就要把它做好，活到老，学到老！多学点东西，人也更加精神。”记得当时我们的授课老师是我国出国学习取得 ISO9000 资质的第一人、中国计量检测中心田园教授，从他的讲述中我学懂并掌握了定制化管理和 5W1H（Who，When，Where，What，Why，How）计划管理方式，树立了“除非不说，说了必须做到的”坚定信念。这些让我的思维方式发生了极大的改变，我的工作和生活也变得更有效率。记得第一次赴美国申请签证，我按照定制化管理的

1997 年，汤显洲参与广东电力试研所 ISO9001 认证审核会

方式准备个人材料，在了解清楚了对方审批签证的根据后，我梳理了所有的需求点，并分类规划每张纸上的内容，对重点内容重点标注，使审查人在收到资料后一目了然。果然，当时我们那一列排队的人，只有我顺利通过审批，工作人员不禁对我的资料竖起了大拇指。

1999 年 9 月，时年 60 周岁的我正式退休了。因为我对 ISO9000 非常熟悉，有一定的专业技术水平，被广东省电机工程学会高压专业技术委员会（后简称为“高压专委会”）继续聘用，可以说是“退而不休，发挥余热”。随着工作时间逐渐减少，我将更多的精力放在了学习多样文化和丰富个人技能上面，虽然老了，但也想拓宽拓宽思维，放宽放宽眼界。1999 年，我开始学习舞蹈，曾在广东省体育舞蹈培训中心学习国际舞及拉丁舞，由全国国际舞舞蹈专业冠亚军老师教授；2000 年，继续练习个人喜爱的书法，一幅临摹王羲之《兰亭序》的书法作品曾选送香港展览；2002 年，在广东外语外贸大学英语口语学习班（夜班）学习了一年，英语口语水平有了很大的提高，大大方便了出国旅游和生活沟通；2003 年互联网兴起，经研究揣摩，我创办了个人网站，后作为高压专委会的网站，点击人次已超过 3 万，同时掌握了关键字搜索的技巧，在实际工作和生活中给了我很大的帮助。

在高压专委会我继续工作了 8 年，虽然事情不多，但我已然习惯用脑用

2015 年，77 岁的汤显洲还活跃在广东省电机工程学会高压技术专业委员会的讲台上

心地去做每一件事情。记得2006年广东省高压专委会计划在深圳召开节能环保方面的专业会，会议内容安排有赴香港学习参观环保展览。起初想请香港中华电力公司黄振权等几位朋友与香港环保署联系，他们答应了我们。谁料临近会议，我们联系落实此事时，他们说需提前三个月办理，参观事宜办不成了。可是，文已发了，议程已安排了，怎么办？

做人哪能轻言放弃呢！我自己试着通过自己熟悉的关键字搜索的方法在互联网查找相关信息，经过几天的耐心查找和梳理，查出了香港环保署下属有哪些部门，有几个环展览馆，并找到了香港粉岭环境保护展览中心馆长的电话。欣喜之余，我即刻联系了馆长，说明了意图，并重点解释了会议的内容、重要性，并且表示会议通知已发出，时间、安排不能改了，希望他能再予破例。考虑再三，馆长终于答应了我的请求。中华电力公司的朋友说："我们在香港本地都办不成的事，您远在广州不出门却能办成，真是了不起！"

2016年，78岁的我正式结束了工作生涯，空闲的时间越来越多，但我仍然想过得充实一些，每天有一些进步。坚持锻炼身体，无论春夏秋冬我每天都坚持游泳500米，以保持自己的精力和体力；为挖掘自己的音乐细胞，开始学习手风琴、小提琴，并邀请星海音乐学院的老师教我学习钢琴，虽不能登大雅之堂，但是也能为生活略增情趣，自我愉悦。

汤显洲（左三）一家人合照

2019 年 8 月，汤显洲与妻子参加广州电视台主办的“我的祖国我的家　弘扬广州好家风”主题演讲活动

回顾 60 多年的历程，广东电科院从名不见经传的小试验所，慢慢发展成全国技术领先的科研试验机构，是靠着一代代技术人员近乎“执拗”的追求得来的。如今我 81 岁了，还是喜欢跟年轻人交流，喜欢学习新知识，我常回到院里看看新出的科研成果，大家都喊我“老汤”，但我觉得我还是像“小汤”一样喜欢探索和尝试。

现在电网的发展日新月异，要赶上时代的发展，我们的年轻人就要不断学习，吸收新知，进一步增强“造血”功能，我也有几个方面想和他们分享。首先是要有所作为，在工作中要注意方式方法，善于总结，发现规律；其次是要树立大目标，分解小目标，遇到难题要学会从小处着手，寻求突破；最后是人生不是只有“独木桥”，每个人的选择都有很多，我从一个中专生一步一步到教授级高级工程师，没有因为自己的学历低就自我放弃，在迷茫和坎坷中始终要有一颗奋勇向前、不甘落后的心，也要有活到老、学到老的心态。

（汤显洲口述/丘映丹整理）

揽尽风雨苦亦甜

李 晚 男，1939年出生，广东云浮人，原云浮供电局电力仪表班班长。1958年12月参军，先后任副班长、班长，1964年调至国防部下属军工厂。1975年转业到云浮供电公司，任电力仪表班班长，1997年退休。

我于1939年3月16日出生于广东省云浮县（云浮1994年4月5日升格为地级市）的一个普通家庭，父亲李子开、母亲郑雪芳都是农民，家中本来有七兄妹，我排行老七，最后长大成人的却只有五个。听母亲说，六哥在六岁的时候就因哮喘病而夭折，五哥在21岁时也因为生病而去世。那个年代，物资匮乏，医疗水平落后，能活下来已是生命的奇迹。因为家里贫困，大哥、二姐、三哥、四哥都没有进过校门，大哥、三哥十多岁就去矿山工地做工补贴家用；二姐、四哥先是在家务农，后来四哥去了建筑工地打工。穷人的孩子早当家，虽然他们都没接受过正规的教育，但是靠自己的摸索自学也取得了不小的成就，大哥后来做了广东省矿管局的技术员，四哥做了建筑工程师。

而我和五哥更加幸运，有机会正式上学，我在十岁的时候走进了梦寐以求的校园，先是在云浮烈士陵园附近的东校小学上一年级，后来转去邓发小学读二年级。每天早上天没亮就起床了，父母、哥哥、姐姐早已下地干活，我因为排行老幺加之年龄小，只能留在家里干家务，喂鸡、喂猪、煮饭、收拾屋子，这些都做完了再去上学，去到学校大概要走一个小时。看似有些辛苦却丝毫没有影响我学习的热情。在学校，我开始像海绵一样，如饥似渴地汲取知识的营养，不仅每次考试都名列前茅，而且经常跟高年级的大哥哥、大姐姐借书提前自学，所以在读完小学二年级后，我就通过学校的考试，直接跳级到了六年级，为家里节省了一大笔费用！但是六年级毕业后，家里实在没有能力再供我和五哥上学了，填饱肚子已属不易，上哪儿去筹措学费呢？那时一人一学期的学费就可以购买五十斤谷子，当时对我家来说，这是一笔让人望而却步的费用。迫不得已，我辍学了，没能圆满实现自己的读书梦，成为我一生的遗憾。

毕竟读过几年书，在文盲率还很高的年代，我算是有点文化的，那时候国家正在提倡“全国扫盲”运动，于是我就主动报名，从1954年7月开始，在云浮义务当了两年的夜校老师。晚上组织村里的人学习文化知识，教村民读书、识字和算数，还有一些基本的文学知识，那时候的人真的是淳朴勤劳，那些村民白天去做农活，晚上学习积极性却很高，几乎没有人会缺课迟到，而自己义务教他们的时候也从来没觉得“吃亏”，相反，当一些年龄比我大的村民遇到不懂的问题“李老师，李老师”地叫我，向我请教的时候，心里会有些羞涩和小小的成就感。

1958 年，参军时的李晚

1958 年 6 月，我已经 18 岁了，加入了县里的人民公社，成为一名技术员，负责一些机器设备的试验维修，也是从那时起，我对机械自动化设备产生了浓厚的兴趣，开始了和它们一辈子的不解之缘。记得刚到公社时，我天天跟着公社里的技术能手董师傅转，即使开始不太懂，也会眼不离地跟着看，实在看不懂的就趁师傅空闲的时候向他请教，也会问比自己早来的师兄们，因此社里的人都笑称我“李问”。晚上空闲的时间就自己看书学习些理论基础，所以我很快就上手了，还记得自己第一次独立解决公社里一个农用抽水机问题时，心里别提多开心了。

1958 年 7 月，父亲因病加上长期营养不良，永远地离开了我们，父亲走的时候，我正在公社的试验田里忙着，听到消息急忙赶回家，也没来得及见他老人家最后一面，心里的痛无处安放。

因为无法忍受盛行的浮夸风，于是我在 1958 年 12 月全国义务征兵的时候毅然参军了，来到解放军 42 军 125 师 3 团，开始了十八年的从军生涯，从此，那身绿军装，成了我一生魂牵梦萦的记忆。

在部队的生活依然很艰苦，除了每天规定的日常训练外，学习各种技术知识也是必修课，特殊时期还要去开荒种地，抗险救灾，真正是“我是革命的一块砖，哪里需要哪里搬”。还记得1960年8月，广东遭遇了罕见的洪水，位于东莞的东江大堤决堤，我所在的部队接到命令后立即奔赴现场抗洪抢险，大家不眠不休十几个小时，扛沙袋，筑人墙，连口水都没喝过，直到洪水得到遏制。也是在那一年，经过部队的层层筛选，我被选上去了部队在惠州的速成中学又学习了一年，主要是学习机械自动控制方面的知识，也算是圆了自己曾经未完成的“读书梦”。同年10月，我成为了一名光荣的中国共产党员。1960年在惠州还参与了一次剿匪行动，更惊险的是1962年9月跟随部队去修建深圳水库大坝。有一天大坝总机值班室发生火灾，值班员慌忙逃出火灾现场，但是没有把对修建大坝至关重要的工程总机抢救出来，我当时正在巡逻值守，看到情况不妙，想都没想冲进值班室把总机抱了出来，出来的时候头发都烧着了，幸好在战友的帮助下火被马上扑灭，没受重伤，让国家避免了一笔不小的损失。因为这件事情，部队授予我“三等功”，并且给了10天假期，这也是我参军四年来的第一次假期。

人的一生中，有时候付出不一定有收获，可是不付出是一定没有收获的。因为我的学习经历和在部队的良好表现，有幸参与了另一激动人心的历史事件。

1964年9月，鉴于我在部队的表现和自身的知识技能，我被调到国防部队下属的军工厂，该厂位于广东与江西交接处的一座大山里。自己进厂后就完全与世隔绝了，条条款款的保密制度就学了半年之久，也很少跟家人联系，工作内容更不能对外泄露，所以亲人都不知道我具体是做什么的，每次他们问起，我都敷衍过去。我当时是一名机械自动控制方面的技术员，负责安全防护科，任务就是实时跟踪监测厂内外的核铀放射性，并且检测铀矿残渣对周围的辐射情况。每天的工作是三班倒模式，6个人一班，在地下室车间连续工作8小时，什么都不能想，不能有一丝的分心，工作前要背诵3遍安全制度，中途也不能去吃饭，水都是装在特殊的容器偶尔喝一点。而这些都不是最难受的，最难受的莫过于晚上上夜班时也不能有哪怕一秒钟的闪神，总是要强迫自己打起十二分的精神，全身心地投入工作，避免分毫的差错。由于工作的特殊性，除了要遵守极其严苛的保密制度，还要特别注意安全。核辐射，在现在听起来也是一个让人闻之丧胆的名词，我们每天工作完后，都要经过特殊处理全身、冲洗，还要定期做核辐射检查。

由于当时正处在我国经济困难时期，粮食定量供应，副食品短缺，广大的核武器研究和制造人员，同样也经历了吃不饱穿不暖的艰辛。每个月每人定量四十五斤谷，作为一名共产党员，还要每个月从自己的口粮中拿出十斤支援香港贫民，不够吃的时候就上山挖野菜，摘野果补充。特殊的工作加上营养不良，自己的身体经常出现浮肿。在部队空闲的时候会和战友李作虎（四川人）等一起打篮球或者观看部队组织的集体电影。

1964 年 10 月 16 日下午 3 点，在位于新疆罗布泊深处核试验基地的 102 米高的铁塔上，中国第一次将原子核裂变的巨大火球和蘑菇云升上了戈壁荒漠。同日，中共中央和国务院联名致电参与首次核试验的全体人员和一切从事国防建设的同志们，热烈祝贺第一次核试验的巨大胜利，激动和喜悦的心

喜報

李晚 同志在一九六三年中，积极响应中央軍委号召，鼓足干劲，力爭上游，在提高政治思想、軍事技术、貫彻三八作风、完成任务和鍛炼身体等方面取得了显著的成績，荣获"五好战士"的光荣称号，特此祝賀。

中国人民解放軍广州軍区

1963年12月

1963 年 12 月，李晚荣获中国人民解放军广州军区"五好战士"称号，图为军区发布的喜报

1975 年 11 月，李晚（一排左一）从部队退役前与战友合影留念

情，传遍了整个祖国大地，巨龙腾飞，震动了整个国际朝野。得知消息的那一刻我和我的战友们热泪盈眶，不能自已。这样的经历，这样的情景，我想，我到闭眼离开这个世界的那一刻，都不会忘记。

1965 年 6 月我回家探亲的时候经人介绍认识了我的老伴何雪梅，一年后我们结婚，婚后老婆随我去到韶关的部队中。1971 年 1 月我们的第一个孩子——大儿子李军卫出生，1972 年 7 月二儿子李军明出生，这时候部队出了规定不能带家属随军，所以老婆回到云浮老家，一个人既要带孩子又要在生产队务农，经常背上背一个，怀里抱一个去田地做农活，很是辛苦。1976 年女儿李翠红也出生了。老婆一直都很能干，不仅把家里打理得井井有条，而且我不在身边的时候把孩子也教育得很好。大儿子后来考上了华南理工大学，小儿子和女儿都上了云浮中专，后来都在云浮电业局（现更名为广东电网有限责任公司云浮供电局）工作。

1975 年从部队退役后，我回到了家乡云浮，投身到了与国家发展密不可分的电力行业。那时候，农村还没用上电，仅限城区的部分地方才有电，云浮仍属于肇庆管辖，从发电、输电到用户，整个肇庆管辖范围内的供电工作全部都由 50 个人完成，而且那时候发电、供电工作是一起的，还没分开。

1976年11月16日，云浮电业局才正式成立，当时从肇庆电业局共分来15个人，负责本地区全部的电力事务。一个人负责设备运行工作，一人负责继电保护工作，我负责仪表工作，剩下的人负责剩余所有事情。由于人少，每个人的工作量都很大，拉电线、立杆塔、运输设备、安装设备等工作全都要做，还记得那时候因为拉设备上山安装，因为没有路又没有足够的车辆运输，只得向附近的村民借牛车运，没想到村民不仅免费借给我们用，还主动义务来帮忙。刚开始的几年，去收电费全靠人一双脚走到每家每户收，设施落后，还是柴油机发电，电力供应严重不足，云浮地区也就主要是东、西两条街供电，兼顾部分农村地区，每天晚上十点半全城停电。

直到20世纪80年代末，电力行业才进入到年年翻番的快速增长期，电力也逐步从城市走入农村，电网规划也越来越合理，供电质量也在逐步提高，而云浮的供电范围和供电量也在快速扩张。而这时离村村通公路的时代还很遥远，云浮又处粤西偏远地区，整体地形呈现“七分山、两分田、一分水”的格局，平坦的地方没有多少，出门山就似在眼前，所以交通发展比广东其他地方都要落后很多，去到离城区稍稍远点的地方都要翻山越岭。有一年，从外地来了两个大专生，受不了这样艰苦的环境，没干几天就卷起行李走人了。后来又来了两个中专生，倒是没走掉，但也是诸多不适应，连喝的水都要每隔一段时间到很远的地方搬运，说云浮的水质不好，含硫太多，喝了身体不舒服。我经常骑五六个钟头自行车到云浮白石、托洞等地方去装表、收电费，遇到不能骑车的路段，就扛着自行车走过。其间记忆最深刻的一次经历是在1983年7月的一天，白石有户人家匆匆忙忙地赶到云浮电业局营业部，说自己家的电灯不知怎么回事全部不亮了，而第二天他儿子结婚要办酒席，让我们去帮忙看看。那时候已经是下午四点了，而白石又偏远，赶过去至少要四个小时，我和同事罗景辉二话不说，骑上自行车就去处理问题了，最后消除故障整好线路后已经晚上十点了，主人家特别感激，硬要留我们在他家住到第二天中午吃完酒席再走，我们婉言拒绝，决定连夜返程，回到家时已经到第二天凌晨2点了。三天后，那户人家还特地赶几十公里路来给我们送了一包喜糖。

平时街坊邻居，谁家线路有问题，谁家电器又坏了都会找我，我从来不推诿，能帮上忙心里也挺高兴的，时间久了，便得了个“万事通”的名号，走到哪里都有人热情地叫声“李师傅”和我打招呼。

刚开始十多年我在供电局的工资跟在部队的时候一样，每月47.92元，因为家里三个孩子上学，总是捉襟见肘，又想让孩子多读点书，所以家里养了一些鸡和鸭，每天清晨上班前我把鸡担到山上放养，晚上下班之后再把鸡担回来，等鸡长大了之后就卖掉，补贴家用。除此之外，家里的事几乎都是老婆做，煮饭、做农活、带孩子，孩子生病打针什么的都是老婆带去看医生，特别是二儿子，小时候经常生病，医院的医生都和我老婆都熟悉了，而我因为工作很少顾及到家里。老婆虽然辛苦，但是从来没抱怨过，结婚到现在我们俩都没红过脸。

到了20世纪90年代，供电部门开始全力搞“村村通”工程，本着“点亮每户家庭”的宗旨，开始了电力建设的高潮期，1994年云浮地区第一座220千伏变电站泷州站建成投产，填补了云浮220千伏变电站的空白。不管是在山脚还是在山顶，不管是一户人家还是两户人家，不管多困难，过河还是爬山，只要是有人住的地方就把电线拉到，云浮大大小小的山都布满了我们的足迹，很多山上原本是没有路的，是我们安装电力设备加上日常运行维护走出来一条小路，后来村民们也沿着这些足迹上山砍树或种果，渐渐踏出来越来越宽的路，就像鲁迅先生说的“其实地上本没有路，走的人多了，也便成了路”。拉电线、安装设备，机械汽车进不了的地方，就人扛、绳拉，办法总比困难多，很多现在觉得不可思议的事情，那时却很平常。有时候去到偏远的地方安装或者维护设备一连几天回不了家，有时候住在附近村民家，有时候干脆住施工地。辛苦是辛苦，但是想到这次完工了云浮又有一大片区域可以用上电了，心里松了一口气的同时又会生出一股让人充满力量的成就感和自豪感。

“光阴似箭催人老，日月如梭趱少年。”1997 年，我正式从云浮供电局退休了。退休之后我经常跟着自己的老年朋友、同事去旅游，几乎走遍全国，还去了新加坡、俄罗斯、日本等国家，放松心情充实生活的同时，也弥补了自己以前没条件到处看看的遗憾。另外每两年和老战友们聚聚，大家见面聊聊近况或往事，很是亲切。我也很喜欢写诗，写了二十多首，很想出一本诗集，也不知有生之年能不能实现。平时在家也喜欢养花种树，有荷花、玫瑰、月季、兰花、仙人掌等等，满院的花，四季花开，清新怡人。我还在自家楼顶种了很多菜、柚子树，收获季节，果实累累。

2012 年我因为青光眼做手术，术后恢复不好，左眼失明了，所以现在不怎么出门旅游了，就常常去楼顶侍弄些花草，在楼上一待就几乎一整天，有时候只是坐在上面发呆，想起过去的时光，总会像黑白电影一样时不时地在眼前回放：童年短暂的读书时光，拥抱着许多梦想，脑海里就像生长了吸取知识的“黑洞”，总觉得怎么填也填不满；18 年军旅生涯，绿军装、号角声，交织着激情和汗水，与战友共筑那历史神圣一刻；22 年的电力生涯，重回首，静夜阑珊，揽尽风雨苦亦甜。想想曾经我上学的时候，晚上想看书学习，连煤油灯也点不起；等到儿子、女儿上学的时候虽然通电了，但是晚上也常常停电，只有点煤油灯学习，一晚上下来脸熏黑了，鼻孔都是黑的，眼睛也熬坏了；再到现在，我孙子上学的时候，不仅有电灯还有空调，任凭屋外狂风大雨、漆黑如墨，屋内也是亮如白昼，冷不着，热不到。我国的电力发展成就有目共睹，而这些是几代电力人共同努力奋斗的结果！电力的发展是经济发展的基础，如今我们的生产、生活更是分分秒秒离不了电，同时能源和环境保护问题也越来越受到关注，越来越紧迫，怎样建设更高效、更智能、更绿色的电网成为新一代电力人面临的问题。我相信他们能够解决好这些问题，传承老一辈电力人开荒拓土的精神，将我们的电网建设成为国内国际一流电网，将我们的企业建设成为人民满意的企业！

回顾一生，有过孜孜不倦的追求，有过意气风发的拼搏，有过沉默沮丧的低落，也有过欢声笑语的幸福，有给予，有收获。生，如夏花般绚烂；死，如秋叶般静美，如是，足矣！

（李晚口述/饶苏敏整理）

广阔的天地是我们的车间

宋情国 男，1939年出生，安徽宣城人，原广东省电业局输变电工程公司工会主席。1956年参加工作，1958年进入广东省电业局输变电工程公司工作，先后任组织科副科长，组织部副部长、部长，工会主席。1999年退休。

我祖籍河南，听长辈说，我家原来是个大家庭，清朝末年时，由于外侵内乱，再加上天灾人祸，家境日渐没落。尔后，举家南迁到皖南，我就出生在皖南宣城的广德县。

我家里孩子多，父母生育我兄弟姐妹六人，生活负担重，我早早就出来工作了，参加工作前只读过 5 年书。但就算这样，生活仍然给了我机会。1955 年，我们乡的乡长黄春仁要我到乡政府帮忙做填报表之类的事，并通知我去县城参加粮食“三定”培训班。粮食“三定”，指的是农村政策中粮食定产、定购、定销的简称。“三定”是我们国家 1955 年春在农村实行的粮食统购统销的具体政策。“定产”就是国家根据粮田单位面积常年产量，作为计算国家粮食购销任务的基础。“定购”就是根据粮食定产数量，扣除农业税和农民自用的种子、饲料和口粮，计算出农民一年应有的余粮数量，然后按余粮的一定比例确定国家对农民的购粮数量，由农民在收获后按照国家规定的牌价交售给国家。“定销”就是评定农民的缺粮数量，国家按照销售牌价给予供应。我参加培训学习后，回来对全乡粮食“三定”进行估算、登记、上报。接着，我又参加预备役兵役登记学习，并对全乡十八岁至四十岁符合预备役条件的公民进行登记、造册及上报。

1956 年，我到省城去找工作，当时安徽省政府招两个机要文件通讯员，我经过面试、笔试的筛选，当起了通讯员，正式开始工作生涯。但三个月后，政府机关精简人员，在我姐姐的劝言之下，我主动提出接受精简。刚好武汉送变电工程局和几个单位都在招人，通过考试，我去了武汉送交电工程局下的第二处。此后，在电力行业一干就是几十年。

干电力这行，时常要换工作的地方。工作后的前几年，我到处奔波，先后转战武汉、济南、郑州、兰州、南昌、韶关等地。但不管到哪里，我一直没放弃通过学习来提高自己，不管去哪，我都会将一套速成中学课本带在身边，一路自学。我的大学课程也是自学完成的，后来，单位又送我去进修了几次，对我成长帮助很大。现在的人可能觉得 17 岁工作很早，但在我们那个时候，是很普遍的，因为那时候国家百废待兴，处处需要人，而我进入电力这个行业，则是比较偶然的。做哪行爱哪行，我很快投入到电力的工作中，电力也成为我终生引以为豪的事业。

1956 年，宋情国（左一）与同事在兰州黄河边合影

因为工作的关系，从黄河流域到长江流域，再到珠江流域，我在三大流域都工作过。夏天时，我曾在山东济南工作，那里大片大片的高粱玉米地我至今印象深刻。冬天时，我到过甘肃兰州，到处冰天雪地。那时候，甘肃的水资源非常紧张，我半个月洗一次澡，早上的洗脸水不能倒，留到晚上洗脚用，不单单是我一个人这样，当时所有电力人都是这样的。1958 年，我来到广东，没想到却留了下来，一待就是几十年，真正是他乡变故乡。

我一生工作过的地方虽然多，但留下最深印记的是在广州的工作经历。1958 年 4 月，一辆绿色的美国敞篷吉普和几辆大卡车把我们武汉送变电工程队 203 工地 60 多名工人们，送到了广州的西场菜地，参加广东的电力工程建设。所谓“203 工地”，即武汉送变电工程局第二工程处第三工地。当时各个生产机构都是以工地为单位进行划分，我是 203 工地的一员。

广州的天气，对北方人来说，实在太难受了，湿漉漉、潮热热、闷乎乎……一会儿放晴，一会儿倾盆大雨。中午的时候烈日当空，工地上充斥着火一样的热浪，空气像停

1957年，宋情国（右一）与同事在江西上饶水电站合影

止了流动一般，微风没有丝毫流动的空间。到了下午，黑云压城，倾盆大雨像是从天空中的缺口倾泻而下，将我们从头到脚浇了个透彻。

但当时我们干劲十足。当时广东没有一个完整的电网，广州当时的电网等级只有13.2千伏，1958年后这个等级取消，建35千伏的电网。110千伏西棠输变电线路工程是我南下广州后参加的第一个工程。西棠线环绕半个广州，线路全长22.9公里，其间多处跨越水田、沙涌地带、流沙坑。广州多变的天气，给施工带来了许多困难。工程施工从挖坑、底拉盘浇制、拉线制作到水泥材料搬运、立杆、放紧线等，全部需要工人亲身操作。我从工地回来，经常是满身泥泞，没来得及清洗衣物，换下工衣往水泥杆上一甩，走进竹棚倒头就睡。

当时，我们班组流传着一首自编的《送电工人之歌》："转战南北，四海为家，身居茅棚，胸怀天下，点一盏油灯，为的是祖国大地放光华，架线千里，定要把千难万苦踩脚下。"大伙就是自娱自乐，算是给单调的工地生活增加一丝色彩。当时正值国家"大跃进"时期，现在回过头来看虽然犯了浮夸风的错误，但作为电力工人，当时确实鼓足干劲、不怕累，奋战在电力建设战线上，为广东电力建设事业打响了公司成立后的第一炮。

1958年8月，电力部撤销武汉送变电工程局、北京送变电局、长春送变电局，将所属人员下放由各省电业局自行管理。当时广东省电业局将正在广东施工的武汉送变电203工地、变电二工地部分人员和广州供电所基建检修队部分人员合并组建成广东省电业局输变电工程公司；将正在广州西村电厂施工的原电力部43工程处部分人员组建成广东省电业局电力工程公司（即火电安装公司的前身）。

广东省电业局输变电工程公司成立初期办公和住宿条件很差，当时是借用广州供电所（后改为广州供电局）在大德路的几间房屋，既是办公室又是宿舍加仓库。公司属下各个队的办公室和宿舍都是临时搭建的工棚。在和电力公司合并成立省电力基建公司之后，公司搬到西场，向省电业局借用几间办公室办公。公司现在的办公楼3号楼当时是省电业局的办公大楼，除了借几间给省电力基建公司外，3楼还有几间是调度室用房（调度室后发展为省中调所）。

现场施工更是辛苦，我们住过牛棚、猪栏，但那时人的思想很单纯，当时是六天工作制，就是一周中，周一到周六要上班，周日才休息，但我们连周日也不休息，当时我们的口号是“小雨大干，大雨小干，好天拼命干，为了共产主义拼死干”。那时我们一班年轻人，大家都非常有干劲，思想跟着党走，想着国家要工业化，工业化就要电气化，而要实现高度电气化，没有电是不行的。再苦再累，只要一想到为实现祖国富强、现代化而奋斗，就又充满斗志地投入工作。

当时，正值“大跃进”时期，全国各地掀起大炼钢铁的热潮，各地城市、农村的机关、企业、学校都建起了土法炼钢炉。省电业局也在办公楼（现公司3号楼）前后建起了几座土钢炉，公司抽调了几十人参加大炼钢。从搬运砖石建炉，运煤、矿石、废铁到升炉冶炼，每天3班，吃饭都由饭堂送到现场。大家非常劳累，但想到能为“大跃进”出力就感到自豪。

1959年1月26日那天，我记得非常清楚，我早早就起了床，洗漱完毕，换上仅有的一件干净棉布衫，穿上灰色布鞋，准时来到广州市青年会礼堂，参加公司成立后召开的第一届职工代表暨工会会员代表大会。我作为职工代表和工会会员代表参加了这次大会。这次会议的主要任务是总结公司成立后的工作，布置1959年的任务，选举公司第一届工会委员会。

当时，武汉南下到广东的部分同志，思想波动较大，由于刚来广东不适应当地气候，不懂当地语言，饮食生活也不习惯等原因，超过百分之六十的同志写申请要求调回原籍工作。后来，各级领导做了大量深入细致的思想政治工作，职工队伍的思想才稳定下来，我们这班南下的职工就此在广州扎下了根。

1959年8月8日至11日，公司在广州召开首届团员代表大会，我作为共青团代表参加了这次会议。在这次团代会上选举产生了公司首届团总支部委员会委员；选举产生了出席省局团代会的代表；通过了成立青年突击队的决定，向全公司青年发出关于开展增产节约、技术革命、技术革新运动的倡议书。

公司从成立第一天起，就十分重视企业文化建设，重视宣传教育工作，思想政治工作正是在这个基础上进行的。当时，上级组织提出“人人是生产员，人人是宣传员”的号召，除了公司办的《电建通讯》外，从各部门到各工地也都各自有小型油印刊物，如《工程快报》《工程简讯》《跃进报》《闪电报》《先锋报》《施工通讯》等。我响应口号，除积极投稿外，还利用业余时间主动参与油印发行工作。当时这些小刊物都是手工刻蜡纸油印的。公司现在的《广东输变电》就是在这些小刊物基础上发展、演变过来的。

那时投稿是没有稿费的，但大家都很积极，乐于当义务宣传员，争当先进。因为每年底公司会有一个评选活动，根据各单位和个人投稿的数量和质量，评选出宣传先进单位和优秀宣传员，并将此作为评选先进单位和先进个人的条件之一。

此外，公司还根据电力基建单位人员分散的特点，因地制宜地开展各项文体活动。1958年底公司举办了首次书画诗词展览。记得当时展览上公司提出的口号是“通过展览活动，使大家对文化艺术更加重视，成为能文能武，又红又专的电力职工”。我的书画启蒙就是在这个时候开始的。20世纪60至

70 年代，公司还成立了电影播放组，定期到各施工点放映电影，组织宣传队到各施工点演出，过年过节还组织职工利用业余时间自编自演文艺节目。这些活动，极大地丰富了我们工作之余的生活，很好地充实了职工的业余时间。公司还有小型图书馆，每逢星期一、三、五晚上 6：30 至 8：30 开放，供职工阅读报刊和借阅图书。参与图书管理的工作人员都是各团小组选派的单身青年和团员，大家轮流义务值班。身为组织部负责人，我组织大家很好地参与了这些活动。大家的精神生活得到极大满足。

公司成立不久，就开始承担新丰江至广州 220 千伏线路建设。新丰江至广州线路全长 160 多公里，它不但是广东第一条 220 千伏线路工程，也是当时中南地区第一条 220 千伏线路（它建成后先按 110 千伏送电，在棠下变电站投产后升压为 220 千伏运行）。

新广输变电工程是省重点工程之一，省政府十分重视，成立了新广输变电工程指挥部，指定当时广东省电力局局长王焕任总指挥。王局长亲自出马到中央和省有关部门协调解决铁塔钢材不足的问题，从东北调运一部分材料用作新广输变电工程的塔材，他还和广州部队联系派部队汽车运输连队抢运线路器材；又和线路途经各地方政府联系，帮助解决员工粮食、副食品的供应，青赔和劳动力等问题。

我就是在这个工程建设中加入中国共产党的。我清楚地记得 1959 年 9 月 22 日党支部在新广工程指挥部召开支部大会，我被通知参加会议，会上我简单地讲述了个人和家庭情况，说明了入党目的、动机和今后的努力方向，并回答了党员同志们提出的问题，然后他们对我的入党申请进行讨论并一致同意了我的申请。

随后，我参与了广东第一座 220 千伏棠下变电站的建设。棠下变电站于 1960 年 9 月正式开工，中间曾因经济困难一度缓建，于 1962 年底建成投产。我当时和公司科室十几位同志们作为公司派出人员，在工地现场工作几个月时间，见证了广东省电网第一个 220 千伏输变电系统的建设过程。

据当时报纸消息，这个工程投产后，新丰江的强大电流将输送到工农业各条战线，使珠三角 15 个县市 470 万亩农田能利用电力排灌水利。如果每亩增产 100 斤粮食，即可增产 4 亿 7 千万斤，可供应 110 多万人吃一年。同时广州火力发电厂可少发电，每天节约用煤 1000 多吨，每月节约用煤 30,000 多吨（按现在的说法就是节能减排）。我们十几个从科室到现场的人员中，有工程技术、人事保卫、财务会计、物资管理、生活管理等各专业的，都在工地临时搭建的工棚里办公，和施工的师傅同吃同住，很多时候连星期日也不休息，参加工地的义务劳动，如搬运材料物资、挖电缆沟、拉放电缆等。

公司成立之后，机构曾有几次大变动。1960 年底广东省电业局将输变电公司和电力公司合并，成立广东省电业局电力基建公司，下辖输变电工程处、火电工程处、线材加工厂。

1968 年广东省电业局又将局本部的设计处下放给省电力基建公司管理。1969 年，广东省电力工业局收回了公司设立的线材加工厂的管理权，改名为广东省电力工业公司线路器材厂。1972 年收回设计处的管理权，成立广东省电力勘测设计院。1976 年底广东省水利电力局撤销广东省电力局基建公司，分别成立输变电工程处和火电工程处，1979 年广东省电力工业局下文将输变电工程处改为广东省输变电工程公司，同时将技术改进队改为广东省电力工业局技术改进公司。

1988 年，宋情国在顺德变电站

虽然机构几经变动，但除几次临时借调到省局工作以外，我其余时间都在省电业局输变电工程公司和省电力局基建公司工作。其中建设茂名热电厂时，我在那里工作了约一年时间。在韶关电厂3号机组安装过程中，由于该机组单机5万千瓦，是当时广东省第一台5万千瓦汽轮发电机组，省政府为了方便协调各方关系，加快工程建设速度，成立了韶关电厂工程指挥部，由副省长任总指挥，韶关地区一位副专员和省局张强副局长任副指挥，省电力局基建公司经理漆玉棠、党委书记唐贞以及电厂负责人、土建负责人为指挥部成员。工程指挥部下设办公室，我当时在省电力基建公司政治处工作，兼任指挥部办公室秘书，参与了广东省第一台5万千瓦发电机组从筹建到发电的全过程。1966年底韶关电厂5万千瓦汽轮机组投产发电后，指挥部被撤销。

省电力基建公司撤销后，我到公司负责组织、人事干部工作。当时正值“文化大革命”刚结束，干部队伍受“文化大革命”和“极左”思潮影响，思想混乱，一些人受到不公平的批判和处分，背负着沉重的思想包袱，根据党中央和上级领导关于落实干部政策和知识分子政策的有关规定和要求，公司成立了落实政策办公室，我是该办公室的负责人。我们根据党实事求是的政策精神，对“文化大革命”及历次政治运动中受到过冲击和处理的案件进行复查。经过我们的办案人员反复深入细致地调查研究和核实，对公司历年来的一些冤假错案，该平反的平反，该修改结论的修改结论。当时共有20多人撤销原来的处分，重新下结论，恢复了名誉。

根据当时干部队伍普遍存在的文化知识水平偏低、业务素质差、年龄偏大的情况，我在公司党委领导下，对当时干部队伍的年龄、文化知识水平、业务素质等情况进行详细摸底，制订了公司人才培养、招聘、吸收的规划。这个规划是根据公司领导提供的各项工程建设需要而制订的，最主要的内容是每年接收大中专毕业生和从员工中选派一些有培养前途的去进修学习等计划。1983年、1986年在公司总工程师和教育科的参与下，该规划得到过修改和调整。

根据中央关于干部队伍要革命化、年轻化、知识化、专业化“四化”的要求，1983年省局对公司领导班子进行了一次大调整，从年纪较轻的工程技术人员中提拔了几名到公司一级的领导岗位上，使领导班子的文化知识水平、专业技术水平提高，平均年龄下降。

为了贯彻党的干部“四化”要求，除了提拔一些文化知识水平较高，有一定专业能力，年龄较轻的同志到领导岗位外，公司还建立了领导干部的后备干部制度，制订了后备干部的培养目标和培养措施，每年进行定期和不定期的考核，实行滚动管理。

根据国务院《关于实行专业技术职务聘任制度的规定》的精神，公司成立了专业职务聘任工作领导小组，下设办公室。我是领导小组成员兼办公室负责人，具体负责各项专业职务的申报、评审、上报审批聘任等工作。从1980年到1999年，公司共申报、评审聘任各类专业职务人员176人次（因为在此期间有的人由初级升中级，再由中级升高级，有的直接申报中级，所以按人次计）。

按照公司人才规划，除每年按计划接收各类大中专毕业生外，还要随着科学技术的不断进步和工程建设的需要，每年安排人员接受再教育，同时选派一些人员参加各类培训和进修。为不断提高员工素质，公司成立了职工教育委员会，我退休前一直是这个委员会的成员，参与了公司各类人员的培训教育工作。公司还在20世纪60年代和70年代担负一些对外援助工程建设任务，主要有派人援建阿拉伯也门共和国萨拉柴油机发电机组安装工程和刚果（布）布昂扎水电站输变电工程，我在当时具体负责援外人员的选派、审查、材料上报，以及对援外人员家属的慰问联络等工作。

1976年底至1983年这段时间，我主要负责公司党的组织工作、人事工作，直接参与公司党委成员的考察材料整理上报工作；直接参与中共输变电公司临时委员会（1983年底至1986年8月7日）成员考察材料的搜集整理上报工作；参与了中共输变电公司第一、二、三次党员代表大会的筹备、会务、会议材料等工作，并当选为中共输变电公司第一届、第二届委员会委员。

我到工会工作后，努力学习工会工作的各方面业务、知识，依靠工会委员会和全体工会会员努力做好工会的各项工作。认真执行企业工会的“维护、建设、参与、教育”四项基本职能，发动会员和职工群众，积极参与公司工程建设和各项经营管理工作，主要在维护职工的合法权益和民主权利，改善职工生活条件等方面做了一些事情，曾被广东省总工会评为“广东省工业工会优秀工会工作者”，公司工会组织曾被评为“电力系统先进工会组织”。

现在我们国家电网技术越来越先进与安全，雪灾停电的情况都很少。美国的电网也没我们的先进，他们经常发生大面积停电事件，如纽约的大面积停电，导致地铁停运，交通拥堵，超过七万用户受到影响。现在，夜幕之下，万家灯火亮起，人们幸福生活，我们非常自豪。

从 17 岁参加工作，到 1999 年退休，回想这几十年，我从班组干起，到文书、办公室干事、秘书、股长、副科长、科长、组织部副部长、组织部部长、工会主席，送电、变电、火电、发电厂，我都做过，可以说把电力这条线上的点基本都走了，送电线路、变电站、发电厂都曾留下过我的身影。从 1958 年广东省电业局输变电工程公司成立那天起，我就在这个单位工作，亲眼见证了公司的发展与变迁，深深地体会到一个企业的发展是和国家的发展分不开的，而一个人的事业发展和进步也和企业的发展壮大是相一致的。1958 年后，我们国家经历了“大跃进”、经济困难时期、“文化大革命”、改革开放等不同发展阶段，而改革开放以来，国民经济大发展，国家实力增强，电力行业得到飞跃发展。经过全体员工的艰苦奋斗，公司由小变大，由弱变强。从前，以建设 35 千伏输变电工程为主，现在则是建设 500 千伏及以上等级输变电工程大电网为主。施工建设，从前是肩挑背扛，现在则是机械化施工。短短几十年就发生了沧海桑田般的变化，这就是进步。

我有幸参与到这巨大的变化中，从未离开过时代的洪流。从 1958 年公司成立到 1999 年我退休，我一直都在公司及其主管单位省电力基建公司工作，其中先后4次借调到省电力局，也就是现在的广东电网公司工作，时间加起来有3年多。主要工作是代表省局干部处开展对下属单位的领导班子调整、干部考核工作；代表干部处为《广东省电力工业志》中的人物篇提供资料；代表干部处参加省局有关中南电力设计院的机构分拆后，下放广东省人员的调配安置工作。在公司工作期间，公司先后选送我到河海大学、广东广播电视大学、广东省委党校、电力部电力干部管理学院等院校学习和进修，通过这些学习和进修，我的知识理论水平不断提高。我从一个经济贫困、知识贫乏的青年逐渐成长为一个电力行业基层单位管理者，这在旧社会是无法想象的，但在新中国，像我这样的事例数不胜数。

我退休后，因单位工作需要返聘了一年，2000年真正离开工作岗位。经过一段时间的休息适应，我按照老有所学的精神报名参加了老年大学的学习。老年大学里，学员年龄相近，兴趣爱好一样，一起听课之余，大家交流所见所闻，谈过去的经历以及现在的幸福生活，非常好。我工作时就得到启蒙的书画爱好，在退休后得到发扬光大。在老年大学，我学的主要科目是中国画。几年的学习，不但培养了自己对书画的兴趣，而且在创作上也小有进步。除定期参加本单位的书画交流展览活动，我的部分作品还参选到省老干部活动中心、越秀文化艺术中心、广州文化公园、中山图书馆等处展出。我们单位还有一个由退休人员自愿参加组成的“夕阳红”歌咏队，从成立的第一天起，我就是歌咏队的队长，负责这个队伍的活动安排和组织工作，到现在已经有近十年时间。我们一直坚持每周一个下午的歌唱活动，从未间断过，也从未请过专业老师，都是互教互学、能者为师。每周的歌唱活动，队员都是精神抖擞，气势昂扬，每当唱起“头顶蓝天白云，脚踏峻岭高山，巧手描绘宏图，装点万里河山，立杆塔，架电线，建设变电站”这些表达我们电网人心声的歌曲时，我们就豪情万丈，仿佛又回到当年热火朝天的建设中。

（宋情国口述/黄河方整理）

哪里需要就去哪里

李　江　男，1940年出生，广东湛江人，原湛江供电局（电力工业局）副局长、党委委员，高级工程师。1969年毕业于广东工学院。曾在湛江电厂供电所、湛江市供电公司、湛江地区供电公司变电工区、湛江地区电力工业局修试分场、湛江供电局（电力工业局）工作。2000年退休。

我生于1940年8月，童年并未留下多少美好回忆，甚至至今，我都认为那是一段应当选择性淡忘的时光。山内村是湛江市遂溪县一条实在不起眼的村庄，我就是在这里开始了我的人生旅途。1931年至1945年，国内处于抗日战争时期。在大时代影响下，我的家庭革命觉悟也算是高。父亲李仁廉有兄弟9名，其中有5位在抗日战争时期加入中国共产党参加了革命，在他们影响下，我父亲也加入了革命。

1940年，父亲加入了中共地下党并参加了遂溪抗日联防中队，自此踪影难寻。1945年，他随广东南路人民抗日解放军第一团（史称“老一团”）进入了十万大山，整整五年，杳无音信，生死未卜。因此，我十岁以前的记忆中没有任何关于父亲的印象。由于父亲早年加入了山内村抗日游击队，我们家在当时明显带有红色成分。母亲杨秀英是一个善良的农家妇女，她又常常好心地收留受伤的游击队员，因此，无论是抗日战争时期还是后来的解放战争时期，我们家都是被重点盯防的对象。所以，那段时期，整个社会给我的感觉就是兵荒马乱、动荡不安。解放战争时期，山内村作为革命老村，国民党军队经常前来“清乡围剿”。母亲多次带着我离乡避难，经常要在荒郊野岭过夜。1946年，有一次，国民党军队突然袭击，我当时恰好在伯伯家中逃过一劫，而母亲则被敌人死死地堵在村中，进退两难，眼看就要惨遭毒手。幸亏母亲平时为人不错，得到了村内群众相助，被放下枯井得以逃生。其后，恼羞成怒的国民党军队终于在一次扫荡中一把火将我家烧毁。从此，我童年的大多数时间都在外婆家度过，或投靠叔伯。

尽管社会气氛如此凝重，没有父亲的关怀，也难以享受到家庭的欢乐，但少年不知愁滋味，我并没有感受到太多的压力和恐惧，经常一个人跑到野外捉鱼、捕鸟，以另一种方式享受着独特的际遇。直至现在，我仍深深地觉得，这段经历让我学会独立，学会选择，但同时也有弊端，家庭观念也会较一般人淡薄。

1949年，新中国成立，生活趋于稳定。不久，我也迎来了人生的第一个转折。1950年，在龙眼累枝的季节，一封来自湛江的信打破了我在农村的平静生活。那是父亲的来信，阔别十年的彼端问候让我觉得如此突然。我的堂叔李豪，骑自行车用了整整一天，将我从遂溪山内村送到了暂住在赤坎区中山路的父亲面前。初见父亲，更多的是陌生而不是惊喜，又另有一种道不出的滋味。那次见面后，父亲在次年 1 月把我从农村接到了湛江市区。

当时，父亲已任湛江市公安局西营分局（湛江霞山区旧称为“西营”）局长，由于工作繁忙，他虽在我身边，但少有时间能够细心照顾我，而母亲此时仍在农村从事农业生产。1953 年，母亲从农村来到城市，和父亲共同生活。父亲享受着国家的“中灶”（一般干部为“大灶”，团级干部为“中灶”，司级干部为“小灶”，享受相应的日常待遇）供养，因此，我早早和公安干警们一起过上了集体生活，我的衣食住行及教育均是国家免费供给，十几个人同住在一个房间里面，吃饭也在饭堂，我甚至还会和他们一起在街上巡逻。因此，霞山市区的大街小巷我是异常熟悉的。

我经常进出父亲的宿舍。宿舍里除了一盏电灯和一台收音机外空空如也，而这两样东西让我产生了莫大的兴趣。从小到大家里都是用煤油灯，因此无须添加燃料的电灯着实让我兴奋了一把。父亲不在，我便会不停开关电灯，看它的亮灭过程。甚至，我会拆下灯泡细细研究其结构。当时年幼的我对于电的危险性没有丝毫概念。有一次，我踩着凳子去研究灯座，竟用手指去触碰裸露金属！电击直接让我从凳子上摔了下来，但这并不削减我对电灯的好奇心。收音机对我来说更是神奇，里面竟然能够传出人的声音，我常常长时间对着它发呆，当时我始终不明白它的原理。这段经历，开始让我对先进知识充满向往。让我更意料不到的是，正是当时这份对于收音机和电灯等新鲜事物的求知欲，深远地影响了我的人生。

求学是一个不可避免的话题。十岁前，我在农村基本没有受过教育。跟随父亲一起生活后，1951 年，我进入湛江市第五小学读书。我一边照顾自己的生活一边学习，学习成绩良好。1954 年，我升学就读湛江市第二中学。恰逢 1958 年国家提倡教育与劳动相结合，提出钢铁“1070”目标（年产钢 1070 万吨）。由于在公安局多年的集体生活和锻炼，我身强力壮，劳动能力很强，

1958 年，李江（前排右二）参加广东省少年篮球锦标赛时与队友的合影

在炼钢运动中表现突出，大炼钢铁运动结束后，我获得了由湛江市颁发的“钢铁二等功臣”称号，这个事情还被刊登在报纸上，学校也为我授了奖，这是我人生中第一次受到如此大规格的表彰，心里满满的都是成就感。

父亲回到湛江后，1955 年、1957 年，我的弟弟妹妹相继出世。由于父亲失踪了多年，所以我和弟弟妹妹的年龄差距比较大，分别相差了 15 岁和 17 岁。

1960 年 7 月，在我高二的时候，军队院校在湛江市中学生中招收学员，青岛海军通讯学校计划在湛江市第二中学招收 7 名学员。“通讯”二字，让我想起了小时候的收音机，因此这一招生消息同样也引起了我强烈的兴趣。市二中恰好也推荐我去参加选拔，很幸运地，我被青岛海军通讯学校挑上，我甚至没有来得及与父亲商量，便毅然选择了前去就读。

由于一直以来的出色表现，1960 年 8 月，我得以远赴青岛海军通讯学校，学习无线电及相关专业知识。然而，“天将降大任于斯人也，必先苦其心志”，我的身体一向很好，特别是在入校前的体检，都能够顺利通过等同于舰艇兵的严苛体检标准，然而入学还不到三个月，一天，我突发高烧，在学校医务室治疗了几天也未见好转，后转送益都海军 402 医院。检查后发现我得了胸膜炎，随后住院两个多月。1961 年 1 月，部队指导员找到我，并告知由于身体原因，学校认为我今后不适宜留在部队生活，决定将我退回原籍。对我而言，这是一个晴天霹雳！参军是我从小梦寐以求的，这个曾经的梦想离我那么近，近到触手可及，但突然间却变成镜花水月。我甚至向部队领导请求继续留在军校学习，但未果，只能接受重返湛江的结果。回到家乡，再续学业还是参加工作？这两个选择让我左右为难。因为在 20 世纪 60 年代，读书并非十分重要，而且错过了整个高三第一学期学习的我，参加高考不仅压力大而且结果难以预料。权衡再三，我还是决定继续跟班读书。喜欢知识、追求学习的渴望早已在我内心根深蒂固，并且不可替代。1961 年 3 月，我回到了湛江二中，在任课老师的热心辅导和同学们的帮助下，通过刻苦拼命的学习，学习基础不错的我还是将成绩追赶了上来。

由于从小因为电灯而对电产生了浓厚兴趣，再加上在海军学校的学习中也积累了一点电力专业的基础，在确定报考专业的时候，我选择了广东工学院的发电厂电力网及电力系统专业。这个选择也许是偶然中的必然。

1961 年 9 月，我成功踏入广东工学院的大门。1962 年 6 月 16 日，广州军役局决定来大学招收一批有知识有活力的年轻人。服从组织安排是一件很光荣的事情，于是我又报名参军，结果第二次被招入了部队。随后我在军队服

1960 年 1 月 1 日，李江（三排右一）所在的湛江第二中学第十九团支部成员合影

役三年，晋升到了中士，担任班长，并在1963年7月20日加入了中国共产党，但最后我还是因为身体原因，在1965年再次复员。

1965年4月，我又一次返回湛江，复退安置办安排我到了湛江市城市建设局参加工作。不久，我放弃了工作，在1965年8月申请作为调干生回到广东工学院继续读书，并得到了组织的批准。在当时，劳动才是最光荣的，但我就是向往知识，乃至有一种不到黄河心不死的觉悟，一而再再而三选择了学业，所幸苦心人天不负，我还是能够如愿以偿。可惜的是，受条件限制，我没有机会深入学习微机及英语等相关知识，这成为了我较大的遗憾。

由于我大学期间担任班团支部书记，是班里唯一的一名党员，所以在毕业后分配的时候，学校还是给了我较大的选择空间，征求我的意见，让我选择留校或者分配工作。当时父亲岁数也较大了，而且弟弟妹妹也还小，我就没想太多，直接选择回湛江。

1969年，组织把我分配到了湛江电厂，当一名供电所外线工。尽管在当时大学生属于稀缺人才，我在最初参加工作的时候，却也没把自己的学历当回事。多年来自己一直都是集体生活，因此，我很快融入了工人群体。当时社会还处于“文化大革命”时期，红卫兵、造反派遍地都是，我却对此不感兴趣。我从小住在市委机关大院内，见识了身边许多革命前辈，包括我的父亲。他们可以说是对我的世界观、价值观和人生观影响最大的一群人。在革命战争年代，他们无论是正面迎战还是开展地下工作，都能在艰苦的环境中出生入死，不怕流血牺牲，始终信念坚定；在和平年代，他们又能积极忘我地投入工作，不曾想过以权谋私，始终以党和国家的利益为重，廉洁自律，艰苦朴素。这群人的思想作风、行为举止，对我的思想、性格烙下了鲜明的印记，然而又正是这群人，身居要职却往往会被打倒或被拉去游行。因此，“文革”给我造成了猛烈的思想冲击，我当时内心深处并不十分赞同“文革”的做法。所以，我没有参与学生、工人如火如荼的“造反”运动；相反，我选择低调埋头学习积累实际工作经验。从上大学到参加工作，我的专业理论功底还算扎实，不过面对实际的工器具操作，我更多地依靠老师傅手口相传的经验及技巧。我当外线工的时间并不长，不到3年。这短短的时间，恰恰让我度过了从纯理论到理论与实际相结合的转变时期，专业与工作对口，不仅让我没有遗忘理论，反而为理论充实了实际根据。而在与老员工、老师傅们相处的日子里，我可以了解他们的想法，为以后的工作打下了不错的基础。

1972年，湛江市供电公司成立，我调任公司安全员。当时整个电力系统的安全形势十分严峻，受“文革”影响，公司大部分规章制度被废除，安全工作无规可遵、无章可循，生产工作各行其道，甚至出现拼设备超铭牌出力运行的现象，严重威胁了安全生产。面对如此恶劣的安全形势，如果说要靠个人力量力挽狂澜，那是不现实的。但我有一个优劣兼具的性格特点：只要是自己认为正确的事情，我就会去做，别人怎么说我不管，别人怎么看我也不在意。特殊形势下，我坚守我的原则和理念，对自己监督下的施工项目和运行中的设备，我会根据我的理论基础与经验判断安全与否，并决定是否加以制止。电力生产，安全就是底线，这是我在安全员位置上的见识告诉我的准则。不过遗憾的是，湛江地区还是发生了一些电力事故，有些事故还是很触目惊心。有一次停电检修，当值人员带电接地线，结果整个人严重烧伤，现场220千伏变压器剧烈抖动起来，异常危险。从今天的安全思维角度来看过去，这种事件或多或少会有些不可思议。这样的事故给我留下了非常深刻的印象，也时刻为我敲响安全管理的警钟。

1972年我与妻子冯文军结婚，很快，1973年1月，大儿子就出生了。不久后的1974年10月，二儿子也出生了。现在大儿子在湛江供电局工作，二儿子在深圳供电局工作。

由于自己的努力被领导和同事认可，1977年，我升任湛江地区供电公司变电工区负责人（后改称主任），兼党支部书记，负责变电站日常运行管理、变电设备维护、技术管理、行政事务及党务管理等工作。这次岗位的变动对于我来说也是一次重大的挑战和考验，在走上领导岗位之前，我一直都是在别人的指挥下工作，我甚至没有当过班组长，可以说是一点管理经验都没有。况且我只当过外线工和安全员，对变电站电气设备了解并不多，没有电气运行管理的经验，对变电领域的认知，还停留在大学时期学过的有关变电站的各种电气设备性能和维护检修的基本理论，离实际工作还有一定差距。此外，我初到变电工区的时候，只有一名业务能力水平有限的助手协助我工作，并未配备其他技术人员和专职工作人员，因此绝大多数的技术业务和管理工作只能由我亲力亲为。

工作是辛苦的，需要我全身心地投入与付出。但我一直都认为在变电工区的日子是我整个职业生涯最充实、成长最快的时期。我的组织能力、技术能力及管理水平，都在这个时期得到锻炼与升华。我在学生时期一直担任学生干部，但讲话水平还并没有得到全面地提高，在刚刚当领导的时候，我开会都要事先拟好讲话稿，现在回想起来倒也是尴尬。作为负责人，我经常能够参加广东电力局关于技术方面的会议，许多的制度和管理规范都是从那时候开始积累，并且我将理论与实际结合，常常深入生产一线，了解和掌握电气设备技术性能及运行状况，并对设备进行登记造册，走上系统管理的模式。工作之余，我千方百计挤出时间阅读有关的技术资料，并不耻下问，向工人师傅请教实践的细节和经验。慢慢地，从工作中学习，由学习指导工作。所有的这一切都开始慢慢熟悉并走上轨道。

1981 年 7 月，变电工区设立修试分场，我被安排至修试分场当副主任。在变电工区管理岗位四年间的工作和学习中，我积累了宝贵的经验，这使我在新岗位上游刃有余。比如，我曾通过学习了解到有一种设备叫作气相色谱分析仪，通过它我们对变压器的油进行分析断定是否有放电现象。我积极主张推广这项技术，并且在检修中多次运用到了分析仪，并避免了变电变压器故障和大事故的发生。有一次在 110 千伏海康变电站主变压器故障现场，对主变压器进行色谱分析时发现变压器油中乙炔含量很高，用电桥测试发现主变压器三相线圈之间电阻值相差很大，经后续分析，我认为主变压器线圈可能有某一相匝间断，决定吊芯检查，结果发现该主变压器 B 相线圈有短路击穿放电现象。于是我们紧急消缺，从早上八点开始工作直到次日凌晨两点多才完成检修工作，消除了故障并恢复了供电，避免了一次重大事故的发生。

我们完成检修回到家的时候已经是凌晨三点，备好的饭菜都馊了，尽管又饿又累，但内心更多的还是成就感和自豪感。实践是检验真理的唯一标准，不知不觉中，知识与经验的日积月累，已然成为了我圆满完成变电工区及修试分场工作的重要支撑。

在变电工区及修试分场的工作，留给我深刻印象的还有艰苦的工作条件，单位当时只有四辆车，而且通信落后，没有固定电话，更谈不上手机。遇到事故抢修时，必须一户一户上门找人去参与抢修，所幸当时大家基本都住在局单位宿舍，还算集中。车辆的问题就不容易解决了，当时的徐闻变电站属于我们管辖，每次检修人员都只能坐货车去一百多公里之外的徐闻，货车后面放两条排凳，人就坐那儿，当然现在是不允许人货混载，但那时候没条件也只能做到这样。有次我们大年三十晚去徐闻送慰问品，距离霞山还有二十公里时车没油了，当时的汽油是计划供应的，沿途没有加油站，正好那时有人买了高浓度酒精放在车上，我灵机一动，想起高浓度酒精可以短暂替代汽油，于是便果断往油箱内加少量酒精，才把汽车开回单位，不然几个人困在荒郊野岭会非常麻烦。

即使条件有所限制，我也没放松对安全的要求，因此我在变电工区和修试分场的时候，变电部分并没有发生严重事故。我和工人之间的关系十分融洽，许多工人虽然理论水平不高，但是他们技能熟练、经验丰富，为检修、施工等提供了大量的建议，也让我受益匪浅。大家没有什么思想包袱，有工作就一起干，不计较谁干得多谁干得少，也不计较什么报酬。当时的检修原则是先生产后生活，考虑到生产影响，一般的检修时间都安排在周末或者节假日，我在变电工区和修试分场的时候很少能在家里过周末，工人们也一样，也没听到什么抱怨。

在1977年至1984年间，我和员工们还是共同做出了不少业绩。例如参与修建了不少输变电线路和变电站，包括110千伏廉江变电站、110千伏徐闻变电站等共11个变电站。上级领导也充分肯定了我的成绩，在1984年，广东省电力局授予我“广东省电力系统先进工作者标兵”称号。

1984 年，中央提出要重用知识分子，各级领导班子要逐步实现革命化、年轻化、知识化、专业化。作为大学生，我被提拔到了湛江供电局副局长的位置，主管营销业务及教育培训。在副局长的岗位上，依靠广东省电力局及上级领导的支持，我得以铺开几项有意义的工作，其中包括了微机营销系统开发、无电村通电、提高计量水平和职工培训教育水平等。

营业微机网络开发是我一直都在坚持的一项工作。1984 年 9 月，一次偶然的机会，我在长沙的一次学习中认识到微机的应用前景。当时微机还未能普及，仅仅在电信、银行等关键单位应用。我见到微机心里就马上冒出一个念头，想把微机在供电局的营业业务中推广应用。因为微机具有错误率低、效率高的特点，能有效解决人工操作速度较慢和误差率较高等问题。这个想法得到了广东省电力局及领导的肯定和支持，但把想法变成现实还存在两个障碍，第一是营业管理信息系统仍处空白状态；第二是人员素质或无法适应微机应用。为此我做了大量工作，一方面沟通促进系统开发进度；另一方面加大技能培训力度，提升人员微机操作水平。1987 年，霞山、赤坎供电所开始运用微机进行用电量电费计算，准确率大大提高。1992 年，在我主持下，湛江供电局的相关人员与电力部电科院组成用电管理信息系统开发小组，开发了用电报装、电费计算、用电监察、表计管理、负荷管理、计划用电和综合分析等 7 个管理子系统，并在湛江霞山供电局投入使用。该项成果全面覆盖了营业工作并推进其信息化进程。一年后该成果通过广东省电力局验收，并于 1994 年 8 月获全国电力企业管理现代化优秀成果三等奖。随后赤坎分局进一步开发完善该系统，并在郊区、坡头分局进行推广应用。整个微机网络的建立、应用和完善，使我局用电营业管理的水平上了一个新阶段，管理更为科学化、规范化。为今后进一步开发应用微机打下良好基础。许多人都认为我是一个比较保守的领导者，其实我认为自己并不畏惧新知识、新技术的应用，一直以来对先进技术的态度都是赞同的，并会通过实际行动加以大力推广，微机方面就是一个例证。

在我任期内的另外一件重要事项就是解决无电村的用电问题。在铺开该项工作之前，我曾经到偏远的廉江、徐闻等地实地考察。1994 年底，全市尚有 61 个管理区（管理区相当于现在的村委会）、827 座自然村未通电，其中就包括不少革命村庄。幼时家庭的红色氛围让我感触很深，所以我对这些村庄是存在一种愧疚感的，因此我几乎不遗余力地组织和推动农村电网建设。827 座自然村庄，几乎每一座村庄都留下了我的足迹。我信奉一个理念：做就尽力做到最好。在走访现场的同时，我承接广东省电力局对加快无电村的电网建设要求，多次召开专题会议，同各县供电局及部门的同志一起逐个管理区、逐条自然村落实通电计划。1992 年至 1995 年全市投入资金 1824 万元，使全市 270 个管理区 100% 通上电，完成 302 座自然村“村村通”的通电任务，让 17 万农村居民告别了煤油灯时代。至 1996 年底，基本实现村落的全部通电。与此同时，我也尽力抓好农村电网改造工程，将残旧、不合技术要求及线损大的线路设备进行改造。改造对改善末端电压，降低线损率起到了积极作用。改造后线损率降低 2%，用户体验得到明显改善。到了 1997 年 10 月，所有未通电村庄的通电任务完成，比省委、省政府的要求提前了一个月。

我一直都有一个理念，那就是别人能用的先进技术，我们就可以利用

1989 年，李江（左二）出席霞山变电站投产仪式时与同事的合照

推广。20 世纪 80 年代，我局的计量校验水平不高，在应对准确计量工作时略显不足。我认为这项工作是完全可以改进，便从硬件方面着手，购置符合要求的单、三相校验台 13 台，更换淘汰旧型号校验台 9 台，先后建成符合要求的计量室 4 个，同时还建立了一个电能计量标准实验室，并争取领导支持，先后建立、健全 9 项计量管理制度，从制度上规定和完善计量工作。此外，我利用培训管理的方便，对计量人员进行全方位培训考核，确保持证上岗率 100%，计量人员的水平渐渐提高了。我张罗建立局职工培训中心，并于 1997 年完成 220 千伏变电仿真机的设计、安装、调试工程。1998 年该仿真机全面投入使用，此后举办了 14 期仿真技术培训班，培训变电运行人员 174 人，大大提高了变电运行人员水平，为员工技能提升打下良好基础。此外，我还参与了抓电费回收、提升窗口服务质量、发展多经产业经营等工作。

在我担任局领导的时期内，我可以说事事都全力以赴，以求做到最好。或许局限于有限的能力与精力，有不少工作还有欠缺。但金无足赤，人无完人，凡事但求无愧于心。

退休后，纵观我整个人生历程，我觉得父亲在我身上留下了很深刻的印记。他是一位思想先进的革命分子，他敢于创新创造，开拓新领域，我本能地觉得我对新事物、新技术的渴望是遗传自他的。父亲的清廉、认真给我留下了很深印象。作为曾经的湛江供电局副局长，我坦言诱惑是很多的，但我从未想过以权谋私。我在 12 平方米的房子内住了十多年，也没想过利用职权来改善一下，甚至不少人觉得我傻。由于父亲的职位关系，我一生接受了国家的免费食宿、免费教育，可以说是共产党抚养我长大的，我心怀感恩，因此我对集体的观念特别重视，乃至于会忽略了家人。1996 年“莎莉”台风来袭期间，我正患病住院，听说台风强度后，我连出院手续都没办直接就到局里组织人员抗风救灾。工作时期，我总是觉得集体是最重要的，这和父亲宁可抛下我也要完成工作的观念是相似的。

可惜的是，这个要强的性格也造成了我一生最大的遗憾。我从未能有机会好好地孝顺过父母。我一辈子，哪怕当了副局长以后，也没请过父母进到宾馆吃一顿饭，更未为他们全心全意庆生一次，平时对他们的身体状况关心和呵护得都很不够。特别是父亲，在战争时期受过伤，后来又有严重高血压，在他病情初萌的时候我工作繁忙无法陪伴左右，也没有好好将他送到医院诊治，直到他病情加重后才急忙安排住院，可惜为时晚矣。甚至在父亲弥留之际，我却还在单位加班，没有陪伴他走过最后一段历程。我总是很忙，或许那时我对自己都是残忍的，认为既然选择了远方，就注定风雨兼程，就注定一路向前，哪怕记忆牵绊成殇。事业与亲情的选择，我交出了答案，不配满分，却也不曾不堪。

我亲眼见证着湛江电网的发展，从小到大，从大到强。电力是关系到国计民生的事情，电力工人必须要有为人民服务的思想，哪里需要我们就去哪里。现在我们党有很高的目标和理想，我们也不能辜负党的信任，要把党交给我们的工作做好。我希望年轻一代的年轻人，既然选择了供电局，就要为这个单位贡献自己的力量。

一代世事一代人，时代带给我们特别的生活，而特别的生活造就了特别

2015 年，李江（二排右四）参加退休职工聚会

的你我。人生如过隙白驹，或如流水潺潺，或如刹那昙花，又如飞流直下，仅以此共勉。

（李江口述/宋博科整理）

不畏惊雷暴风疾，高架线路贯蓝天

黄本强　男，1941年出生，广东广州人，原广东省电力线路器材厂副厂长，高级工程师。1958年进入广东省电力工程公司。1991年至1992年，被外派至日本参与工作。1993年起，任广东省电力线路器材厂副厂长。2001年退休。

我是农民的儿子，是土生土长的广州人，我的童年饱受战乱之苦。1941年11月出生时，广州已经沦陷三年了。父母亲都是农民，以种蔬菜维持生计，家中有一姐两兄。听父辈讲，当时日军驻防在现在的广雅中学中，养有战马，经常外出巡逻。广雅中学离我家耕地只有200多米。每天都提心吊胆地生活，这就是我们一家的感受。

1945年8月，抗日战争胜利了，普天同庆，我家境况也有所改善。大哥由姨母领养，移居香港。1948年，姐姐出嫁，我和比我大两岁的哥哥一起在同一个学校同一个班上读小学。初中又一起考上了广州第十二中学，继续同班，高中时再一起考上了广州第四中学，可说是机缘巧合。

进入电力单位，或者说这个行业，是因为当时政府征用了我们家的土地。那是1958年，是“大跃进”，一片红的年代，到处都是一片热火朝天的景象，到处都在招聘人。当时，我在读高二。我们家是西郊大队的，作为一种照顾政策，被征地家庭的成员可以安排工作岗位，我们家地被征的第二天我就被叫去广东省电力工程公司报到。我读书成绩蛮好的，初中三年都是拿国家助学金读的书，高中也是。但家里穷啊，有工作机会，而且是这么好的机会，家里人都说去工作吧，我就去了。

当时省电力工程公司在现在东风西路和平南一带。我是由于家里征地进去的，本来不用当学徒，可以直接去行政科，但我不想去行政科，我想学门技术，因为我的理想是当工程师，就算没能读完高中、考大学，但心里头还是存着这么一个想法，所以当有能学机械技术的机会时，就不想放过，所以我选择去当学徒，跟随师傅学习机械方面的技能。不过，当时学徒的工资和在行政科的工资相差很大，学徒一个月的工资是18元，行政科则有42元。到现在我还记得当时接待我的是林旺厂长，他同意了我当学徒的请求。

进去后，我当车工，一干干到1974年，就是16年。我很听话，师傅叫干什么就干什么。第二年，就是1959年，我就拿了“五好徒工”奖，这个奖当时是广东省电力公司第一工程处发的。1960年，我被评为“先进生产者”，而且提前转正了，一般三年才转正，我不到两年时间。1964年，广东省水利电力厅给我颁发了“五好职工”奖状，奖励我突出的工作能力与优异的表现。16 年时间，我风雨无阻、全身心地投入到工作中，技术上钻研，思想上学习，这一个个奖是肯定，也是证明。

在这里，我想讲一下广东省电力线路器材厂的一些情况，因为时间过得比较久，很多人记不大清楚了，我刚好有这些材料。

1958 年，国家电力工业开始快速发展，广东电业局为了适应广东电力建设的需要，9 月从省输变电工程公司抽调了一批人，筹备电力线路器材厂的建立工作。厂址选在广州北郊江村流溪河畔。当时，那里一片荒芜，一个一个沙丘似的坟墓稀稀落落，四周杂草丛生，野生的一片芦苇不停地在风中摇曳，显得格外荒凉……就是在这样艰苦的环境中，几十个拓荒者组建了线材加工厂。当时，全厂只有 60 多人，其中大部分是 1958 年刚进厂的学徒，师傅仅有 5 人，技术力量薄弱，生产设备及生活设施非常简陋，人们住竹棚，厂房也是竹棚，而且大家是一边建厂，一边生产，两者同时进行。

1959 年 12 月，厂里的几位师傅在没有设备、没有图纸的条件下，在西村修配厂的工地用手锤打出了第一副水泥杆钢模，广东水泥杆从此问世。1960 年元月开始试制农电用杆，全厂干部职工发挥自力更生、艰苦奋斗的精神，土法上马，自己搭盖工棚，设计和制造钢模及其他设备，终于试制成功，且 1961 年就开始批量生产，1961 年电杆年产量达 5432 根。

线材加工厂的名称有几次变化。1960 年，输变电工程公司与电力工程公司合并为电力基建公司，线材加工厂与电力工程公司的部分修配人员组成电力基建公司修造厂，1962 年改名为水泥杆制造厂，1965 年 10 月，广东电业管理局将水泥杆制造厂划归局直管。1969 年夏，广东省电力工业公司将中心修配厂的线路金具制造业务划归水泥杆制造厂，并将水泥杆制造厂改名为线路器材厂。1971 年该厂改称广东省水利电力局线路器材厂。1974 年至 1976 年，该厂归属广州供电公司领导和管理。1978 年又随主管机构易名，改称广东省电力工业局线路器材厂，为内部独立核算单位。1992 年改称为广东省电力线路器材厂。

再回到我自己经历上。

1964年，我工作各方面都很顺利，一个偶然的机会，我在报纸上看到华南工学院机械制造专业征报函授的消息，我就去报名，参加考试。工作几年间，我从来没有放弃过对高中知识的学习，一考就考上了。当时，我非常高兴，那时函授的机会非常少，很是珍贵。而且，我也遇到了好领导，支持我去学习。

1965至1966年，“四清”和“文革”来了。当时，华南工学院函授的授课点设在广东实验学校，一周2天课。“文革”一来，我被批“只专不红”，班上很多同学遭遇和我一样，学习条件很艰苦，不少人因此放弃了学习，但我坚持上课。我很感激我的领导，因为每个学期都要单位盖章才能报到，我的领导每个学期都给我盖章。

1974年，我们厂长是林旺，他提出把我调到生产技术科。从车间到生技科，当然提升了，老领导的知遇之恩我至今感念。我在生技科，专责援刚果（布）布昂扎输变电工程等援外工程的设备、配件、钢模及半成品的加工安排、进度，对其验收后发运刚果（布），并在国内进行试验杆的力学试验。

我们厂的产品主要有三大类：预应力电杆、铁塔和金具。

前面说了，广东第一副钢模是建厂之时，职工用手锤打出来的。预应力电杆是电用杆之后普遍采用的模式，是1965年夏开始研制的。1965年9月试制成功第一批预应力砼电杆，1966年，我们厂开始由生产普通水泥杆过渡到生产预应力杆。

预应力水泥杆比普通水泥杆节约了钢材，降低了成本，而且抗裂、抗渗、抗腐蚀性能好，能适应广东雨水多，气候潮湿的特点。1965年9月底电力工业部刘澜波部长到厂里来视察，高度赞扬第一批预应力水泥杆的试制成功。1965年11月，刘部长在中南协作水泥杆生产经验交流会议上再次肯定，说：“预应力水泥杆是水泥杆生产行业的发展方向”，这样算是奠定了我们厂大力发展预应力水泥杆的坚实基础。1974年水利电力部在我们厂召开预应力水泥杆现场交流会，电力工业部刘冰副部长参加交流会，对我们厂发展预应力水泥杆的事迹予以表扬，认为我们厂多年来一直坚定不移地大力发展预应力杆生产，干劲足，步子大，产值高，坚持了自力更生、艰苦奋斗、勤俭办企业的方针。

预应力水泥杆获得1978年全国科学大会奖，1980年被评为电力工业部和广东省优质产品，预应力水泥杆除用于高低压输电线路外，还用于通信、广播、变电站构架等方面，并远销中国澳门、菲律宾等国家和地区，在援助刚果（布）、越南、朝鲜、阿尔巴尼亚等国的工程中使用。

20世纪70年代是我们厂开发铁塔新产品的大好时机，广东电力市场需求量比较大，但真正像样的厂家甚少，在省局的要求和支持下，我们厂从1973年初开始生产铁塔。当时，省水电局下达的220千伏江门—茂名输电线路铁塔加工的指令性计划，是线材厂铁塔制造史的奠基。

那时候，我们讲“大庆精神”，有条件要上，没有条件要创造条件上。没有厂房，就用竹棚代替；没有设备，就用大锤打，用人扛。铁塔车间的前身，就是冷作班。那是充满激情的时代，热了，擦把汗，累了，喝一口水，然后接着干，大家心里的目标就是完成制造铁塔这个艰巨的任务。放样一开始，我们整天趴在水泥地面上划线量尺寸，再按照尺寸剪制出样板。放样完毕，量度好尺寸，将连接板摆放在相应的各个位置，再经过驻场设计方代表确认，确认无误后再由跟班技术员绘画部件图。

图纸确定好以后是下料，除了$\angle 60\times 60$以下的部件是由三用剪切机下料外，其余尺寸的部件都是由工人们使用火焰一点点切割出来的。每一基220千伏的铁塔都有上万个孔要制，你们可以想象，这是个怎样烦琐且费时费力的活儿。当时制作铁塔是项体力劳动，比如塔材的弯曲、调直，这些工序没有相应的设备可用，也都是工人们使用大锤一点点锤打校正出来的。难的还在后面，就是铁塔的试装，工人们只能用肩膀扛着塔材一条条搭上去再组装好，这是现在的人无法想象的。尽管效率要比使用设备生产低了很多很多，但我们靠着加班加点地赶工，凭借着艰苦奋斗的精神和毅力坚持了下来。

铁塔制作的工序众多，其中，给铁塔防锈的镀锌环节对技术的要求相当高。国内的镀锌技术起步较晚，20 世纪 60 年代线路器材厂还没有镀锌工序，防锈的方法是先采用钢丝刷将塔材部件清锈后，涂上一两层红铜，然后再涂灰油，等到油干以后，用毛笔、红漆写上各个部件的编号，最后装车由施工单位运出厂。一直到 1969 年后，厂里才有了塔材刻印和热镀锌的工艺。

我们在 220 千伏茂名—江门输电线路的铁塔加工制造过程中，由于镀锌技术不成熟，生产初期加工的镀锌件边沿有锌尖刺，达不到对铁塔表面光洁度的要求。镀锌工艺跟温度的控制以及技术水平有很大关系，后来我们经过不断总结经验，又更换了新的设备，使得镀锌的质量得到了提高，塔材表面的光洁度才达到了既定要求。

不到 100 人的铁塔制造队伍，夜以继日地钻研和生产，最终完成了全部共 929 吨铁塔的加工，220 千伏茂名—江门输电线路的铁塔按期交货，于 1973 年当年投产。1974 年 12 月，220 千伏茂名—江门输电线路建成投产，这条线路的建成使珠韶电网与湛茂电网联成广东电网，茂名热电厂部分电力向粤中地区输送，对整个广东电网的发展有极大帮助。

看到线路器材厂第一次制造的铁塔一基基竖起，我们非常自豪。这些坚实的铁塔经受了历史时间和自然空间的实践验证。1996 年 9 月 9 日，第 15 号台风“莎莉”正面袭击湛江，台风来得凶猛，强度大，风速快，时间长，破坏力强，最大风速达每秒 50 米，12 级以上大风持续了 4 个小时之久。台风造成了 372 万人受灾，直接经济损失达 103 亿元。而我们制造的铁塔就身处粤西地区，它们经受住了严峻的考验，巍然屹立。

茂名热电厂至江门北街变电站 220 千伏输电线的铁塔生产任务完成后，我们厂积累了丰富的铁塔制造经验。1978 年，我们又承担了 220 千伏黄埔—芳村输电线路工程的大跨越钢管塔制造任务。这其中高 190 米的铁塔是全国最高的带拉线桅杆式输电铁塔，塔顶偏移量设计允差千分之三。完成制造组装后，实际塔顶偏移量仅为万分之四，充分满足了设计允差千分之三的精度要求。这项工程 1979 年竣工，运行情况良好。1980 年获电力部和广东省科技成果奖、优质工程奖，1982 年获国家优质工程银质奖。

1980 年，电力部通讯局委托广东线路器材厂加工北京—武汉线路微波通讯塔。这批铁塔跨越河北、河南、湖北三省十九个市的微波站，对华北和中原大地的电网通讯调度覆盖面大，这也体现了电力部通讯局对广东线材厂的支持和信任。微波塔精度要求高，孔距允差 1 毫米，孔径允差 0.8 毫米，全塔倾斜度允许万分之六，比输电铁塔质量等级高。在加工过程中，采取改进模具，重要孔位钻孔等严格质量保证措施。交付安装后，受到安装单位和电力部通讯局的好评。

与此同时，广东境内各市县的微波塔也首选线材厂加工。其中以穗深港微波塔为典型，这个塔由广东省邮电局委托，是通向深圳特区和香港的微波通讯塔，要求按期交货，保证质量，安全运行。交付安装后，倾斜度仅为万分之一点七，受到广东省邮电局的好评。现在，该塔作为微波发射塔，高高矗立在广州环市中路北侧的花果山西德胜岗山顶上，为企业和广东省展示了优质产品，为祖国南大门展示了一片秀丽的窗口美景。

20 世纪 80 年代中期，随着改革开放的深化，在省电力局的支持和具体指导下，厂党委几番深思决策，决定引进国外技术改造企业，提高铁塔生产能力和质量水平，开拓铁塔产品的国外市场。1986 年开始，我在办公室工作，不过因为学的是机械领域，所以兼管引进设备技术、出口铁塔项目。

1987 年 7 月，我厂会同广东粤海进出口公司与日本住友电气工业株式会签订了《铁塔来料加工协议书》，与意大利 FICEP 公司签订了《设备合同》，这是厂党委在省局支持下，抓住改革开放的有利时机，利用外资，引进国外先进技术，改造企业，发展生产的重要决策。这是一个大项目，我是项目负责人，光谈判就谈了一年时间。一个星期要和外商谈判一到两次，大部分在东方宾馆，有时在省局的对外处。我们向日方贷款，日方认为应该购买日本的设备，但我们不同意，因为我们事先参观过鞍山铁塔厂，掌握了一些情况，鞍山铁塔厂引进的是意大利的设备。我们列出理由，说跟意大利同类机型比，日本的设备体形大，重量重，价格还高，余料太长，人家的 70 毫米，日本要 200 多毫米。最终，日方同意购买意大利的设备。

设备从意大利运来了，又面临新的问题：从到岸到偿还贷款为止，保险怎么买？保险是总价的百分之一多一点。日方要我们买，可我们一琢磨，觉得不大对啊，当时贷款我们还没还完，设备还不算是我们的，是日方的，怎么能让我们买呢？应该日方买才对。这又争论了很长时间，最后我们给出各付一半的方案。日方不同意，说合同里没有这条。我想了想，说："合同里有'双方在平等、友好、互利的情况签订本协议，未尽事宜，协商解决'这一条款。"最终，为求保险，我们和日方各付50%。

引进设备后，意大利专家三次来厂，进行设备安装、检查维修和售后服务工作。日本专家多次来厂，进行设计、技术指导和生产过程检查，提供有关技术资料，准备出口产品需接受用户认可的资格审查程序资料。协助线材厂顺利通过了香港中华电力公司和马来西亚沙捞越电力公司的出口铁塔生产资格审查。1990 年订购出口铁塔 1909 吨，1994 年出口铁塔 2206 吨，铁塔年产量提高到 7455 吨，产品质量达到国际出口产品水平，企业朝开拓国外市场迈开了重要的一步。整整 8 年的引进项目合同期，线材厂先后派遣 45 人次专业技术人员和生产骨干到日本和意大利进行技术培训和学习，开阔了视野，增长了才干，促进了同外商客户的业务往来和经济技术合作交流。

要说一下到日本培训的事。

1988 年，黄本强（右一）在日本安治川铁工建设株式会社大阪工场铁塔试验场

1991 年 9 月 21 日至 1992 年 3 月 19 日，按照与日本安治川铁工建设株式会社签订的“培训合同”，我厂派遣 10 名培训生赴日本，接受输电铁塔制造技术培训。

技术培训组成员 10 人，其中技术人员 3 名，我是领队，此外还有罗绮山和彭润生；机械工 3 名，分别是江汉良、叶焰棠、袁世明；镀锌工 3 名，分别是李桂成、叶兆成、江满焯；质检员林均涛。这次技术培训的场所在大阪市安治川铁工建设株式会社大阪工场。这是一家以生产铁塔构件、管件、钢梁栏杆、下水道盖板等热浸镀锌材料为主的工厂。培训实习内容，除第一周由工场管理者讲课，副工场长内山先生介绍工场生产概况、讲授镀锌生产线工艺流程、讲解安全规程，总务室长井上先生讲述培训生有关生活规则纪律和注意事项，其余工作日是在现场班组和日方工人共同作业。同时还安排参观了冈山县安治川铁工建设株式会社中国工场（铁塔加工厂）、近幾混凝土工业株式会社吹田工场（水泥杆制造厂）。管理严格、注重时效、重视安全等与国内情况不同的特点，也是我们培训生实习工作和思考学习的主要内容。

这次派遣培训生到国外培训，以现场作业为主，与在国内相比，作业时间长，有时八小时满负荷作业后还要加班两小时，加上住地离工场远，往返需乘车中转步行，加起来约三小时，我们感到十分疲劳。加上起居饮食不习惯，无专职翻译，工作和生活上存在一定的困难。不过，最终我们以顽强的意志，经受考验和锻炼，坚持了下来。通过第一周的讲授工艺流程、安全规程注意事项和第二周的实习熟悉场地机具，从第三周开始，我们在各自岗位上适应国外新环境下的作业。出国前，厂和上级领导对培训生寄予厚望，要求培训生严格遵守日方工场制度规定，严守外事纪律，安全健康地归国，把日方的先进技术和管理经验带回国，希望培训生归国后成为企业的骨干。

这次培训达到了预期的效果。我们把大阪工场视为锻炼队伍、考察干部、培养人才的特种工学院。此外，更深层的意义在于改变了原来国内一些习惯观念，如国内大学生、技术人员和管理人员较少参加实际生产劳动和现场操作。而我们看到大阪工场的管理者或作业长，同样是大学生，但都长期参加现场作业，在实践中提高技术知识水平和管理能力，锻炼成长为工场的各级领导。这对我们培训生中的大学生是有益的启迪。

在日本期间，只有两天有翻译，即来时的第一天和走时的最后一天。我自学了一些日语，临走还用日语做了5分钟的发言。

1993年10月，我开始任线材厂副厂长，一直到2001年退休。

1994年至1996年合计完成水泥杆84,020根、铁塔及钢构件23,769吨、钢管灯杆7621套。其中出口铁塔2571吨。铁塔加工部分是省局重点工程，如500千伏沙江二回线路铁塔147基2257吨，时间紧迫，其间有元旦、春节假日，经全厂职工努力，于1994年4月按期完成。紧接着是500千伏核增解口惠州站线路铁塔124基1882吨，也在1994年底完成，同时完成部分铁塔出口合同。当时任务艰巨、工期紧，特别是出口合同关系企业和国家的声誉。而在1994年5至6月间，广东暴雨成灾，江河水位上涨，我厂近河边，镀锌车间炉底受雨水和地下水浸渗，生产环境恶劣，升温十分困难，直接影响生产进度和镀锌质量，为此我厂组织生技科、车间班组一起研究对策，采用24小时抽水排放，选用优质煤等有效措施，使生产正常运转，保证交货期。

1995年完成的工程线路铁塔有深圳的广深线、肇庆的云梧线以及潮州、揭阳等地的220千伏线路铁塔加工任务。同时，努力组织完成出品铁塔项目

1995年，黄本强（左二）在器材厂镀锌车间

合同。主责谈判、审定合同，对日方来图及资料进行核对，使出口项目合同顺利进行。至1995年6月，全部清偿了自1987年7月与日本住友电气亚洲有限公司签订的《铁塔来料加工协议书》所用的外资，同时也发展了与日本、韩国等地客户的友好合作关系，为继续出口铁塔并进入日本市场开辟新途径。

1996年完成的工程线路铁塔有深圳龙红线、西梅线，汕头榕江大跨越和汕头港湾大跨越部分铁塔加工。特别是9月起，动员组织全厂职工投入500千伏惠汕线铁塔加工和湛江的救灾工程中。大家不断克服在大工程、抢险工程所遇到的困难，如汕头港湾大跨越铁塔塔脚是大型组合件，单重超过5吨且超宽，锌锅及起重设备均受限制，我厂参照国内外有关工艺资料，审定采用喷涂工艺，征得设计院同意，节省了大型塔脚需新建镀炉和起重设备配套的投资。1996年9月，粤西遭受强台风袭击，按照省局、厂党委指示，我全力以赴，动员和组织职工投入抗灾抢险工程，连续十多天，白天黑夜在车间现场组织指挥，使计划安排、材料采购、加工运输等生产流程高速运作，完成550吨铁塔和2000多根水泥杆的抢险任务，同时在抗灾抢险中锻炼了职工队伍，展现出了不畏艰难困苦，能打硬仗的精神。

在惠汕工程会战中，厂长立下军令状，全厂誓师总动员，从原材料采购、生产计划安排调度、放样、试装、加工镀锌、质量检验、发货运输到售后服务，各部门都围绕着惠汕线工程决战决胜的目标，仅用9个月时间，做到按期、优质、安全地完成任务，获得省局的表扬，受到施工单位和用户的好评，赢得了信誉。

线材厂与武汉水利电力大学进行“输电铁塔计算机放样技术开发”项目合作，我作为主谈人之一，参与编订项目意向书，签订合同。该项目被纳入了省局科技项目计划。同时，为保持和发挥企业的质量优势，我牵头抓紧ISO9002质量体系认证工作，受厂长委托，作为企业管理者代表，我参与了质量体系文件的修改、审核、审批等程序，拟定了“质量第一创名牌，用户至上守信誉”的质量方针。质量认证，将进一步落实产品质量方针，进一步提高产品质量水平和企业管理水平。

同时，基于企业在市场竞争中增强后劲的战略考虑，我厂开展了ISO9000标准的贯标认证工作，建立质量体系文件，在质量和效益方面立下了“争创国内一流水平，创名牌产品”的质量目标。在1997年7月，线材厂顺利通过ISO9002质量体系认证，取得广东省质量体系认证中心认证证书。1997年、1998年均通过认证中心监督检查，表明厂的质量体系正常有效地运行。1998年4月，接广东省质量体系认证中心通知，原广东省质量体系认证中心签发的证书在国际范围得到承认，成为国际认证证书。它将促进线材厂以ISO9000体系的现代化管理思想、管理体系、管理办法，实现质量管理与国际接轨，进一步开拓国外市场。

2001年，我从广东省电力线路器材厂退休。省电力线路器材厂的发展，凝聚着前辈艰苦创业的心血，渗透着全厂工人、干部的血汗和智慧。我欣喜地看到，我们仍在不断发展。不断学习，是我对自己的要求。我从一个高中未毕业的学生，通过学习，成为大学生，最终心愿得偿——成为工程师，即得益于此。今年我还去老年大学上手机提高班，学习智能手机的使用。我们线材人，不停息，一起走。线材厂建厂50周年时，我曾写过一首诗，现摘录如下，与大家分享一位线材人半世纪的感想：

跨　越

——广东电力线材厂建厂五十周年

跨越时空半世纪，难忘岁月魂梦牵。
郊野流溪木桩桥，厂棚茅舍竹围编。
创业传承多壮志，变革思进敢为先。
不畏惊雷暴风疾，高架线路贯蓝天。

（黄本强口述/黄河方整理）

与电「亲密接触」

黄振强 男，1942年出生，广东增城人，原东莞电力工业局副局长。1961年进入东莞县电业公司，先后担任变电值班工、生技股安全监察员、带电作业班班长、线路工区主任、党支部书记。2002年退休。

西福河，广东增城的母亲河。在缓缓流淌的河边有一座小镇，因临西福河，自乾隆年间取福河谐音命名福和圩。

1942 年 9 月 29 日，我出生在福和圩。

由于祖父辈家庭经济拮据，父亲 13 岁时就不得不独自在仙村圩开了一家粉面店贴补家用。父亲在 26 岁那年，和母亲结婚。婚后，父母继续外出谋生。父亲由于头脑好，又会算，于是在新塘镇上谋得了一份在药房做会计的活，闲时也兼依药方抓药。后来为了躲避日本侵略者，父母离开新塘搬到了偏远的福和圩“元生堂”药店。靠着父亲勤奋挣得的收入，父母在离药房不远租了一间房子落脚。母亲就和中国传统的劳动妇女一样，用勤劳的双手在荒地里开垦了一块土地，家里平时吃的叶菜、番薯都是她一手种出来的。

而接下来的那几年，我们家的成员不断增多，母亲相继生下我和四个弟弟以及两个妹妹，由于医疗条件差，其中一个妹妹不幸夭折。吃饭的嘴多了，家里的开销也随之增加，我还清楚地记得，那时我们很少添新衣服。父亲穿过的旧衣服，经母亲灵巧的手一改，就成了我合身的衣服。我穿小后，又“传”给了弟弟妹妹。

日子虽清苦，但父母用自己的智慧和勤劳将家打理得井井有条，日子也蒸蒸日上。在我 6 岁时，母亲将辛苦养的两头肥头大耳的猪卖了后，用这笔钱在福和圩盖了一间三四十平方米的平房。虽然对于一家人来说，房子实在太小了，但没有什么比拥有属于自己的安乐窝更让人满足的了。

话说回来，虽然我出生在战火连天的年代，但由于福和圩处于增城县（1993 年 12 月，民政部批复撤销增城县设立增城市）县境北部的偏僻山区，这里得到了难得的些许安宁。打我记事起，就没有感觉过战争的火药味。我的童年时光和西福河的水一样，平静又不羁地流过，不时泛起欢乐的水花。

1951 年，我九岁那年正式踏入小学。学校离家足足有八里路，走路就要花上四十分钟。每天一大早，我就要背着中午的干粮，和小伙伴们结伴上路去往那座庙宇改造而成的学堂——福和圩田美小学上学，学堂里有厨房和炉灶。中午，我们就把从家带来的干粮做成中饭。兴许是穷人孩子早当家，只有九岁的我，烧柴火做饭就已是拿手的事情了。

大概一年后，就是我十岁那年，我转到仙村中心小学读书，住在祖母家，学校离家只有小段距离，我终于结束了“自力更生”的艰难求学日子，每天放学都可以回家吃到香喷喷的热饭。无忧无虑的日子里，我时常在晚饭后马上向流经仙村的西福河奔去，跃入水中溅起欢快的水花。

回想起来，那是我整个人生中最幸福快乐的时光。

兴许是太沉醉于那段欢乐的时光里而懈怠了学业，1957 年，我小学毕业没能考上公立中学，继续求学的道路遭受挫折。

而彼时家里的主要收入来源于父亲在福和卫生院做会计的工资，还记得那时父亲月薪 50.05 元，这在当时来说工资不算低。但家里孩子多，上有老下有小，母亲也没有任何收入来源，因此家里的经济状况仍然是捉襟见肘。但父亲依然非常支持我继续求学。那时父亲打听到在广州的芳草街民办中学一年的学费只要十多元钱。考虑到这点，我离开父母来到了广州求学。

这是我求学生涯的重要转折点，因为在那里我遇到了影响我一生的老师——我的班主任黄子照老师。黄老师让我学到了一生都受用的一句话：“穷不可怕，双手可以创造一切。”黄老师是罗定人，听说当时因为“成分”问题被迫离开家乡来到广州。那时黄老师的待遇非常低，于是就会利用课外时间打零散工挣钱。每到周末的晚上他就会帮煤店推红泥车，一个晚上走三趟，一趟需要走十几公里。为减轻家里的经济负担，我也请求跟着老师一起推车，老师欣然答应，我们每人每晚就可以挣到七元钱。可红泥车的活也不是每周都有，于是周末的时候，我又谋到了一份学校的工厂勤工俭学的活儿——炼硫酸铜。这活儿较轻松，只要将铜水烧干就可以炼出硫酸铜。

每每回想起这段经历，我都会想起“带头做表率”“同舟共济”的黄子照老师，这种精神在我日后的工作中，指引着我前进的方向。黄老师就是我的人生导师，直到他去世之前，我每年都会专门去看望他。斯人如是，每每看到喜爱书法的他留给我的字画时，怀念之情从心底涌出。

时光荏苒，1960 年，我考上了广东省电力学校，分配到热机专业。这种选择是兴趣使然。记得我读小学的时候，就已经对“电”有了初步的认识。那时我时常在玩一个实验，那就是将捡来的已经无法使用的电池挖个洞放进盐。片刻后，用导线将手电筒的灯泡和电池连起来，就会惊喜地发现，灯泡亮了。说真的，我已经记不得这是谁教给我的玩法，但是这个实验我是玩了一遍又一遍，乐此不疲。

当年我入学时，由于学校招的人数比往年都多，学校急需扩建，因此我们上完课后还要参与新校舍扩建。学习环境虽然艰苦，但同学们仍然干劲十足地参与进来，期待着能住进明亮的校舍。

可最艰苦的是当时正值全国三年经济困难时期。在经济困难初期，学校的粮食供应紧张，于是操场都用来种菜，配合着国家的粮食计划，学校的正常教学总算能正常开展。但连续三年的困难彻底将学校击垮，新校舍还没建成，学校就宣布解散。而那时我才上了一年的课程，连毕业证书也是后期才补发的。

尽管如此，学校还是对部分学生分配了工作。我被分配到了当时的佛山输变电公司，也就是现在的佛山供电局。那是 1961 年 8 月 12 日，我带着忐忑的心去到佛山输变电公司报到。谁知报到 12 天后，我和曾超龙、李立华，还有两名线路工，一共五人被分派到了当时佛山地区直管的东莞石龙变电站，成了一名值班工。那时石龙变电站主要负责东莞、增城、博罗用电，而东莞设立了排灌总站使得东莞成为当时的用电中心，石龙变电站被称作“排洪站”，这话当真不假。

20 世纪 60 年代初，东莞当时就只有一条 35 千伏的输电线路——文东线，即从广州文冲到东莞的线路。此时，东莞年用电量 800 多万千瓦时，主要用电领域是农业灌溉。遇到排洪时，用电更加紧缺。我们石龙变电站的五人不得不轮流值班，按照上级安排的供电指标来拉闸限电。

工作仅半年，我就通过优异的考核升为值班长。作为值班长，还要负责带领值班员亲自检修开关和刀闸。那时，变电站都是用少油开关。这种开关最大的缺点是只要跳闸达到十二次，就必须进行检修。拆除、换油、打磨触头、安装、测电阻、用电灯泡测三相同期、测行程这些工作，都是我们值班员一手包办。然而那时东莞电网建设很落后，电线杆由木杆制作，一遇到刮风下雨，必然会出现倒杆、断线，线路跳闸经常发生，检修工作自然频繁。

由于工作初期的出色表现，1962 年底，东莞县电业公司安排我前往佛山参加了上级开办的安全监察员培训班，回来后没多久，也就是 12 月 30 日，我便进入公司生技股任技术安全监察员。原来此前生技股并未设安全监察员，在意识到内部安全管理对保供电的重要性后，才在生技股下增设了运行监察员和技术安全监察员。生技股当时只有四个人，李胜和是股长，姚启光是副股长，黄毓泉任工程师，再有一个就是我，我的主要工作是针对技术工作和设备安全方面进行监督检查。

我这个人就是这样的脾性，干工作就要风风火火。刚上任生技股的技术安全监察员，我就按照从省局安全监察员培训班上学来的知识，借鉴广州供电局的经验，结合东莞的实际情况，着手制定了东莞县电业公司的首部安全操作规程和现场运行规程。接下来便是推广使用。

万事开头难，这是我早预料到的。要知道，在这之前，我们的安全工作只有一部《中央人民政府燃料工业部 1684 命令》（下文简称《1684 命令》）可依托，直到 1963 年初公司的操作规程和运行规程出来后，对很多现场作业和安全要求都作了规定，包括进入供电局要通过《1684 命令》考试并取得安全考试合格证、10 千伏线路作业时线路工上杆塔操作就必须系上安全带等等。“我干了一辈子都是徒手爬杆，从来没有出过事。你黄毛小子一来，就这么多要求。”果然，很多老师傅对我制定的规程不屑一顾。直到一次，一位老师傅仍然使用以前的操作手法，搭着竹梯子爬上电杆开合 10 千伏变压器，不慎跌落造成短路，致使整条线路停电，他们才意识到安全的重要性。“嗯，这小子有一套！”当老师傅背后的议论开始转态的时候，我知道有希望了。当然，让这套规程完全被员工接受，却也足足花了三年时间，但由此换来的是电网安全运行系数不断提高，我认为这也值得。回想起在生技股的这段日子，用年轻人的话说，我感觉自己还是“蛮拼的”。记得整个单位当时只有两部电话，一部局长专用，另一部在我们生技股。基本有个规律，只要电话一响，八九不离十是变电站或线路出现问题。那时上班是六日制，星期日生技股其他人都回家了，只有我留下来。我就干脆住在办公室，把电话放在床头，一有电话报告情况马上安排抢修。

到了20世纪60年代中期，“文化大革命”初期，是东莞用电负荷紧张时期。在“抓革命、促生产”的影响下，一些工人出来“造反”，说电业局经常停电，不支持生产。当时我们也是哑巴吃黄连，有苦无处诉。东莞老供电人都知道，“先生独得一条裤！一旦文东线路出故障，那整个东莞就都停电了”，不停电设备缺陷处理不了啊！于是，为了减少东莞县的停电次数，1967年初，东莞县供电公司决定成立带电作业班。钟培基是单位派出去学习带电作业的第一人，带电作业班组建初期由他代任班长，当时生技股安排我作为技术人员参与组建指导工作。3月，班组组建完成，不知道怎么的，我竟然被选为带电作业班的正式班长。

我成了带电作业班的班长，当时班里加我就七个人，其他六人是各供电所、供电管理站抽调过来的线路工，都是年轻小伙子，平均年龄才24岁。血气方刚少年郎，我们始终没有忘记成立这个班的初衷，先后到广州、佛山等地培训学习，回来自己画图，自制带电作业工具，准备利用绝缘工具，在35千伏输电线路上开展带电作业，慢慢积累经验。你可能不知道，为了制作工具，我们班房跟加工车间差不多，车床、刨床、电焊、风焊、打铁器具一应俱全，班员个个都是“全能技工”。

一切就绪，我们终于迎来了第一次带电作业。我依然记得1967年11月23日，第一次在35千伏高压电网上带电作业的情景，那是带电更换木质电线杆的横杆。你要我描述具体操作情形？其实跟正常操作一样，只是那种心情呀！激动！小心翼翼！总之忘不了！后来这一个日子成为了纪念日，每年这一天我们带电作业班的老电力人就会聚在一起。

带电作业成功之后，带电作业班曾用一年时间带电作业专门更换木质电线杆的横杆。但木质横杆由于风吹雨淋等原因，容易腐烂形成隐患。那时带电作业班接到一个新任务，就是将文东线35千伏高压线路，带电作业把上面的木质横杆都换成岛骨形铁横杆。33公里169根电线杆，我还清晰地记得这两个数字，因为这是我们在工作日一根根带电作业换下来的，整整换了两三年时间。

经过一年多的带电作业工作的实践，我们将这门技术运用得炉火纯青，连现在不允许的下雨天带电作业的任务，在当时我们也是积极挑战，但在每次作业前我必定做足安全措施，所以在我担任班长的十几年间基本没有发生什么惊险事件。

后来，我离任班长后听说了这样一件事：带电班带电更换瓷瓶，十多名成员分成几个小组，协同作战。2人在旁边架起绝缘梯子，撑起滑轮组慢慢吊起35千伏的高压线路，1人身穿均压服上杆操作，直接解开瓷瓶和高压线的铝线装上悬垂线夹，然后新换成悬垂式瓷瓶，再把带电的高压线侧位卡进瓷瓶中，把所有工具解除，就算完成任务了。可就在高压线刚刚卡进新换的瓷瓶的时候，不知怎么回事就飘来一阵雨，吊起高压线的尼龙绳还没有解下来，35千伏高压电作用于尼龙绳表面的水层，短时间内尼龙绳开始冒烟。万幸的是滑轮组及时被挑开，避免了事故的发生。当时所有人都吓出一身冷汗。这场景，真是让在场的人触目惊心。基于这个事情，再后来我们制造了带防雨罩的操作杆和吊杆，工作起来就不怕下雨了。这是后话。

做带电作业班班长，是这些年来我做的所有工作岗位中最辛苦最累的一个。因为作为班长，最艰苦最危险最累的事情都是带头干：野外作业过河，我将衣服塞进尼龙袋，扎紧袋口拖着游到对岸；雷雨天雨水冲垮了跳板桥，我二话不说扛起单车蹚水过去，所以素有“天晴人骑单车，雨天单车骑人”的顺口溜；带电作业时，我带头扛最重的工具，兄弟们也跟着不甘落后。现在想起来，15年里，那些苦和累的年月，与兄弟们流汗淋雨的场景，也仿佛就在昨天。想起党支部书记卢应曾经调侃，带电作业班是东莞局的“革命熔炉”，因为带电作业班从组建初期的七人发展到十四人，后来的七人中，因“文革”时期影响，要么被怀疑是叛徒、特务，要么热爱唱歌跳舞被扣上“资产阶级”帽子，要么有亲人在香港或海外被认定为勾连策反分子，他们被放到带电作业班“改造”。我知道这些人不是什么坏人，来到带电作业班我们就是一家人，我尽心教授他们技术，他们也在“又红又专”的思想影响下积极“改造”，自发学习带电作业。20 世纪 70 年代开始，公司开展先进评比活动，截至 1982 年我调离班长岗位，带电作业班年年被评为惠阳地区先进班组。

聊完带电作业班，我也想顺便在这里提一下我的家庭。那个年代提倡晚婚，早婚是要挨批评的，所以直到 1968 年 12 月，我当带电作业班班长第二年，也就是二十六岁那年才敢跟二十二岁的妻子邓金有结婚，金有在莞城收购站工作。大儿子智瑜是我们婚后第二年，即 1969 年 9 月 29 日出生的。说起智瑜出生，我对妻子和儿子心存感激。前面已经说到，带电作业班成立才两年左右时间就承担了文东线木质横杆换铁横杆的重任，但是当时很多带电作业材料在东莞甚至广东也没有，必须我亲自到外省采购。智瑜是那天早上出生的，此时我刚刚从东北采购材料回来，此前的 10 天里，我已经在西安、哈尔滨跑了一圈，把制作绝缘梯和绝缘棒的环氧玻璃布，制作吊杆和撑杆的桦木都订了下来。我心里感激她们母子，没有因为我的忙碌和疏忽照顾而有什么闪失。1972 年 9 月 20 日，小儿子毅恺也呱呱落地。我们一家四口租住了邻居刘凤麟的一个房间，两家人共用一间客厅和一间厨房，生活相互照料。每天早上妻子赶在上班前做好油盐饭让我吃了出门开工，中午我就在工地附近随便找点吃的。班组早上出去作业，我下午放工时间比妻子早，家里的晚饭主要我负责。那个年代的家庭主妇实在很辛苦，白天上班、照顾孩子，各种家务事，每天晚上 7 点至 9 点还要参加单位组织的集中学习开会，所以不用出差的时候我尽量帮着妻子分担一些。但是记得有一次我出差在外，妻子单位夜里突然通知全体员工到公社（现东莞人民公园足球场）听最新指示，妻子只好背着二小子步行近三十分钟去公社，听完指示再步行回到家已是半夜，谁知大小子睡觉前把门给拴上了，妻子进不去，只好敲开邻居房门隔窗叫醒大小子。一家人也就这样，工作忙忙碌碌，生活平平淡淡，还算安稳。

时间来到 1980 年，东莞的年供电量首次达到了 2.1659 亿千瓦时。此时，东莞电网输电线路的运行和维护也在逐步走向规范化，1982 年专门成立了线路工区，也就是现在输电管理所的前身。线路工区成立之前，我还在带电作业班当班长，因为表现出色，1981 年 1 月还被广东电力工业局授予广东省电力系统先进个人“标兵”称号，这个称号得来不易，因为整个广东省电力系统当时只有 10 名标兵，我甚感自豪。线路工区成立之后，时任东莞县供电局局长卢应找到我，叫我担任线路工区的主任。说实在，我心里舍不得带电作业班，如果可以，我愿意一直带着这个班，当大家的班长。见我面露难色，卢局说：“你这个先进标兵应该发挥带头作用啦！你不来谁来？”

1981 年，黄振强（左一）与工友在东莞沙江沙田跨江塔上

就这样，人到中年被委以重任，我成了线路工区的主任。主要负责一个带电作业班、一个高压班和两个运行班共 30 多人的任务安排。

为了解决用电紧张的问题，那时电力工程是上马最多的时候。不像现在电力施工有专门的施工队伍，那时所有的工程都是我们自己动手干。当时的局领导和各科室的领导都会到现场和工人一起进驻工地，食在一起，住在一起，干部们身体力行，现场为工

1981 年，黄振强在东莞沙角微波塔施工时的留影

人们解决了不少实际问题。当时有这么个规定，工人早上七点半出工，下午三点前收工的报销两毛钱出差费，三点后收工的当出勤一天，报销四毛钱，财务股对工人的收工时间掐得很紧，我们心里有意见，不就两毛钱吗？后来财务股股长谢振鹏第一次来参加文东线 163 号杆换横担施工，他和姚启光抬着横担一前一后走着走着，突然谢振鹏重心不稳，脸直直摔在泥地里吃了一嘴灰土。第二天，谢振鹏主动跑过来告诉我，工人干活太辛苦了，以后不用计算收工时间，每天报四毛钱出差费。大家得知消息后心情舒畅，干劲十足。

我们当时做工程条件也很艰苦，没有电灯、帐篷这些“高档”设备，都是提马灯照明，住茅棚。当时不觉得苦，一天十几个小时在工地里，每次肩挑一百多斤照样干，上上下下雄心壮志，人人争先进争第一。那时我们一口气架设了 35 千伏寮步至东坑、虎门至沙田轧钢厂，110 千伏桥头至寮步、莞城至寮步、峡口至茶山、峡口至寮步、峡口至石排、石排至企石和桥头、万江至道滘等二百多公里的输电线路。一天仅是立杆就有八座，现在的施工队也不一定有这速度。除了速度快之外，质量也一流，从不用返工。你问我秘诀是什么？那就是作为线路工区的主任，我也坚持驻扎在工地里跟大家一起干，亲自动手解决问题。

让我感到自豪的是，在我担任线路工区主任期间，创下了线路工区从未发生设备、人员的考核事故的记录。那些年我一头扎在工作上，家里由妻子一人打点着，两个孩子也听话乖巧，没让妻子多操心，我甚感安慰。

1994 年东莞供电局更名为东莞电力工业局，同年底，52 岁的我被破格提拔为副局长，主要分管安全生产。这让我有些意外，在我还是“黄毛小子”时，就制定了当时东莞供应系统首个安全生产的规程，如今最后的岗位还是和安全生产有关。

当时，分管变电站、调度、运行这三大块的安全生产的副局长一职空缺许久，因此安全生产管理上有着许多需要改进的地方。其中，变电站的安全运行，是我当年下苦功最多的工作。

当时的情况是，变电站设备周围各种垃圾扔得到处都是，周围环境非常恶劣。这样的环境下最容易导致鼠患，老鼠一多，很容易造成“小动物事故”，变电站安全运行就会受到威胁。而变电站值班员辩解，恶劣的环境是无

1982 年春节，黄振强在线路工区办公室留影

人打扫造成的，我不动声色，立即安排清洁工将变电站和周边场所搞得干干净净。我跟所有值班员交代，第一次清洁工作我叫清洁工帮忙，第二次他们要自己动手，若下次我再来巡查发现同样的情况就得通报批评。应该说大部分值班员把我的话听进去了，但是望牛墩变电站是个特例，当我过几天再去看时又是一团糟，我立马要求全局通报。之后，又安排人清洁变电设备，带电刷漆，加装防小动物塑料硅胶，通过教育和帮助，半年时间彻底扭转变电站不文明现象。

说了你可能不相信，那时除了每周一开领导碰头会和局要求开的会议之外，我几乎是每天都去变电站或线路工地检查，发现问题立即当场指出要求整改。一直以来的工作经历和性格使然，我在现场没有摆架子指指点点给脸色，我说："员工就是兄弟也是朋友，你们的工作做好了，我会得到上级表彰，我为什么要对你们摆架子，对你们不好，让你们不爽快？"将心比心，以诚换友，我讲的每一句话员工都听了进去。多年以后很多老员工见着我，隔了远远就大声喊"黄局，老朋友"，我的内心格外暖。

话说回来，半年下来整改效果非常明显。自此全局安全文明生产意识大大提高，一改过去不良习惯，值班员值班时衣着整齐，生产场所也干净整洁，四十多个变电站没有发生一例小动物和误操作导致的事故。1997 年初，我们

1987 年 11 月，黄振强在法国阿尔斯通学习考察 GIS 设备

局还通过了省电力局安全文明生产“双达标”工作的验收。

我一直认为只有安全生产，才能保障电网安全运行，因此一刻都没敢放松，依然“游走”在各个变电站和施工场地，遇上重要工作我还是习惯亲自驻守现场监督。记得有一次市里一位领导的儿子结婚，邀请我参加婚礼，当时北栅变电站有两个主变压器线圈变形，要立即更换线圈，我正“蹲点”现场，该市领导打来电话让我过去喝喜酒，我想也没想直接拒绝了。局里举办安全培训班，我必定亲自写稿亲自讲课，你说我“劳碌命”什么的都行，反正我认为将亲身经历、真实体会讲出来，对员工的思想教育才是最真实的。久而久之，我竟也成为局安全教育课程的主讲老师之一了。

在这期间，其实我还组织完成了局里光纤网络的建设，成立了通信公司，开展了调度自动化管理探索，完成了调度“四遥”（遥控、遥测、遥信、遥调）项目的建设以及变电站无人值班的工作并初步取得了较好的效果。回顾从事多年的安全生产工作，我认为安全生产最关键就是责任心，要对得起自己和单位。

时光逝去，带走岁月，还有一些人。老母亲在我退休的前一年，即2001 年离我们而去，她走的时候 80 多岁高龄，没有留下任何遗憾。我敬重母亲，1965 年，年仅 49 岁的父亲早逝后，她一直靠着自己勤劳的双手，在我每月微薄的工资补贴下，坚强地把弟妹们抚养长大。这一年，55 岁的妻子从收购站退休下来了。2002 年 6 月，我从供电局退休后，每天早上陪妻子散散步、喝喝茶，儿子媳妇空闲时带着一岁多的孙子回来吃吃饭，我们俩很满足。

回顾人生，我很自豪，在电力系统实现了自己的人生价值。我很骄傲成为在东莞供电系统第一个建立了生产技术安全操作规程的人，并深刻地影响着东莞的电力工作。我与电“亲密接触”的那些年、那些人和那些事，历历在目。如今，我尽情地享受着我愉快的晚年生活。但作为一名老电力人，70 多岁的我依然感觉还很年轻，相信自己仍然可以爬上 60 米高的铁塔。

我很满意，在退休后每次回到单位，都会欣喜地发现进步，如今东莞供电局年供电量也已比我退休那时翻两番，这对于地级市来说是了不起的成绩。我也希望，东莞供电局年轻一辈们不忘初心，继续成为“光明”的称职守护者。

（黄振强口述/钟美玲整理）

电灯在心中长明

刘厚毅 男，1942年出生，广东英德人，原韶关供电分公司工会主席。1961年加入马坝部队，1965年毕业于桂林步兵学院，1979年从部队转业到韶关地区供电公司，先后担任办公室副主任兼党委秘书、办公室主任、工会主席。1996年获全国『五一』劳动奖章。2022年退休。

我叫刘厚毅，如今年事已七十有余，我上过战场，讲过大学课堂，几十年走过来，是电灯在一直照亮着我的路，我才得以不断感悟深思，书写出了一篇又一篇的人生文章。我的职业生涯虽然可以分为几个阶段，但我最怀念的还是我在电力行业工作的时期，那时我的每一位电力工友都是一把火，他们在冰天雪地中护线，在万家团圆时值班，我同他们一起劳动一起流汗时，他们教我踏实前行，点亮我的心灯。如今我已退休十多年，我心中的那盏电灯仍然时时给我勇气，给我力量，教我笔耕不辍，热爱生活，奋斗不止。

我的老家在韶关市英德县白沙乡，1942 年我出生后不久，日寇侵占粤北的清远、英德、曲江、韶关等地，粤北人民处于水深火热之中，我们家也是一天过得比一天艰难。后来我的父亲刘纯格毅然决然在 1946 年参军，成为北江支队的一名游击战士，一路北上战斗到河南，再一路南下解放韶关，才得以安定下来，1950 年在韶关市搬运公司做经理，而我母亲郭月园则留在英德照顾我和打理家务。可以说，我小时候很难得才能和父亲见上一面。1950 年春，母亲带我到韶关探望父亲，在那里，我第一次见识到了电灯，电灯很明亮，也很美丽，深深地印在我的脑海里。

1950 年 6 月，到了 8 岁要上小学的年纪，我便回到老家的英德白沙小学念书了。那时候上学很有意思，因为新中国成立前没机会读书，新中国成立后人民当家做主了，大家都有着强烈的追求知识的愿望，我的叔叔、婶婶、阿姑、阿姨，他们有的都已经做了爸爸妈妈了，还和我一起读一年级。而由于我成绩比较优异，连续跳了几次级，第四年便升入了六年级。1954 年，我考上了英德英东中学，在班里我的年纪还是最小的，我记得我的同学梅今银、沈玉英是区干部的妻子，她们在课间操的时候，还得回去给孩子喂奶。我在英东中学参加了共产儿童团，后来儿童团改为少年先锋队，我是英东中学第一批戴上红领巾的少先队员，戴着红领巾的我又参加了青年团，青年团改为共青团后，我又成为了英东中学的第一批的共青团员。

英东中学也是没有电灯，晚上学习的时候我在煤油灯底下一坐，我又想起了那盏明亮的电灯。

1957年我考上广东省英德师范学校，在那里读了3年的书。还记得课室里装了六盏电灯，正好我的课桌就在电灯下面，这样就有电灯天天照着我。后来老师要求每个学期全班同学都要调整位置，而我不肯调，老师问我为什么，我不说，实际上我是不愿意离开我头上的那盏电灯。

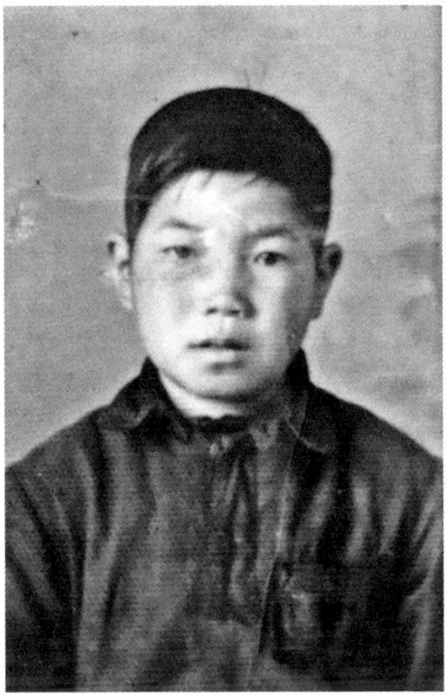
刘厚毅10岁时的证件照

1960年毕业后，我便到英德鱼湾中心小学任教。由于当时教师队伍中师范学校毕业的很少，于是我们这批师范专业人才很受学校重视，常常需要给别的老师上示范课。教师可是被称为“人类灵魂的工程师”，18岁的我既给老师上课，又带着一班学生，内心非常澎湃激动。

1961年春，国家需要招一批文化兵，恰逢我英东中学同班同学刘纯业负责英德这边的征兵工作，在他的鼓励下，我报名加入了马坝部队，新兵训练3个月后被分到了马坝部队属下的花都部队。在明亮电灯的照耀下，我产生了写作的冲动。可是军营的管理很严格，没有多少自己的时间，我只好在晚上熄灯后，用手电筒在被子里面看书、写作。由于我是新兵，一个月才有六块钱的津贴，我又要买书又要买生活用品，没有太多的钱来买电池点亮电筒。后来我发现，部队的厕所晚上电灯是不关的。我就跑到厕所里去写。我到军营的第二个月，《南方日报》

发表了我写的第一篇文章《像在温暖的家里一样》，这是我人生的第一次投稿，尽管这篇文章只有豆腐块那么大，但对我的鼓励可大了。半年以后，我又在厕所电灯下面完成了我的第一篇短篇小说《管理股长》，描写的是管理股长爱兵的故事。由于我写作能力突出，被团里抽去帮忙编写团史，半年便成功完成任务，回到班里任班长，随后升为了中士。

到了 1964 年春，全军总政治部委托桂林步兵学校办机关干部队，我由部队选送到那里学习机关干部业务，一起当兵的战友们问我："我们都还是大兵，你怎么就进步当干部了？"我说："因为我心里有一盏电灯。"在步兵学校学习需要作专题发言，由老师评审学生们的稿子，通过了才能上台，我的稿子多次被老师认可，我还担任了学校一区队副区队长。

1965 年 6 月我学习结束后回到部队转任宣传干事，专注于写好师的教育教案和材料，得到了宣传处处长的认可，也认识了当时在韶关地区革命委员会工作的邝淑勤，后来她成为了我的妻子。1966 年 1 月，我调到广州军区机关，在炮兵政治部当专职的新闻干事。战友们把我们新闻干事叫作"熬电灯的三机干部"。"熬电灯"就是说我们白天去采访，晚上在电灯下面写作。"三机干部"就是指我们是出门带收音机、照相机和订书机的干部。写好的稿子装订好通过邮局传递太花时间，我们便奔走于各地的火车站，拜托列车员直接帮忙把稿子投递到北京《解放军报》编辑室。

1966 年的 8 月，我从军区机关下到援越抗美战争一线作战队伍——高射炮兵 640 团挂职，担任副指导员。打仗的时候，连长、指导员在指挥所，副连长在阵地，副指导员则负责卫生排和给养排。战斗打响以后，我要带领卫生排向阵地上冲锋，抢救负伤的同志。我们的战士十分勇敢，轻伤不下火线，重伤不流泪，战士们的战斗精神深深地感染了我。在硝烟弥漫的战场上，美国军人很疯狂，1965 年到 1971 年期间，在越南投下一千多万吨炸弹，相当于美国在第二次世界大战和朝鲜战争中投下炸弹吨数的四倍，有一回我就差一点就被炸弹打中牺牲了。

当年冬天，正当我在越南前线奋战时，我的母亲在老家病倒了，被亲戚送到乐昌解放军181医院住院。我无暇顾及，这时多亏了邝淑勤，她那时仍在韶关地区革委会工作，每个星期天都不辞辛苦地坐一个小时火车从韶关市到乐昌去照顾我的母亲。于是到了1968年7月，我挂职结束，从越南战场回来便立即向她求婚。那是7月13日，这个到现在我仍能脱口而出的重要的日子，我们经过了战争的考验，终于结婚了。结婚以后我在广州军区机关炮兵政治部继续担任宣传干事，到了1973年，由于工作需要，我回到炮兵640团，到湖南衡阳任宣传股长。所以家中事务都由我的妻子一人辛苦包揽了，后来两个孩子也是她养大的。在艰苦的生活中，我越来越感激她。就这么两地分隔直到1979年12月，我转业回到韶关地区供电公司，我们才得以相聚。

当时公司党委书记兼经理孟仕林，可能是见我在部队做过新闻工作，写作水平不错，就让我担任办公室副主任兼党委秘书。刚开始时，我既不懂电力生产技术，也不懂企业管理，对能否胜任这份工作心里没底，信心不足。好在孟书记信任我，经常鼓励我，并给予具体的指导，让我很快上手。

孟书记是个老革命，虽然文化水平不高，但干劲很足、执行力很强。当时韶关市乐昌县坪石镇水牛湾在1959年建有一间火力发电厂，刚实行“发供分开”不久，即原电厂供电所独立出来，成立坪石供电公司，归属韶关供电公司直管，而坪石电厂仍然由省电力局管理。原来的一家，现在分成两家，有不少因一时梳理不清楚而产生的生产经营、职工福利等方面的矛盾。孟书记亲自前去调研、做工作，把我也捎上了，记得那是我转业后第一次出差。孟书记到达当地后，便找干部谈心谈话、找职工了解情况，听取意见建议，然后把大家召集起来，对存在的矛盾和问题逐一分析，耐心地做说服工作，他说供电公司是生产经营公司，以后发展前景远大，而电厂是下马吃劳保单位，而且现在已经停产半年了，他们有困难，我们应该主动帮助他们解决一些具体问题。经过孟书记的一番开导，坪石供电公司的同志们心结解开了，心情舒畅了，眼界开阔了，矛盾迎刃而解。孟书记这种深入细致、求真务实的工作作风，给我留下了深刻印象。

那时候，供电公司管理机构比较简单，分工没有现在那么精细，人员也不多，什么都得干。比如办公室，除了行政管理、党的建设、后勤工作外，还得为员工日常生活所需柴米油盐操心。员工烧饭需要干柴和煤球，我们就定期到山里、到煤厂去采购。逢年过节需要办年货，我们就四处奔走张罗，到始兴去买猪肉，到仁化去买活鸡，到南雄和乳源去买水库鱼……说实话，从战场走过去，为职工生活福利忙碌，我感到十分踏实，很有满足感。

1980 年，韶关地区供电公司改为广东省粤北供电公司，撤销了基建科和行政科，将其职能并入办公室。我的职位也发生了变化，由办公室副主任升为主任，这样一来，我要管的业务更多了，肩上的担子也更重了。

那时候，“文化大革命”刚结束不久，企业旧的规章制度被破坏了，新的又还没有建立起来。特别是人的思想意识，还没有完全扭过来，很多工作都很难开展。譬如档案工作，韶关地区供电公司自成立以来一直没有档案室，电力技术资料各部门有一份存一份，没有归口管理；中央文件和省、市政府的文件到年底就送回给韶关地区工交政治部。1980 年初，我提议建立档案室，有领导说，我们是企业，搞好安全生产就行了，建什么档案室，自己给自己找麻烦，弄不好还会惹是生非，留下辫子给别人揪。我坚持己见，反复找孟书记去磨，说没有档案就没有历史，我们不能让企业一年年过去都是空白的，要留下发展的轨迹。从 1 月磨到 5 月，孟书记终于被我说服，点头同意建立

1982 年，为了更好地了解电力工人的工作环境情况，刘厚毅（右一）跟随检修工人一起到 110 千伏芙蓉变电站进行考察

档案室了。可档案室建在哪里呢？这又是一个问题。当时局办公楼位于韶关市武江区群康路2号，总共有4层，面积2000多平方米，各部门办公室都很窄小，根本没有多余的房间。我干脆把自己的办公室腾退出来，设立了一间20平方米的档案室，购置了8个铁柜，库存文书档案40多卷。我把办公桌搬到秘书室，和大伙儿挤在一起一块办公。

那时，档案室不可能配专职档案管理员，我就让秘书滕洪玲和打字员劳活仪兼顾档案室工作。档案室搭起来开始工作后，我在单位内部发了个通知，要收集行政管理、生产经营、技术革新、政治工作等方面的文件和原始图表，希望各部门能够支持和配合。可是，通知是发了，却没有人理睬我们。滕洪玲和劳活仪月底下去收集文件资料，常常被人家骂得哭着回来，特别是劳资、工程技术这些部门，不肯给任何文件资料。我亲自出面去要也要不来。没有办法，我只得另想对策。那时候各部门、各工区都没有配置打印机和复印机，所有的文件资料都要到我们打字室来打印或复印。我就给打字室规定，打印和复印的所有文件资料，都要增加两份给档案室。局里党委公章和行政公章都由我管理，凡是达不到上述要求的一律不给盖章。结果有人跑到孟书记那里告状，不料孟书记却支持我的做法。久而久之，大家慢慢习惯了，也就没有人骂了。直到1983年，档案室收集文件资料的工作才算是真正做顺了，通过分类归档为企业工程技术、安全生产、政治思想等领域保留历史资料，积累点滴经验。

1982年1月1日，粤北供电公司改为韶关地区供电局和韶关市供电局，撤销原粤北供电公司，地、市两局均隶属广东省电力工业局直接领导。在1983年6月13日，省电力工业局党组正式宣布地、市局重新合并，成立韶关供电局。

到了1986年4月，我转任工会主席。相比起办公室，工会的工作都是围绕职工展开的，做这类工作，我乐在其中，越干越有劲。

我刚担任工会主席的时候，公司职工民主管理是一片空白，根本没有制度化管理。以前韶关供电局的工会组织关系虽然在韶关市总工会，但却不是韶关市总工会的直管企业工会，中间还有一个工交政治部，我们是挂在工交政治部的属下。市总工会的工作指示，要通过工交政治部转给我们。那时候韶关供电局与韶关电厂都是省电力局的下属平级企业，韶关电厂工会主席任市总工会常委，而我们的工作情况却不能直接汇报到市总工会办公室。

为了我们韶关供电局的工会地位，为了给电力兄弟争荣誉，我积极前往市总工会组织部、宣教部、经工部等业务部门请示工作方法，请他们来企业指导，并直接向市总工会主席报告电力工人对社会、对民众辛勤付出的情况。经过半年的努力，韶关供电局工会的组织关系从工交政治部解列出来，成为市总工会直管的企业工会。我们的工会工作也成了市总工会的重点基层工作。第二年开始，市总工会先后向全市企业推广我们工会的多项经验，如民主管理工作经验、职工文体协会工作经验等等。

在职工文体活动开展方面，我们的经验在全省都有名的。当时韶关地区一共有 12 个县区，韶关供电局与各县区供电局没有行政管理关系，只是简单的趸售关系，彼此间联系很少。我觉得，开展职工文娱体育活动是增进彼此友谊、拉近彼此的最佳纽带。1986 年，我牵头发起成立了韶关供电系统职工文体协会，请各县局的局长和工会主席担任协会委员。文体协会每年春天开一次例会，各县轮流当会议东道主，会议内容实际上超出了文体活动的内容，

1986 年，在辽宁沈阳召开的全国供电局办报工作会议上，刘厚毅代表韶关供电局进行发言

会上各县区局首先交流的是上年度的生产经营情况，接着才是文体活动安排。文体协会的例行年会，实际上是各县区局交流经验，互相学习的会议，使得没有经营和管理关系的、松散的韶关供电系统，紧密地联系了起来。1987 年，广东省电力工业局召开职工文体活动工作会议，主管企业文化工作的檀东和副局长，把我们文体协会组织形式和活动内容向全省电力系统推广。

我明确意识到，我作为企业工会主席，有责任维护和稳定职工队伍，保证电力生产经营正常进行。我心里明白，如果上政治课是没有人听的，而且搞得不好，会越讲越乱。简单地用劳动纪律来要求大家，也不会有什么好的效果。于是，我搞了一个“与党同心同德”论说会，工会在全局大会上组织评奖，每一个在全局论说会上发言的人我们都给予纪念奖，另外再评一、二、三等奖。论说会结束之后，我们把全局的发言稿，以及我围绕这个中心写的文章合起来，出了一本书，发给职工人手一册。

论说会作为职工精神文明建设的一个创新，让职工在讲述过程中明辨是非，在讨论过程中认清形势，被全局职工接受、认同、喜闻乐见。论说会的成功和明显效果，让我找到了一条团结职工，带领职工齐心向上的路。此后，我每年都围绕企业的中心工作，选择一个专题来开展论说会活动，使之成职工精神文明建设的一个创新载体。

1995 年，刘厚毅（左一）给参观韶关电力系统图片展览的人员讲解照片背后的电力建设故事

1994年，企业开展劳动制度、人事制度、工资制度三项制度的改革，在全局职工中引起了强烈的震动。一时间，企业上下议论纷纷，老弱病残的职工担心优化组合后自己没人要，技术技能较差的职工担心自己降级降薪，积极肯干的职工也对自己的主人翁地位产生了怀疑。对此，我又以“当好主人翁”为主题开展论说会活动，及时消除了职工思想顾虑。有职工跟我说：“三项制度改革冲击的是以往的、低水平的既得利益，而得到的则是未来的、更高水平的主人翁利益。”职工认识提高了，信心树立了，积极性也就调动起来了，当年，三项制度改革顺利完成。

我觉得，工会工作一定要创新，不创新就没有活力。以前，他们说工会工作不外乎是吹拉弹唱、打球照相。这些都是对工会工作的片面理解，实际上工会工作远不止这些。我在工会干了很多创新的工作，比如说，职工的思想政治工作，这本是党委的任务，不是工会工作。但工会有义务、有职责团结职工完成生产任务，组织职工进行专题的政治学习。

搞宣传出身的我，还在1986年发起创办了《韶关供电报》。本来，办报纸不是工会的事情，这类宣传报道的工作，历来都是党委部门的工作，而工会揽过来干似乎是多此一举，但我却认为我们有能力干，就应当尽一份责任。于是，我们根据企业形势和生产经营的目标，每年都组织一到两个专题性的思想政治教育活动。我也不辞劳苦地去把办报纸、编辑职工读本、拍电视专题片、对外宣传报道这些“分外工作”，揽到工会来做，而且还要听对于这些事情反馈的不同声音。那时办企业报很少人投稿，怎么办？我就请韶关日报社的记者来讲课，我自己也“临阵磨枪”上台讲课，通过办报纸、办电视，我们也培育了一些人才。

到了我退休的2002年，刚巧接到了一项光荣而艰巨的任务：中国电力企业联合会决定9月在杭州召开全国供电局第三次局长大会，拟定大会作三个报告，其中厂务公开工作报告，将从各供电局中推选一名工会主席来完成，而我有幸被选为工会主席的代表。

中电联有238家供电局会员单位，其中供电局工会主席会议，两年召开一次。而韶关供电局在全国供电局行列中，只是一个小小的不发达的山区局，当年，韶关供电局的年供电量为20多亿千瓦时，出了广东省范围，是没有多少人知道的，挑选大会发言单位，按理是轮不上韶关供电局的。

对此，我很不服输，我要在这个平台上，让全国的兄弟单位们认识有个韶关供电局。因此，每次接到会议通知后，我绝对不让秘书为我准备会议材料，我坚持自己动手，按会议主题，认真搜集素材，认真写发言文章。

写文章的艰苦，只有艰苦写作的人才知晓。河里的流水，只有在碰到大石头的地方，才会激起浪花。于是，我在这个平台上创造了两个记录：一是我的文章每次都被会议选中，我每次参加大会都能上台发言；二是我的所有会议文章，都能在全国性或广东省级报刊上发表。这两个记录，是全国供电局工会主席中唯一的，直到我退休，都没有出现过第二个能够在每次大会都上台发言的局工会主席。我尽全力去做到这一点，不为别的，只是想让全国的同行们知道，在中国南部的山区有个韶关供电局。有了这些基础，在这次全国供电局第三次局长大会上，我作了题为《厂务公开好》的工作报告，在作报告时全场多次响起热烈的掌声，我较好地完成这项任务。

2002年12月我退休了，我清楚地看到，当今社会生活，有人群的地方就有电，就有电力工人的劳动成果。他们守护在繁华之外，与安逸逆向而行，在高危环境下作业，在万家团圆时奔走，只为把光和热送到千家万户。但是在反映社会生活的文艺平台上，在文学作品中，在电视荧屏上，却看不到供电工人为主体的作品，见不到供电工人的主体身影。所以，我决心退休生活就在文学创作中度过，用手中的笔把他们为群众送光明、送温暖的高尚情怀和感人事迹告诉社会，告诉历史，告诉未来。

2005年，我创作出版了四十八万字的长篇小说《太阳口》，讲述供电工人热爱人民的故事。2006年又创作出版了《祖山》，讲供电工人创业的故事。截至2014年，我一共创作出版了五部长篇小说，一部电视文学剧本，一部散文集。其中散文集《电灯——心中的电灯》，是我几十年来被电灯一路照亮心灵的感悟合集，也是我灵魂与心血的写实。我在韶关供电局工作以来，电流一直在我的神经中传导，在我血液中流淌，所见、所闻、所悟、所思、所感汇聚了这本散文集。所说的每人每事，都是我的电力工友的真实人生；所写的一情一景，都是供电公司生产经营的真情实景，既是文，也是史，抒发我对工友的怀念，我对电灯的热爱。

前两年，我的创作停下来了，因为我的颈椎做了大手术，用钛合金包着，这种病是几十年积累的职业病，更不幸的是我还中了风。很多人问我还写不写作。我回答他们："从心里说，我还想写多两部作品，在我的漫漫人生路上，我还有许许多多积累，要变成文学作品。"于是等身体好转之后，我又马上投入到写作中去。到了今年，值中华人民共和国成立70周年之际，我的新一本长篇小说《电工》马上就要出版了。

我有幸从新中国成立前见证到了新时代的到来，虽然感觉自己老了，但也有责任为中国梦发出一点余光，奉献一份余热。特别是多次回到局里参加活动，看到曾经电力环境较为落后的韶关，经过几代电力人的努力，有了长足的发展，掌握新技术的年轻一代的电力人也非常朝气蓬勃，我感觉我自己更有责任去写他们。在我心里，一直有盏明亮的电灯，只要我还能写得动，我就一直写下去，为电工发声，为电力工人融入社会做出自己的努力。

（刘厚毅口述/刘佳雯整理）

风雨无阻，不负光阴

张荣桐　男，1942年出生，广东开平人，原江门电力工业局局长、党委书记。1968年毕业于广东工学院，先后在江门市供电公司、江门市机械工业局、江门供电局、江门电力工业局等单位工作。曾于1995年兼任江门市经济委员会副主任，1996年兼任江门市电力发展公司经理。2003年退休。

光阴似箭，岁月如梭，转眼间我已近耄耋之年，过着含饴弄孙的日子了。回顾自己的一辈子，我并未抱着特别伟大的志向出发，但都一步一脚印地走了过来，跨过坎坷，走出困境，自觉问心无愧。

1942年，我出生于广东省开平县张桥乡村心村（现开平市东昌村）的一个农民家庭。我们村里张姓一族是从河北一路南迁至广东的，在此生活已经有两百多年历史了，所以村子里的建筑都充满了中原一带的风格。

我的父亲名叫张四见，母亲名叫梁运仙。在家中，我是老大，下面还有两个弟弟和两个妹妹，人员众多，所以比起普通家庭来，我们家比较拮据。原先家里是靠村里集体出租祖上留下的田地来维持生活的，分摊下来每人获得的租谷都不多。父亲最初是制作桌椅的木工，后来没干这行了，而母亲则一直在帮富人家里做手工、磨谷、舂米来换取报酬。除此之外，母亲还经常上山割草去卖，100斤只能卖几毛到1块钱，很是辛苦。

在我四岁左右，父母就将我送去村里祠堂附近的私塾念书，接受了一些启蒙教育。我记得当时有学《三字经》《千字文》《论语》，还有学磨墨、写字，学做人的道理等。当时不用写作业，但是要考背书、考磨墨。当时教书的先生也是张姓的同村人，名字里带“梅”，于是我们都称呼他为“梅先生”。他对我们要求很严，背书背不出来就要用戒尺打手心；对于磨墨要求用力均匀，要看墨锭下面是否磨得光滑、墨汁是否浓淡适中。

新中国成立前夕算是家里情况最困难的时期了。为了给家里维持生计，我的私塾读了还不够一年便没有继续下去，只能去给富农家放牛。每天在家吃过早饭后，便从上午九点钟一直放牛到下午三点，没有午餐。这样的日子，一年里除了春节，每天都是这样。还记得，我一开始给一户富农放一年牛，能得到两箩筐谷子，大概有一百斤，但第二年我便改去了隔壁的长间村放牛，因为这村的人家一年能给我三箩筐谷子。但即便如此，家中的粮食依然不够吃，弟妹们经常挨饿。所以在不用放牛的时候，我也会和母亲一起割草、捆草，拉到集市上去卖。

新中国成立后，家里分到了田地，条件开始慢慢变好。1953年，11岁的我进入张桥小学念书，一年学费三角钱。新中国成立之初，国家的经济条件不好，学校的教学资源也很少，基础的教学用品稀缺，我们还得自带课桌课椅去听课，课室里课桌不统一，显得很凌乱。好在家里离学校也不太远，我上学时都是自己走路去，不用父母接送。

当时想要上学的人很多，特别是农村的子弟，都特别想去学习知识。但是无奈每个学校的招生名额有限，因此年纪太大的学生就不收了。为了读书，家里把我的年龄报小两岁。与我小时候一起放牛的同龄人，有的就因为年龄大了没能入校。不过，我因为自幼喜欢读书，上过私塾，识的字比较多，所以学习时接受能力比较强，读了一个学期就跳到了三年级。由于各方面表现好，我很快就加入了少先队并担任大队长，得过三好学生，学校还将我的学费都免了。

到 1957 年，我小学毕业，父母考虑到生计问题不愿意让我继续学业，想要我多担负起家里的责任，照顾小的，但当时的少先队辅导员陈长庚就来到我家里，鼓励我继续读书。他说，虽然目前我们家庭情况比较困难，但是新中国成立后的社会环境逐步转好，多念些书会对以后工作更有利。而我成绩本来很好，也很想读书，于是我最终还是去参加了考试，成功考上开平第四初级中学。从这以后，我的中学六年的生活都是在开平四中度过的，其间我一直担任副班长，后来还担任了共青团团总支副书记。

回想这段时期，学习条件还是比较艰苦的：由于学校离家远，我一直在学校寄宿；学校奖励的铅笔，用到还剩一点点时，我会用竹子接长尾部继续用。初中时学校还没有通电，晚上自修的时候照明用的是煤油灯，每两人坐一张桌子的只能用一盏灯；到高中时，晚上照明用汽灯，一盏汽灯就可以照亮整个教室；直到高中快毕业时，镇里有发电机给学校供电，才开始有了电灯。好在我自己获评过三好学生和学习标兵，所以学费一直都是免收的，还有助学金，给家里减轻了不少负担。

1963 年我参加全省统考。大学报志愿时，第一批我报了北京航空学院，但是由于成绩不够而没有考上，于是就被第二批第一志愿广东工学院（现广

1960 年，大学时代的张荣桐（左一）与同学合影

东工业大学）所录取。考上广东工学院之后，我们一家人除了高兴，对读书的费用依然犯愁，好在那时候有很多亲戚，还有一些同学都支持我就读，大家东拼西凑地把费用集齐了，供我到广州求学。至于选择学科，我记得学校设有电力、机械和土木等几个系，而因为高中末期时电灯这一新奇事物的出现，我对电产生了浓厚的兴趣，并有一种预感，以后在商店、学校以及更多地方，陆陆续续都将会用上电——电力将会改变人们的生活。于是我选择就读了发电厂电力网及电力系统专业，进入了发电 681 班。

学习机会得来不易，发电 681 班的同学到了寒暑假基本都不回家，都是在外打工或者在图书馆看书，学习都很认真。我当时还利用假期时间做些社会工作来赚钱，去过农科院耕种、插秧，也去过广州市档案馆清理敌伪档案，我还记得当时在市档案馆整理档案的收入是 1 天 1 元，算是一笔很不错的收入。另外，学校对家庭经济困难的学生也十分关心，根据情况每月会发放助学金，9 元、12 元、15 元、18 元的都有，我每月领到的就是 18 元。由于有这些助学金和劳动收入，自己大学期间学习生活的基本费用无须家里负担。当然了，那时我们也没有很多生活用品，像蚊帐、计算尺都是租了学校的。

1963 年，中央在全国城乡开展社会主义教育运动，就是后来人们简称的“四清”运动。于是到 1965 年，按照上级的安排，我们全校师生都需要参加到跟农民同吃、同睡、同劳动的运动中去。我当时便被派到韶关曲江县马坝公社演山大队斗禾村，在一个徐姓农民家庭住宿。那里的生活条件可比学校差远了，早上没有饭吃，中午也只用一口大铁锅放些红薯、芋头来煲粥，山路曲折难行，一天走下来非常疲惫。还好我自己也是农民出身，所以我也算比较能适应，跟当地农民打交道多了，还因此学会了客家话。“四清”运动在农村工作中的内容，具体就是清工分、清账目、清仓库和清财物，我在村里主要是负责梳理财务的工作，还有诸如派工、生产、查找漏洞、核对收入与支出等工作。参加了“四清”大半年，我们就回学校继续念书了。

1968 年，我大学毕业并接受工作分配，1969 年初就来到江门，开始了自己在广东省珠江电力管理局分公司（旧址位于江门市三角塘，现江门市电力设计院所在地）的工作。我加入的第一个班组是低压线路班，负责 10 千伏以下低压线路的工作，班长叫区葵，副班长叫王远辉。而我的大学同班同学陈刚（江门局前副局长）就去了高压班，负责的是佛山到江门的 110 千伏高压线路。低压班工作条件比较简陋，那时的安全帽还只是用藤编织而成的，跟现在的比起来并没有什么“安全感”；没有车，巡线检修之类的工作都是徒步完成的；立杆之类的工作也很多，像铁铲、锄头、铁笔、大小锤、钢丝、手摇绞磨这些现在班组不常用的工具，当时可都是天天带在身上的；运输电杆、变压器时，都是靠租平板车靠人力进行拖运；通信方式也挺特别，靠的是一个 50 门的手摇插线式交换机，哪里有电话信号来，就用插线插那个门，来连上通信。这样的工作环境和模式，还是有点累人的，每次工作衣服湿了又干，干了又湿，有时候工作得晚了也没有饭吃，只能去外面随便买一些面条填填肚子。

在低压班期间，给我印象最深的一件事发生在 1969 年 4 月。当时在江门河礼乐渡口那边，渡口摆渡的只有一条船，很多农民平日里便是坐船到江门河另一边的田里去插秧。某天下午四点来钟，很多插完秧的农民渡河回家，但船只由于超载，刚驶出码头没多久，一不小心就翻入河底。当时听到这个消息，我们班组立刻去到现场进行抢救。我们把汽油发电机运到现场，临时搭接低压线，提供应急照明，帮助现场抢救人员寻找失踪人员。我还记得这次为了抢救，运送发电机没有像平常那样用大板车，而是专门调用汽车来运。第二天，我们单位还专门调来一艘电力线路抢修船，帮助完成遗体搜寻工作。事故最后还是夺去了10多条人命，我记得抢救人员都很尽力了，但心情还是很沉重。

在低压线路班工作不到一年，我就调换工种，到了当时江门供电公司革命委员会政工组工作。1970年，我就到了北街变电工区（110千伏变电站）担任管理员，参与停送电等业务管理工作，和搭档陈锋进行二次设备试验检修。虽然没有固定岗位，但当时在变电站工作属于保密专业，我觉得自己还挺受到重用的。1971年我加入中国共产党后，1972年又去到生产组参与计划、采购、核收输变电设备等工作，时间也不长，大概只有3到4个月，到下半年就被调回政工办（政工组此时已改名为政工办）担任副主任一职，负责人事、秘书、政治思想工作，1973年担任江门供电革命委员会副主任兼政工办主任。

1974年5月的时候，我被市组织部抽调去江门市机械工业局，担任政工科科长。还记得当时在离开江门供电公司的时候，省电力局的副局长洪干恰巧来江门，见到我将要调离，便问我："你以后还会回来么？"我说："电力是我学的专业，我还是干电力比较合适，什么时候组织需要我了，我就什么时候回来吧！"

在20世纪70年代的前五年，我的家庭也发生了很多变化：1971年，我与我的妻子吕淑娟在这一年结婚了。1973年和1975年，我们的儿子张耀斌、女儿张慧芳也先后出世了。家里相处很和谐，妻子更多地负责起育儿的重任，让我得以把更多的心思投入在工作上。

随后的日子，我在机械工业局一干就是五年。直到1979年，当时上级提出"专业归口，学以致用"，要求专业人员必须对口调整岗位，我才被重新调回至供电公司，担任生技科科长，得以回归老本行。不久后又被组织借调到江珠220千伏输变电工程指挥部，参与220千伏莲塘变电站（后改名为珠海变电站）和江门至珠海、珠海至澳门的输变电线路建设工程。

当时刚刚改革开放，经济发展很快，原本珠海仅有的一个110千伏变电站不能满足供电需求。这次工程是从江门北街变电站出一条220千伏线路，跨越中山，再到珠海南平，在那新里建一个220千伏变电站，最后通过110千伏线路与毗邻的澳门联网。我当时是这个项目的技术负责人之一，驻地在中山石岐。那一年里，我经常在珠海、中山、佛山等地奔波，负责基建方面的上传下达以及技术把关工作。当时家里的两个孩子都是交给夫人照顾，她每天早上五点钟就要起床，踩单车送两个孩子，一个要送去上小学，一个送去托儿所，然后到离家40分钟路程的北郊边加油站上班，风雨不改，很是辛苦。

1981年江珠工程完成后，我就回到了江门供电局，被选任为党委副书记。那时江门供电局归佛山供电局管辖。1984年，江门供电局和佛山供电局分开，我和王光耀搭班子，他任局长，我任党委书记，谭灼、黄辉任副局长，黄兴任党委副书记，郭进义、郑国泰任调研员。1988年起，我被选任为江门供电局局长兼党委书记。

20世纪80年代初，张荣桐（左一）与夫人、儿女在家中合影

随着经济发展，因为设备容量小，省网电力“卡脖子”的状况越来越严重，必须全面提升输变电能力。1986 年 5 月，广东省电力工业总公司决定要兴建广东第一项 500 千伏输变电工程——沙角至江门输电线路和江门变电站。在这项工程里面，可是创造出了不少个全国乃至世界第一的。

500 千伏江门变电站工程，采用了 220/500 千伏户内六氟化硫全封闭组合电器，是当时全国首例。还因为 GIS 开关和继保装置是瑞士 BBC（现 ABB）生产的，合同上注明了必须派单位人员去培训设备相关技术。当时我兼任 500 千伏沙江输变电工程江门筹建处主任，1986 年 9 月底到 11 月初，我带队到瑞士培训，一起去的有省电力局副总工程师冯博文、省输变电公司罗学森，还有我们局的陈国强等人。那时候出国一趟可不容易啊，对出国人员管理很严格。从广州坐飞机到香港中转时，是不允许出机场的。记得我们在香港机场足足等了 8 个小时，直到夜深才登上飞往瑞士苏黎世的班机。到了瑞士之后，我们住在巴登镇，每天就在 biliski 招待所和培训中心之间来回，整天都是上课培训和考试、参与设备安装和试验、参观设备运行等。应该说，我们算是省内最先接触超高压输变电设备和技术的人了。机会难得，我们不敢松懈，认真学习。后来还自编过一本 500 千伏设备运行方面的教材，充当了一回“拓荒牛”。

回国后，我们立即投入到如火如荼的工程建设中。江门筹建处主要工作就是协调、监督、验收和技术把关这几方面。500 千伏沙江输电线路，全线单回路架设，全长 97.6 公里，总计铁塔 232 基，协调沿线工作和进行监督验收都是由我们负责的，包括日后的日常管理运维。当时线路工程施工采用了不少先进技术，让人大开了眼界。比如省输变电公司与美国波音直升机公司合作，在省内首次使用波音 234 直升机整体届装 20 基铁塔，平均直线飞行距离为 7.23 公里，直升机从离地、吊一基铁塔，再回到地面，仅耗时 12—39 分钟，令人叹为观止，让我深深感受到现代化、机械化作业的高效率、高质量。要知道，那时候我们的电力施工，多半还是靠手拉肩扛。还有北京送变电工程公司在西江大跨越架线施工中，考虑到江上来往船只多，使用了气球放线的新方法，用多个气球悬吊起放线的导线绳，再在水面上利用船只牵引渡江，减少封航时间。我就站在江边，还能看见西江上的船只在我们的牵引船间穿行而过。此外，珠江狮子洋大跨越也是个大工程，横跨江面宽度2382米，采用河中立铁塔方法，布置成两档跨越，档距一个是1550米，一个是931米。其中河中的61号铁塔是当时世界上最高的自立式输电铁塔，全高为240米，重达1040吨。为了架设这座铁塔，当时还在江中专门筑了一个人工岛，河中立塔是利用河中自然形成的泥洲浅滩，常年水深3—5米，施工难度前所未有。退休在家的原省电力局副局长颜鸣鹤对这个铁塔一直念念不忘，跟我说在职期间他因工作繁忙一直没能去看看。后来我找了个机会，便约他一同前往，已70岁高龄的他亲自登上高塔观望，了却心愿。作为同行同事，我很能体会他对电力设备设施的感情。曾有朋友对我说，这些铁塔线路影响城乡美观。我笑答道："不是啊，这在我眼里就是一道风景！"

这个工程最终于1987年12月顺利建成投产，正式标志了江门电力从量变到质变的飞跃，江门电网至此进入了更高层次的发展阶段。建设中超高压输变电先进技术的应用，也为全省乃至全国起到了一定的示范作用。看着这个工程的诞生，我深感自豪。

1988年，当时江门供电局的局长王光耀转任总工程师后，我就继任了局

1986年，张荣桐在瑞士学习

长兼党委书记。任职三届，共12年。现在当我回想起20世纪80—90年代这20年，印象最深的还是缺电，这在江门，在广东乃至全国都是一个普遍的现象，司空见惯。

因为电力紧张，市经委每个季度都要召开电力分配会议，商定电力、电量分配方案，不得超计划用电。1986年起省经委印发《广东省电网对市区（地区）超计划用电罚款办法》，1988年时更规定，电力最紧张的时候，超用2%及以上电量，每千瓦时就要罚款5角钱。省电力局对电力电量控制也是特别严格，一旦超出负荷，省中调就会直接下令拉闸限电。特别是夏天，三更半夜一遇停电，居民意见很大。有的人甚至到邮局查我家的电话，直接就打过来投诉，家里的电话响个不停，搞得一夜睡不安稳。我们执行的时候左右为难，一边是“等米下锅”的厂家、急需用电的居民，一边是供不应求、捉襟见肘的电力状况，心有余而力不足。1989年6月一个晚上，有一条110千伏线路被拉了，五邑大学包括双龙整个片区一片漆黑。晚上八点有个领导直接开车到我家楼下，不由分说地把我狠批了一顿，态度很强硬，要我立刻赶往现场恢复供电。当时我也心急如焚，但“巧妇难为无米之炊”，确实无法当即解决问题，因为调度权不在我手里。我只能马上与省电力局的同事积极沟通，终于在上半夜争取到了“指令”，恢复了供电。

解决电力短缺的长远之计还是搞建设。我们首先是建电厂，增加发电能力，因为单靠省里建的大型发电厂肯定是不行的，“远水解不了近渴”，而且“僧多粥少”，得自己想办法。20世纪80—90年代，在省政府“以电养电”政策带动下，江门市先后建了11间小火电厂，像江门发电厂、北街（联营）发电厂、外海发电厂、西江发电厂都是那个时代建的，新会、开平、台山、恩平、鹤山都建有小火电厂，全市合计总装机容量达到71.2万千瓦。

其次是建电网，增强输送能力。那时江门110千伏网络主要依靠220千伏北街变电站提供电源，并且大部分都是以“挂灯笼”T接方式接网；35千伏变电站仍作为供电主力，供电网络薄弱，多数可靠性差。加快电网建设迫在眉睫，那时我忙前忙后都是围绕着各项工程转。但搞输变电工程，资金有限，要建个变电站，省电力局只补贴少量资金，其他都要自己想办法，供电局出一点，地方政府再出一点，多方筹集资金才行。而且，工程建设也要自力更生，自己设计、自己施工、自己安装，包括变电站的主控楼、电缆沟等土建工作往往都要自己一手完成。例如位于外海镇石鹤利的110千伏金溪变电站建设，我们就是这样干的。建设资金全部由地方筹集，工程由我们自己设计，设备安装由局变电工区负责。记得1979年底，主控楼外墙要用泥沙，还是由我们去西江买来，到了晚上加班加点将其运到施工现场。现在回过来看，当时虽然条件艰苦，但我们建设的速度没落下。到了1998年，江门五邑各市都已建有一座或一座以上220千伏变电站，新会更是实现了每个镇都有一座110千伏变电站。

加快建设虽然是治本之策，但它需要较长的时间，不可能一蹴而就、一日功成。面对迫在眉睫的严重缺电问题，我们也采取了很多临时应对措施。比如用电错峰、避峰，工厂轮休等。实行计划用电，这在供电紧张时尤为重要。我们根据省里统一下达的电量分配计划，再针对辖区工业用户的负荷情况列出详细的表格，一目了然。当时我们平衡得好，很多工厂由原来的“开三停四”变成“开四停三”或“开五停二”了。

还有就是，我们也越来越看到电网发展规划的重要性了。1986年，局里开始设立专责工程师负责电网规划工作。1991年，计划科又编制了《江门市1991—2000年电网规划》，并滚动修编。我们经常与市规划局打交道，保持信息互通，积极沟通协商，务求电网建设与城市规划的有效衔接。同时，我们改变一味跟着经济跑的被动状况，超前规划，争取主动。例如，江门市双龙片区，当时还未开发，工商业还未形成聚集，我们1988年就在那里建了一个110千伏变电站，先走一步。随后，市政府规划局就围绕着这个站点来完善那个片区的规划建设，又推动双龙商业圈、商住楼快速形成。电网规划与城市规划相辅而行、相得益彰，电力建设上去了，电有了保障，这些地方的发展就有了后劲。

进入20世纪90年代，珠三角地区经济发展很快，到处的基建使地面上升，我们500千伏线沿线很多铁塔的基础地面变成了低洼地，容易积水，导致铁塔基础被腐蚀，设备安全受到威胁。为了解决这一问题，同时保证我们输变电线路满足净距要求，确保供电可靠性，1997年我们领导班子与各方面协商一致，决定带电升塔。

带电升塔是要冒风险的，因为铁塔重、电压高，而当时全省就这么一条超高压输电线路，一旦施工中出点什么差池或什么问题，那安全责任就大了。施工中如何确保电网及人身安全，是我们工作的重中之重。当时的副局长陈刚主持制订方案，我负责审定，并报省电力局安监处审批，反复修改多次，最后才做出决策。施工前，我们又在现场反复模拟了多次升塔操作，省电力局生技科还专门派工程师前往视察指导。施工期间，我经常放心不下，要亲自跑到现场去看一下才踏实。到2000年，我们采用新技术，在不卸荷的情况下，带电升高500千伏“V”形铁塔基础共33座，减少了因停电造成的损失，且安全可靠，经济效益非常明显。现在想起来，自己也觉得挺有成就感的。

在1998年，有一件令我印象深刻的事情——恩平水灾。那年6月21日至26日，恩平遭受百年一遇的特大暴雨的袭击，6天降雨总量高达1244.8毫米，为一般年份全年雨量的56%。雨量主要集中在锦江水库一带及西北部，江河、溪涧水流暴涨，形成一股强大的洪流，呼啸而下，茶山坑和天堂水库发生垮坝，城乡一片泽国，被冲毁或淹没的村庄、房屋、农田、道路、桥梁无数，死亡及失踪95人，直接经济损失7.9亿元。其中冲毁10千伏线路45公里，400伏低压线路95公里，茶山坑和天堂水电站发电机房、设备全部冲毁，有4名职工遇难。我带着抗灾抢险队赶到受灾最为严重的大田镇，所到之处，满目疮痍，触目惊心！35千伏大田变电站损毁也十分严重，主变压器、并关柜等电力设备都被洪水淹没，各种高低压线路断杆的断杆、被埋的被埋，全站瘫痪。我组织大家起早摸黑抢修线路设备，立杆、拉线、维修设备，昼夜连轴转。我白天在现场指挥，晚上向恩平市委书记黎兆源汇报，一刻也不敢停歇，和抗灾抢险队一起足足干了十天十夜，终于把除了一些变压器以外的其他设备都抢修完毕，恢复使用。灾后，恩平市委、市政府对我们电力局

1998 年，恩平遭受特大暴雨袭击。时任江门供电局局长张荣桐（左二）到灾区指挥抢修复电工作

抗洪救灾的表现给予了很高的评价。朗底镇党委书记岑锦良更是因此与我相识相熟，后来他几次来江门与我见面，谈起当年一起抗洪救灾的往事，依然唏嘘不已，感慨万千。

2003 年，我便从江门供电局局长的岗位上退休了。此时儿子张耀斌也投身电力行业，女儿张慧芳则在保险公司工作；孙子孙女们也相继出世，一家人可谓是安居乐业，其乐融融。不过，颐养天年的日子却不太顺利：2006 年，我被确诊患有多发性骨髓癌。犹记得化疗期间全身都疼，胃口非常差，睡也睡不好，身体极度难受。但有家人轮流来陪着我，我心里面还是比较踏实的，自己也尽量保持积极的心态，或许在别人看来，我的病很严重，但是我会积极地暗示自己：人病了固然要重视它，但是也不要太紧张。记得住院时有次深夜疼得睡不着，于是起床到外面走廊走走，被一个护士看见了，她问我为什么还不休息，我还开玩笑说自己有夜游症，逗得护士也笑了。

2008 年 5 月之后，我度过了那段比较艰难的时期，身体逐步恢复正常。出院后我仍坚持按照医嘱进行保守治疗，从开始时的三个月复诊一次，到现在一年一次，每次复查的各项指标都显示正常。恢复期的时候我还会看些医学资料，帮助自己更好地了解自身的病情。根据医学标准，到 2016 年 2 月我的身体指标依然保持正常，我就算是痊愈了。现在的我，吃得香，睡得好，每天早上到公园散散步、锻炼锻炼，感觉生活很愉快。我跟别人讲，曹操的《龟虽寿》里就写过："盈缩之期，不但在天；养怡之福，可得永年。"人始终还是要豁达开朗，坚持良好的心态。

回望自己走过的路、做过的事，觉得还是挺有意义的。从私塾到大学，我的求学之路获得了亲人、朋友乃至国家的帮助，一路学来风雨无阻。到进入电力行业，我见证了江门从1963年开始有110千伏变电站，到1974年拥有220千伏变电站，再到1987年拥有华南地区第一个500千伏变电站的整个过程，真切地参与到江门市电力和经济的发展中去，感受到了整个国家的进步。作为一个供电人、一名党员，基本做到了在其位谋其政、任其职尽其责，为社会略尽绵力，没有虚度数十载的光阴。

（张荣桐口述/覃超一整理）

随遇而安，随心而动

陈文秀 女，1944年出生，福建莆田人，原惠州电力工业局生技科副科长。1968年毕业于武汉水利电力学院发配电专业，毕业后被分配到云南电力建设公司火电工程处工作。1983年调入广东惠阳地区供电局，1989年起任生技科副科长。1999年退休。

1944年3月，我出生于福建莆田，父亲郑玉文，母亲陈淑华。我家兄弟姐妹众多，姐姐和兄弟随父姓郑，我和妹妹都随母姓陈。

新中国成立前，我父亲曾在莆田埭头小学当校长，并加入国民党担任伪职。新中国成立后，父亲继续担任教师，供职于莆田一中，直至1958年，父亲因为这一段伪职经历被学校“清洗”出教师队伍，并回乡接受劳动改造。那时，我正在莆田一中念初中，父亲的事多少让我在同学中间有点抬不起头来。高中我去莆田五中读书。所幸，这件事并没有给我带来太多的负面压力。高中的时候我还因为表现突出，担任了学校学生会和班里的学生干部，并加入共青团。

1963年我从莆田五中高中毕业。中学时代的我，最大的梦想是当个女青年拖拉机手，驾驶着“大铁牛”奔驰在广袤的农田上。遗憾的是，1963年高考，我与第一志愿北京农业大学擦肩而过。但我一直感谢武汉水利电力学院录取了我，让我与电结缘，并为电力建设拼搏奋斗了一生。

考入武汉水利电力学院后，我进行了学制5年的发配电专业学习。其间，除了系统学习电力理论知识外，1964年初我还被选中参加学校组织的女子武装基干民兵班，接受严格的民兵训练。作为全国高等院校第一支女子民兵队伍，响应毛主席“全民皆兵”和“到江河湖海去游泳”的号召，我们的训练目标是要武装泅渡长江。那时的训练抓得很紧，陆地和水上训练同时进行，包括列队、搏击、刺杀等项目，印象特别深的是冬泳，武汉的冬天零下十几度，东湖水面结了一层薄薄的冰凌。我们穿着泳衣，一咬牙就往冰水里钻，在水里不能停止运动，唯有毫不犹豫地伸手、蹬脚才能保持身体的热量和体力。慢慢地，我和队友们从游东湖到渡汉水，最后终于越过天堑长江。这个过程不仅锻炼了身体，更锻炼了意志。在1964年8月至1966年8月短短两年时间，我们女民兵班多次泅渡东湖、汉水，七次武装横渡长江。不久，“文化大革命”爆发了，民兵班的训练也就此中断。

1966年10月1日，我作为大专院校红卫兵的一员，在天安门广场接受伟大领袖毛主席检阅，亲眼看见伟大领袖毛主席。那年冬天，响应毛主席关于徒步串连长征宣传的伟大号召，我参加电力系部分同学组织的“永远跟党走”毛泽东思想宣传队，历时一个多月，沿秋收起义革命先烈的足迹走到井冈山。整个过程中，没有坐过一天车，全靠徒步、爬登。常常起早摸黑行军，一天一个县城，不到预定目的地决不停息，到后来每天走近百里路也不觉得累。我们沿路的吃住都在接待站里，其中到达我国著名的江西萍乡市安源煤矿的经历让我印象最深。那天，我们被安排在萍乡路矿工人敬老院住宿，上午在敬老院听路矿工人讲述煤矿工人革命斗争史，下午听下矿安全注意事项、领工作服、矿灯等，到晚上下矿井，通宵达旦与采煤工人一起采煤。从晚上6点下井到翌日凌晨6点出井，我们头戴矿灯，腰捆沉重的矿灯电池，坐矿井小火车入井，再爬梯到工作层，与工人一起进煤层。矿井里黑洞洞的，只能借助头上矿灯光进行作业。运煤的传送带来来去去，不觉一夜就过去了。出了洞口，大家相互一看，乐了，个个成了只有牙齿是白色的“黑人”，急忙冲去大众澡池洗澡。这一路艰苦的历练和磨难，让我从中锻炼了自己、成长了自己，留下了美好的回味。回校后我曾与几位同学到武汉线材厂参观学习，甚至跟学校的电工学攀电线杆，1968年初按学校安排，全班同学到河南焦作电厂实习一个多月。

毕业分配前，在互相征得家人同意后，我和同班同学张文波确定了恋爱关系。毕业分配时，我俩的去处其实可以不一样。我是福建人，本可以分配到条件更好的华东地区；他是广东梅州兴宁人，但中南地区没有分配指标，只能往西南去。俗话说：“嫁鸡随鸡、嫁狗随狗”，我终是决定跟他一起到西南地区工作。1968年12月，我们分配到云南电力建设公司火电工程处工作，在大西南奉献了15年的青春。

当时，火电工程处在云南宣威县施工宣威发电厂。毕业之后，我们俩没几个钱，也就没有回家，直接从学校去了工作地点。一下火车，沿着火电建设运煤专用铁道，对着大烟囱走了两个多小时才到工地。当时学校发配电专业就我、张文波、张乃铭、陈承林、陈齐英五人被分配到宣威。我们两个最早去，分配到了电气工地二次线班。然后单位里就有人说了，怎么这些“臭老九”还能去电气工地，他们应该接受工人阶级再教育，去最艰苦的地方劳动。所以后面来报到的三个同学，只能去搞锅炉、起重。我们俩都庆幸自己去得早，还能干上本专业工作。

在火电处，我虽然在二次线班，但放电缆、做电缆头、照明施工、安装电机、控制盘接线等工作，样样都要学、样样都要做。慢慢地我也成为能够独当一面的技术骨干，带着两个技工、三个学徒工完成了化学水处理室的全部电气设备安装，还经常协助局里搞职工培训。当时云南建工处子弟学校的老师来听我的培训课，觉得我讲课思路清晰，深入浅出，能胜任高中物理的教学工作，想叫我到学校去教书。对于女人来说，那确实是个更为舒适的工作。可我不愿意，我要留在工地上。

1970 年 1 月，我与张文波登记结婚，正式结为夫妇。同年响应国家号召，支援“三线建设”，火电处挥师贵州六盘水特区，参加水城五七二工程建设。六盘水煤炭资源丰富，是国家能源输出重要基地，但煤炭运输不便，建设发电厂非常有必要。出于国防安全考虑，防止敌人的卫星监视，水城发电厂选址在一个荒无人烟的山沟里头。两边高山夹着一个峡谷的地貌，要建电厂首先得开山劈石把峡谷拓宽夯平。那时候，我们就是“开荒牛”，连生活区都是自己一手一脚搭建起来的。11 月，我在水城生下了大女儿张健。

1972 年，我在水城生下了第二个孩子。那一次分娩非常危险，我在家里羊水破了，找了邻居家一个护士来帮忙接生，结果孩子出来后，胎盘下不来。当时流了好多血，装满了一个痰盂。我爱人急得跑这个山头找医生，又跑那个山头找医生，但因为工地医疗设施简陋，都是束手无策。幸好最后用担架把我抬到十公里开外的矿区医院，才算捡回了一条命。这个孩子生下来体弱，我们俩工作又忙，当时也买不到奶粉，就送回了广东老家让婆婆帮忙照看。可惜，这个孩子跟我们缘分浅，最终生病夭折，但这是后话了。

在水城电厂从无到有的建设过程中，我们既当工人又当技术员。施工的时候，工地上的重活、累活我们都抢在前，工人休息的时候，我们就抓紧时间看设计图纸、测算工程量，提交设备、材料用表。遇到现场实际需要的零件或购买的零件不匹配等情况，还要画非标准件图。好在年轻好学，一点都不觉得累。

1975年，水城电厂建成发电，火电工程处又班师回云南，投入到云南弥勒巡检司电厂的建设中去。1976年，我在巡检司电厂生下三女儿张琴。当时，我爱人因工作需要暂调回云南宣威扩建工程，留下我一个人拉扯两个孩子，很是辛苦。电厂附近没有集市，每周末要走路到火车站附近买菜，托儿所周末不上班，我还要带着两个小孩。买菜回来的路是一条长长的上坡路，大女儿张健才六岁，在街上转了两个小时，爬上坡路实在走不动了，就抱着我双腿说："妈妈抱抱我，妈妈背背我。"我背着小女儿张琴，拎着三个人一周吃的菜，腾不开手，最后几乎是把大女儿一路拖回去的。

那些日子虽然不容易，但我们一家人也没抱怨过，倒是觉得日子苦中有乐。电力基建单位就是这样，大部队开进一片荒滩，基础生活条件很差。没有自来水，要下到溪里去挑水，一星期才赶一次集，买一家人一星期吃的菜。在户外看电影，有时候要轮候到凌晨1点，但家家都还背着孩子站着赶场。几经拼搏，人气聚了，生活设施齐备了，电厂发电了，大家却又收拾家当向新目标进发。看着茫茫荒滩经过我们的努力竖起高高的烟囱，寂静原野响起隆隆机器声，乌黑的煤炭进去，高压电从一根根银线悄无声息地输送出去，繁荣了一片地区，心里乐开了花。

1980年，为了就近照顾年迈多病的公公婆婆和我那有病的第二个小孩，我们向组织申请调回广东工作。一开始，云南电力建设公司根本不放人。我俩在电力基建这块干了十多年了，既有专业知识，又有工作经验，正是年轻力壮干活的时候。经过不懈地争取，1983年6月，我们举家东迁，来到了广东惠阳地区供电局工作。我分配在生技科，我爱人分配在基建办。

初到生技科，当时的科长温汉仁即将调任为副局长，他将主管的大修更改月度、年度计划移交给我。1983—1986年间，我负责主持局里的大修更改工程计划管理。以前在火电处，我主要做设备安装工作。面对组织交付的新任务，原先掌握的知识虽是能派上用场，但还有一些新的东西需要学习和掌握。所以我经常下工区、变电站，了解本地区设备特点及测试手段，参加一些设备的大修更改、变电站的运行规程编制，到西安开关厂学习液压机构技术，还参加省里的预算员培训，拿到了广东省建委授予的预算员证。通过努力的学习，我较好地完成了这个既有生产技术又有经济指标的工作，1983—1985 年，连续三年被评为先进工作者。

我在生技科一直干到退休，1989 年被任命为生技科副科长。其间参与了多份电网规划的测算和编写工作，指导着 1986—2000 年的惠州电网建设。

在 1981—1985 年“六五”计划期间，惠阳地区经济发展快速，年均增长 9.21%，电力供需矛盾很大，全区缺电 30% 以上。1986 年，惠州市（当时是县级市）人民政府成立惠州市城区电网规划领导小组，下设惠州市城网规划建设办公室（以下简称城网办），由惠州供电局生产副局长担任城网办主任，我兼任城网办副主任。在政府积极推进城市建设，在大力支持电力事业发展的背景下，惠州电网进入高速发展时期。

1988 年，当时的生技科科长郑永慰即将调任为总工程师，他主管的规划工作就移交给我，聘我为“电网规划及无功补偿管理工程师”。这年，广东省进行市管县体制改革，惠阳地区行政区域取消，惠阳地区供电局划分为惠州、东莞、河源、汕尾 4 个供电局，原惠阳地区的惠州市、惠阳县、惠东县、博

1986 年，陈文秀（右二）在广州参加广东省电力局第八期工程师英语班学习时与参培人员合影

1987年，陈文秀（中）到番禺110千伏变电站参观学习

罗县和广州市管辖的龙门县组成新的惠州市（地级市）。电网规划要根据新的惠州版图做适时调整。我留在惠州供电局生技科，这个工作当仁不让地落到了我的头上。

为了给电网发展和改造提供依据，我到全市各个变电站进行电网结构调查，把平面布置绘画下来，把各侧出线现状、扩建可能及存在问题一一记录下来。在此基础上，协助调度完成各站主接线图，并把各个站的变压器、开关、电容器及线路参数一一抄录下来，分门别类做出台账。除了收集资料，我经常利用到广州汇报工作、开会的机会，向广东省电力工业局计划处、省电力设计院的专家们学习，收集兄弟单位的电网规划，力求提高自己的分析能力和开拓思路，吸收别人的经验，使我市的电网发展能步伐大一点，少走弯路，为领导做决策提供有益的依据。1988年和1990年，我先后编写了《1988—1990惠州市电网规划》《1990—2000惠州市电网规划》。

电网建设如果只停留在规划图纸上，是没有用处的。所幸，惠州市政府对电力建设不遗余力，通过市长办公会议，协调各方，给予大力支持，既给政策，又给各种方便。我印象最深的是，1989年，为了筹建惠阳发电厂，时任副市长的李鸿忠同志亲率经委系统和电力系统技术人员，昼夜兼程到福州、

1988 年，陈文秀给进网电工作业人员讲课

厦门、汕头考察设备，我也参与其中。考察行程很紧，市政府小车班的两位司机和李市长轮流开车，晚上开车赶路，白天参观设备、听介绍、讨论。回来后我睡了 3 天，才恢复过来。

最终，市政府采纳我们放弃收购国内电厂的旧设备，转由采购法国进口设备的建议。那个法国设备很先进，自动化程度高，性能稳定，10 万千瓦机组，生产一线人员只有 40 多人。1991 年，惠阳发电厂首期机组投产并网，1993 年再投产二期机组。1994 年，惠阳发电厂发电量达到 4 亿千瓦时，当年惠州全社会用电量 22 亿千瓦时，惠阳发电厂成为惠州本地最大电源，对缓解用电矛盾及调峰功不可没。1994 年 8 月，用户敞开用电，拉闸限电次数为零。制约惠州市经济发展和严重影响人民生活用电多年的拉闸限电现象宣告结束。

对于无功补偿管理工作，我受命时仅有理论知识，还没有一点实践经验。1988 年，惠州市全网电容器的总投运量不足 1 万千乏，虽然省局在 1982 年给惠阳地区配了 2 万千乏的电容器设备，很多站也安装了，但由于设备不配套等种种原因，基本不能投运，发挥不了应有的效益。我这个人干专业技术工作，比较重视规程的学习和运用。我接手这个工作后，先是认真学习，查阅了电容器的标准、设计规程以及有关专业论著。然后到无锡电力电容器厂、上海电机厂电容器分厂、合阳电容器厂、西安电力电容器厂等当时国内主要的电容器厂家参观学习，逐渐对电容器的国内外发展情况、制作工艺、材料、成套设计技术等有了比较清晰的印象。我还参观了西安、海口、深圳等几个兄弟单位属下变电站的电容器运行情况和设备配套情况。

打下扎实的理论基础后，实际工作中的各类问题也就迎刃而解。在解决惠阳变电站的电容器投运问题过程中，我通过对设备选型的审查，发现设计中使用的 SN4－10 开关不符合设计规程的要求，因为 SN4－10 是低速开关，不适用于电容器回路。因此，我先后打了几次报告，从 SN4－10 开关特性和电力电容器设计规程等方面要求省局尽快研究解决设备选型问题。经过大家的不懈努力，终于使惠阳变电站 6.24 万千乏的电容器在 1991 年一次投运成功。同年，惠州地区共投运 7.3 万千乏电容器。取得喜人成绩的同时，我深知电容器的管理工作，还是要继续抓住技术规程不放。在总工室的支持下，我组织变电工区的同事一同编写了电容器运行管理规程和反事故措施，并根据实际运行情况增补规定，推进这个工作更深入地开展下去。

1990 年，陈文秀（二排右七）参加广东省电力供电计划工作会议

1991 年，市政府和电业局党委任命我兼任城网办副主任，管理市区配电网的规划和建设。配电网，我并不熟悉，但组织要我去干，我还是服从组织的调遣，去接手这个我并不太熟悉的新工作。配电网技术比主网技术要求低一点，也没那么复杂，但配电网涉及面广，覆盖着整个城市。我带着城网办的同仁们迎难而上，尽力让配电网的建设不落后于城市发展、不落后于时代要求。

在城网办任职期间，我想办法、动脑筋，积极为惠州城网建设筹措资金。1993 年，城网办向市政府上报《关于变电站、高压室用地的请求》，使惠州的变电站、高压室建设在政府的支持下顺利推进；同年，惠州供电局争取到市政府同意，从 1993 年 6 月起，在市区范围内正式征收地方电网建设费，到 1995 年停止征收，共收到 1838 万元，全部用于惠州电网及变电站建设。直到我 1999 年离职，惠州市区共增加 10 千伏配电线路 63 条，作为资金落地的执行者，总算不负组织对电网办的期望。

惠州是个美丽的旅游城市，走在苏堤可以赏西湖的滟潋湖光和城市的阑珊灯火。美景动人，有赖于惠州市政府及早布置、支持电力线路下地工作。

惠州的第一条下地电缆，是在 1997 年下半年完工的。当时，市委、市政府围绕争创“四块金牌”的目标大力开展城市建设，提出建设商业

1990 年，陈文秀（左一）在 220 千伏湖滨变电站扩建现场与工作人员合影

步行街，要求惠州电力工业局配合城市建设将步行街内架空线路全部改造为电缆下地。商业步行街建设是年中提出的，要求年底投产，任务紧、工程量大。惠州供电局组织人员到广州、中山考察下地技术和设备，引进了美国 COOPE、GE 等公司的高压电缆分接箱、美式箱变等设备，分期分批将市区内主街道旁的架空线路改为交联电缆下地。当时还有个问题，就是缺乏计划资金。政治任务摆在面前，城网办把多年积存的设计费都拿出来，加班加点干，连中午都是在工地吃盒饭，终于不辱使命，圆满地完成下达任务。电业局受到市政府表彰，我也被授予建设步行街“先进工作者”称号。

1999 年 5 月，我从电业局退休。但退休后的头十年，因为抵不过昔日的领导、同事要求我“释放余热”，我只好退而不休，始终坚持在电力建设战线。1999 年，适逢惠州电力工业局按照广东省电力工业局的统一布局，编纂《惠州电力工业志》。编纂办公室由当时在职的行政办副主任黄佩强兼职担任主编，负责全面协调，我担任副主编，和退休老统计员王婉华等其他编辑搭档。因为我熟悉文字编辑和绘图，长期从事规划、计划工作，所以工作起来得心应手。只是资料的收集颇费心思，尤其是发电部分的资料，更是需要一一向各家电厂发函、走访，才收集完整。2005 年，《惠州电力工业志》终于付印，该书记录了惠州电力工业 1916—2000 年的历史发展过程，是惠州电力人的奋斗史。

除了负责电力志的修编工作，2000—2009 年，我受聘于惠城电力实业公司，担任技术顾问。到现场确定施工方案，绘图、出预算；把关施工过程，验收设备、结算和出竣工图。能把平生所学尽可能多地奉献给我心爱的电力事业，我幸福。

如今，我经常和老伴儿到西湖边转一转，跟新结识的老年朋友打打太极拳，神清气爽，舒服极了。回首这大半生，在武汉下过矿井，到云南宣威铺放过电缆，赴贵州六盘水建设过发电厂，回广东搞过城网规划建设，退休后编纂电力志、担任技术顾问，这几十年虽苦犹甜，虽累犹荣。庆幸自己赶上好的时代，能为万家灯火奉献自己的青春和智慧。现在我还能哼出年轻时爱哼的歌：“锦绣河山美如画，祖国建设跨骏马，我当个电建工人多荣耀，头戴银盔走天涯……”

（陈文秀口述/刘冠莹整理）

招牌是这样擦亮的

苏棣芳 男，1944年出生，广东广州人。1968年毕业于华中工学院电机系电气专业，毕业后被分配到广东电业局下属广东省电力基建公司。1977年进入广东省输变电工程有限公司，先后任技术员、副总经理、总经理。2003年退休。

用科学技术实现国家富强和民族复兴，是我们那一代人的梦想，回首几十年往事，国家从一穷二白起步，到现在努力实现中华民族伟大复兴，靠的正是科技作为“第一生产力”的力量。

我于1944年出生于广州近郊的龙归镇柏塘村，父母都是老实巴交的农民，家里兄弟姐妹5人，我排行老二，上头还有个大姐，也算长子。小的时候，虽然家里经济窘迫，但父母坚持把我们几个孩子都送到了学校。龙归虽然在广州近郊，当时却连电灯都没有，我们兄弟姐妹几个人晚上凑在一起读书，点着昏暗煤油灯的场景至今还历历在目。我从小爱看书，尤其在读中学时，有一次看了传记《居里夫人》之后，居里夫人成了我的偶像，她那历尽千辛万苦搞科研的故事启迪了我。所以从那时起，我就暗暗立志，一定要致力于国家富强，为国家实现电气化、工业化献力。

后来在求学的道路上，我很刻苦但也很幸运，在高中时遇上一位好老师，他就是教我们物理的张业儒老师。他不仅课讲得好，还很重视培养学生的动手能力，挑了一群学生成立“工程师兴趣小组”。我们这些寄宿生便都成了小组成员，周六日有空时，我们就在一起做小实验，这让我接触到更多电气知识，也培养了自己对电气专业的爱好。

1964年我如愿以偿考入华中工学院电机系电气专业，当时大学学费全免，但我每月仍需要25元左右的生活费，我的家庭无力供养我求学。后来，幸亏学校有助学金支援贫困学生，能解决我的吃饭和买书问题。这让我一直很感恩，是党和国家培养了我，所以在以后这么多年基建施工中，不管生活环境有多么艰苦，建设任务有多么艰巨，我都有一颗感恩的心，不怨天尤人，而是全力去完成好任务。大学三年级的时候，母亲因为操劳过度病逝了，子欲养而亲不待，我还未来得及挣钱尽自己的孝心，母亲就这样早早走了，让我留下一生最大的遗憾。

1968年6月，大学毕业后，我被分配到广东电业局下属广东省电力基建公司，并到当时省内容量最大的韶关电厂锅炉工段炉墙班实习，主要参与砌墙、保温等工作。一年后，调到省电力基建公司生技科的电气试验班从事电气调试，先后参与了韶关电厂5万千瓦4、5号机组，梅西电厂，广东第一台10万千瓦茂名热电厂3、4号机组和220千伏小塘站、河源站、惠阳站、佛山站等的调试。1977年1月1日，省电力基建公司分拆为火电工程处和输变电工程处，我由于参与变电站的调试比较多，就被安排到输变电工程处变电工地试验班当技术员，从此开始了我在广东省输变电工程公司（以下简称“公司”）的工作生涯。

就在省电力基建公司拆分那年，公司承担广州石化厂1台110千伏专用主变电器的安装工作。石化厂是政府重点工业项目，电源专用变作用重要，因此对专用变的最后把关，马虎不得。当时，我负责电气设备的现场交接试验，进行变压器绕组的直流电阻值例行测量时，发现结果偏差较大，规程标准要求偏差不大于2%，而实测偏差达到3%。经多次测量均结果一致，我本着负责任的态度上报了试验结果，并提出变压器绕组内部可能有接触不良，存在带负荷时过热而烧毁变压器的隐患，应要求供货的常州变压器厂派人来研究解决。

厂家收到通知后也很重视，他们的厂长亲自带队到现场，但怀疑我们的试验方法有问题。我们详细介绍了现场的测试情况和结果，并提出由他们复测验证。果然，他们复测的结论也与我们一样，只得拆开变压器进行检查，最后查出是绕组中间接头的一排铜排没焊接好。经厂家技术员在现场重新焊接后，再次测量，即一切正常。好在我们严格把关，消除了一次设备重大事故隐患。经历过此次事件后，公司刚刚组建的试验班就此名声大响。

1979年公司建设广州220千伏黄棠线时，线路在岑村军用机场边上经过，部队反映架空高压线路影响飞机的起降。为此，广东省电力工业局（以下简称“省局”）决定将该段3.12公里线路改为电缆，这是广东省第一条220千伏电缆工程。电缆由上海电缆厂生产，其内部采用充油绝缘，外层装设绝缘外护套，这是上海电缆厂第一次生产此类电缆，也是国内首次生产此类电缆。由于是首次施工，铺设、连接、试验等都是一次新尝试，当时的公司领导关翠仪专门带队到上海学习了一个星期。省局当时还划拨15万元作为电缆试验的专用经费。

接到试验任务后，我带队进场。由于电缆的用油只有广东省电力工业局试验研究所（以下简称“省中试所”）才有专业设备能化验，但远距离取样送检很费时间，且容易造成检测数据失真，我就向公司提出自己买设备在现场化验，这一提议得到了公司领导的支持。想法是好的，但操作起来却困难不少，不仅无经验可循，更缺乏技术标准支撑。检测中最关键的设备是油杯，我查阅到国际电工委员会（IEC）有推荐的标准，就按其标准制造了一套。油杯制造出来了，却又无法确定是否合格可用。当时省中试所有一套相同的油杯，我们就进行试验比对，结果两套油杯的数据是一致的。但我们还是不放心，又打听到上海电缆厂和上海供电局也有该种油杯，就专门到上海再进行试验比较。验证结果表明：我们自制油杯的数据与他们完全一致，符合标准，可以使用。

黄棠线电缆敷设完成后，我们在进行电缆外护套试验时，发现有多段绝缘偏低，省局认为可能存在较大隐患，便组织厂家、设计、施工和运行等有关单位对此进行研究，但由于各方意见不统一，各执一词，开会争论了半年也没有形成共识，拿不出解决方案来。直到最后，省局再开会议讨论时，把各单位的高压试验技术人员也一并邀请了，我作为公司代表之一参加了会议。会上各方仍然争执不下，见这样的情况，主持会议的省局副局长兼总工颜鸣鹤就点名各技术员发表意见。在让我发言时，我提出，对电缆的耐压标准选值并没有规程可依据，能查到国际电工委员会关于电缆外护套直流 10 千伏耐压试验规定是耐压时间为达额定 10 千伏后保持 1 分钟，不发生击穿放电现象则判断外护套绝缘性能合格，应该可以作为参照标准。由于大家也提不出什么更好的建议，所以我的意见最终被采纳，会后我就带领试验班人员进行电缆外护套直流耐压试验。试验也是采用我的土办法，利用受损点放电中间向两端逐渐减弱，每一小步都有位差的原理，用高压直流脉冲对电缆放电，受损位放电时会发出声音来查找故障点，轻易地找出十多个故障点，仅花了一个多月时间就完成了对电缆的修复。这种查找电缆故障点的方法，被我写成论文发表在《广东电力》上。后来珠海运行中的电缆被其他外部施工损坏，委托公司修复，我指导他们应用相同的方法找出受损点，也顺利完成修复任务。

1981年，为提高茂名电厂两台10万千瓦机组的出力，省局决定在送出线路阳江段增设串补站以提高送出功率。站内主要设备都是从芬兰引进的，安装和试验也要在厂家的指导下进行，建设这样大型的串补站在当时中国是没有先例的，需要摸索着进行。在串补电容器平台套管注油时，我们没有大型抽真空设备使瓷套管内能达到所要求的真空值，无法注入绝缘油。当时有人提出购买大功率抽真空机，这是个解决办法，但串补站工程很少，买来大型设备费用高，使用率低，很浪费，而且购买设备需要选型、供货等，耗费时间长，工期也等不了。买设备的路走不通了就必须另想办法，我去现场仔细勘察后，发现只要把注油桶的高度提升高过瓷套管的顶部，就能用常用的小型抽真空机把绝缘油注入。这只不过是简单地利用虹吸原理，方法一说出来，大家都懂的，一个施工难题就轻易解决了。

同时，该串补站的二次设备在当时是非常先进的，采用大量集成电路元件，应用光电传输信号，实现遥测遥控，是现在数字化变电站的前身。所以在施工时，我们这些调试人员的压力很大，好在有省中试所专家的指导，加上调试人员的刻苦钻研，最终圆满完成了任务，为后来调试数字化站开了个好头。也正是因为我连续啃下了几个硬骨头工程，在国家“文革”后恢复职称评定的1982年，我由技术员破格晋升为工程师，成了当时公司最年轻的工程师。

1983年10月，省局赵甘泉副局长来公司找我谈话，向我了解对公司的看法，当时我还在韶关测试一条线路参数的现场，急忙赶回来，谈完话时又回现场去了。当时也没想过会被提拔，过几天，公司经理黄锦熙又找我谈话，才算知道有这回事。没多久，省局调整了公司领导班子，我被任命为副经理，直接从基层班组提拔到领导层。我想，自己之所以能被破格提拔，主要还是因为之前在几个工程中的表现，被省局领导肯定了。

之后担任公司副经理的十多年间，我一直主管公司工程生产建设，担任多项重点工程的总指挥，其中最让我印象深刻的是500千伏沙江线工程。

沙江线工程由美国公司总承包，意大利公司负责技术，铁塔和导线、金具等设备材料加工制造，以及现场质监、施工也在外国人管理下进行。公司负责施工段地质条件差、钻桩多、要求高，加上这是第一次施工500千伏工程，没有经验，又缺少相应的工器具等，而当时改革开放时间不长，行业整体还欠缺与外国人打交道的经验，管理方采用的是制度化管理和流程化作业模式，标准高、要求严，使公司工人一时接受不了，和外国专家合作时矛盾较多。我到现场后，积极与外国专家罗西沟通，并经过一段时间观察，发现了矛盾的焦点所在：公司工人的技术一直都是靠师傅传、帮、带，不同师傅就会有不同水平的徒弟，工艺互有不同又不互通，而外国是标准化作业，同一项工作任何人都能按规定的标准和程序来做。两种管理和作业模式相比较优劣是显而易见的，因此我提出，是我们未跟上外国的先进管理手段，应向他们学习，更新观念，在公司推行标准化管理，提升管理水平。这一举措有效推动了工程后期的顺利进行。

沙江线工程应用了大量新技术，但如何掌握好这些新技术，需要一个摸索过程。比如第一次用牵张机放线，我安排人员到湖北输变电公司学习，但

1986年，苏棣芳（左一）参与的500千伏沙江线首次采用直升机铁塔组立，工程人员在直升机前合影

在第一次放线时，没有人敢指挥，我就亲自在现场指挥。管理方看到了还不同意，他们认为领导应该干领导的活，现场指挥是班队长的事。我解释说这是我们第一次施工，需要有个起步过程。在取得经验后，我就把现场的队长陈桂庭培养成放线指挥，后来他当上了工程处主任。

1993 年我兼任公司总工程师，当时公司有个未成文的规定，即“末位淘汰”制。这一制度使每年总有几名大中专毕业生不能按时转正。我觉得这对新员工的工作积极性打击很大，应进一步找出该制度的弊端并加以改进。经过调查发现公司的转正考核方案不顾实际，对大中专生转正考核的知识点过于求全严苛。我提出，新员工第一年都会安排在现场班组学习，由于所处各工序不同，一年内很难掌握到全部知识，如能掌握好所经历部分的专业技术知识就相当不错了，而人才的培养有个过程，不能凭一年内所学知识作定性判断。之后公司修改了考核方案，根据个人的实习环境、实习内容等有区别地进行考核。这使新入职的大中专毕业生能安心在现场班组工作，并成长出一批批新技术骨干人才。

1996 年 9 月 9 日，湛江地区受到 17 级以上 9615 号强台风“莎莉”吹袭，主配网受损严重，整片电网解裂了。当时我正在中山的工地，接到省局刘仲云副局长的电话，要求立即组织抢险力量赶赴湛江救灾。我一挂电话，立即

1986 年，苏棣芳（二排左六）参与 500 千伏沙江线建设时与工友留影

连夜赶到湛江霞山宾馆，当时王野平副局长担任抗灾复电总指挥，并把指挥部设在那里。湛江有多家单位参与抢险，公司作为主力负责修复220千伏电网及110千伏主干线路部分，并配合当地供电局抢修急难险部分。接任务后，我从4个输电处各紧急抽调两个班，要求他们带齐工具、行李以及生活费，第二天赶到抢险现场；同时要求供电局连夜安排加工塔材，采购好金具和导线，必须保证及时供应。后来还从属下的服务公司再抽调两个班，主要参与110千伏部分的抢修。

我们负责抢修的湛江电厂出线部分全被吹垮了，铁塔拧成麻花状，拆卸异常艰难和危险。经碰头讨论后，大家决定用火焊切割倒塔，直接把塔整体挪开，空出场地组立新塔，确保以最快速度恢复供电，等有空时再清理旧塔。这一应急方法使公司仅花了1个多月时间就快速恢复了湛江主网的送电，得到省局及当地供电局的一致认可。抢险中还有个小故事很有意义。湛江市区靠北一点有两条平行且相距约30米的110千伏跨河线路，公司施工的那条全线完好无缺，另一条由省外队伍施工的线路却垮掉了。省局要求我们去抢修，开始我不太情愿，我们做的没有倒，别人做的倒了凭什么要我们去抢修。但转念一想，这也是树立公司品牌的好机会！于是，我亲自带队去现场，两条线路比对之下，我们先是怀疑倒塔线路的塔材不合格，建议省局取样进行化验。之后我们发现基础有严重质量问题：基础浇制后本应用水泥的地方却是用黄泥抹平，有1基塔桩的4个地脚螺栓长短不一，突出基础平面太高的居然用6个螺母封固，完全违反规定。经过这次湛江大抢修之后，广东电力系统的人都认识到，还是我们的质量信得过。

1998年春季，500千伏增城站一台主变套管发生爆炸，省局主管运行和基建的两位副局长亲自主持紧急会议商讨对策。由于使用的是外国设备，与外国厂家反复商讨后认为，合理工期至少要8个月，但广州作为省会城市，根本无法拉路停电，在夏季高峰时，将有75万千瓦的负荷缺口，届时政府办公和居民生活用电都会受到影响。当询问到我时，我说：“办法是有的，但需省局领导有勇气下定决心。我们刚刚完成的惠州站有两组75万千伏安的主变压器，现时只有 30% 的负荷，物未尽其用，建议先拆一组临时在增城站用。考虑拆卸、运输、安装、滤油、调试等，满打满算，工期两个月左右就能完成，刚好赶在夏季高峰来临前恢复增城站供电，可填满广州地区的用电缺口。”刘仲云副局长不放心地问：“这行不行?”我很有信心地回答：“一定行，但需省局全力协调，各有关供电局全开绿灯放行，并由我们公司统一进行指挥。”会上其他人想不出有什么更好办法，就决定按我的建议进行。

会后，我考虑到此次抢修的关键工序有两条线，一条是设备拆装和运输，一条是滤油，于是调变电两个施工队，一队进惠州站拆主变，一队进增城站接油过滤。为了提高速度，惠州站放油时使用小油桶，接满后立即运赴增城站；而增城站调配了两台高效滤油机，日夜不间断地滤油。抢修最难的是拖运主变，由于设备超宽，公司利用与广州铁路局多年来的良好合作关系，调用全国仅有的 3 台元宝车供公司专用，沿线还临时调整铁路信号灯，真是一路绿灯，用半个月时间就把三相主变拖进增城站。当时广州主管供用电的副局长潘力在现场说：“见到你们的阵势，真像野战军打仗，我放心了。”从进惠州站拆设备那一刻起，到增城站具备恢复送电条件为止，历时仅 56 天，任务之重、时间之短，一时轰动整个广东电力系统。惠州供电局赖康局长是一个我的老相识，当抢修队要进惠州站拆卸设备时，他知道是这个方案是由我主动提出后，对我说：“你们的施工我会全力支持，但这很冒险，小心你连乌纱帽都丢了。”我心里明白他的意思，但作为领导有时不敢冒险去努力是不行的。然而决策要大胆，论证也要十分谨慎，施工全过程有多少道难关要过，有几条工作主线要做，工作哪些先哪些后，都要心中有数，这样再去冒点险还是能确保万无一失的。

同年，西电东送第一条直流广西天生桥水电站至广州北郊换流站工程准备上马，±500 千伏北郊换流站最初由省局负责建设，由于这是国内第三个、省内第一个直流站建设工程，省局考虑让有建设经验的上海送变电公司负责。由于该项目对公司来说，不管是在技术升级方面，还是在打响品牌方面，都意义重大，所以我一直留意跟踪，还趁在武汉培训的机会，专门到葛洲坝换流站参观，了解施工技术管理、工器具更新改造，及与外国专家合作等问题。经过现场考察，我对公司承接并完成好此工程信心满满，因为公司承建多个500千伏站，与外国专家合作经验的丰富，完全有能力完成好换流站建设。当打听到北郊站要上马时，我就向经理陈健学提出要争取该项目施工，陈经理一脸晦气地说："省局已经定了不让公司负责。"我说："这不行，一定要争取回来。"陈经理就说："那你去找他们说，但小心别蹭一鼻子灰。"

当天，我就打电话给主管基建的刘仲云副局长，说有事有汇报。第二天早上，我到了他的办公室，他还以为我们出了什么大事，当我说明来意后，才反应过来我是来争工程的，就说这项目是局党组会议决定的，他自己不好更改。我坚持阐述了自己的观点："一是谁都有第一次，现在全国仅有一条直流输电线路，施工过的也仅上海、湖北两家送变电公司，他们之前也是第一次做，难道以后全国的换流站就只能由他们两家施工？所以有无施工资历不能作为承担任务的理由。二是外省队伍不可能抽集那么多的施工力量，管理必然存在不足。三是换流站施工其实并不太难，主要还是要和外国专家打好交道，这点我们很有经验，一定能做好。四是作为省局下属单位，以后站运行时出现什么事，我们的队伍是保障。沙江线有段省外队伍施工的，因为被偷了铝线而烧坏了钢芯断线断电，只能靠我们去抢修。沙增线出现过相似的事故，也是找我们解决的。沙角电厂的套管因为进水引起爆炸，施工单位把责任推给了厂家，而最终还是我们负责解决了套管的更换，这样的例子太多了。换流站不让我们施工也可以，但以后出现什么事情就不要找我们，因为我们没做过，没经验也没资质，还没工器具，不是我们不肯帮忙，是无法帮忙。"这番话说到点子上，把刘副局长说服了，但因为这事是党组定的，他也决定不了，于是把副总工林雄、基建部主任刘怀鲁请来，我把意见复述了一遍，他们认为有道理。后来，刘副局长提议局党组重新讨论，得到吴希荣局长的认可，最终，省局确定把北郊换流站交由我们施工。

北郊换流站开建时，建设单位已改为南方联营公司，他们不太想我们负责，但在省局的支持下，最后还是把任务交给了我们。施工时，由于作为受端，北郊换流站动工时间比广西输端站晚很多，省局非常重视，担心我们无法按时完成，多次过问工程进度，但我坚信只要按工期安排，与外国专家配合得好，完全没问题，结果我们比输端站还早完工。后来，电力部原副部长陆延昌视察天广直流输电工程时，到北郊换流站考察，十分满意，表扬我们是支最可靠的队伍。到建设第二项贵广直流工程时，南方联营公司表态，我们公司不用经招投标，直接负责肇庆换流站的施工。

1999 年 4 月，我出任公司总经理。刚接手该职位时，公司经营存在严重困难，我分析了一下，公司其实有几大发展优势：一不需要研发产品；二不用担心市场；三没有技改成本；四工程有预付款，没有借贷利息负担；更重要的是公司在省内具有技术优势，员工刻苦耐劳，能为公司发展提供充足的保证。经营存在困境主要是市场开发不力，工作不饱满；内部控制不严，分包混乱；财务管理混乱，资金外流。找出症结后，我将生产指挥权下放，经营决策权集中，财务集中管理，一切对外的资金活动都由财务结算中心管理运作，统一收支；设立市场科，专门开拓市场；撤并一些科室，提高管理效率；加快工程结算和工程款回收，保证有丰沛的流动资金。在我任内几年里，公司很快扭转经营困境，所承接的工程项目都能盈利，没有一个亏损的。到 2002 年 5 月我退居二线时，公司所有者权益和职工收入大幅上升，有大量资

1999 年，苏棣芳（前一）在中共广东省输变电工程有限公司第三次党员代表大会上发言

2012 年，苏棣芳（左四）出席广东省输变电工程有限公司召开的满 50 年党龄老党员座谈会

金存余；建了 300 多套房子分配给职工，解决了老大难的历史问题，年轻员工基本都有了个家，为之后的快速发展打下坚实的基础。

2003 年 12 月，我退休后，曾给广东电力工程企业协会聘去当秘书长，到 2008 年因身体不好，我主动辞职，不再从事任何工作，就在家学点古诗词、养养生。现回想起来，这一辈子我都致力于电力建设，但由于长期的出差，对家庭实在亏欠不少。刚出来工作后，作为家中长子，未尽职照顾好弟妹，结婚后，与妻子也是离多聚少，更未能好好教育子女，这应该是电力基建人的一种宿命吧。自己这一辈子走来，有愧疚，但不后悔。国家从点着煤油灯的贫乏到如今的灯火万家，我感到欣慰。我们老了，所以希望现在投身电力基建行业的年轻人，立足岗位，坚持理想，把国家建设得更好。

（苏棣芳口述/张平整理）

平凡如我，只是沧海一粟

陈雪华 女，1944年出生，广东潮阳人，原汕头金园供电公司营业班班长。1963年进入汕头电力厂，曾在电表校验班、营业班工作。1992年被国家能源部授予『全国电力系统电力营业工作先进工作者』称号，1993年当选第八届全国人大代表。1998年退休。

苏轼的《赤壁赋》中有一句话让我印象深刻："寄蜉蝣于天地，渺沧海之一粟。"我一直觉得，你我皆凡人，不管人生经历过多少辉煌或坎坷，最终都是要尘归尘、土归土。如今我已年过古稀，回首过往，更觉"也无风雨也无晴"。

1944 年 7 月 27 日，我出生在广东潮阳市（现汕头市潮阳区）。父亲陈耀东，1950 年 12 月参加革命工作，历任汕头发电厂的技工、副厂长、厂长，1977 年 10 月任汕头地区供电公司党委副书记、副主任。母亲郭草，是家庭主妇。潮汕地区三面背山，一面向海，山水滋养，我父亲性格如山坚毅，如海辽阔，少发脾气。母亲郭草包容隐忍，勤俭节约，贤良淑德。父母为我取名雪华，希望我如雪洁白，洁身自好，珍惜韶华，做好自己的事，不受社会污浊影响。如今看来，我也对得起这个名字和双亲的希望。虽然平凡，一生没有什么大作为，但也算为人真诚善良，做事踏实，俯仰无愧天地。

我家中姊妹兄弟共 6 人，姐姐雪君，我是次女，三妹雪玲，四弟逸生，五弟健生，小妹雪丽。童年时光已经远去，现在回忆也大多模糊了。但尚记得十分清楚，父亲工资是 124 元，在当时不算低，但由于家里孩子众多，且父母重视教育，我们都有上学，所以日子也是过得不宽裕。好在母亲勤俭持家，从未让我们这群孩子饿着。我们姊妹兄弟的衣服都是轮流穿的，姐姐哥哥的衣服太小了，就由母亲改后退给弟弟妹妹穿。母亲手巧，衣服清洗得干净，改得好，熨烫整齐，一些衣服虽然旧了、薄了，但仍干净整洁。

1951 年至 1957 年间，我就读于五福路小学。读小学时，我有个绰号，叫"0.1"。因为小时候生病落下了病根，左眼视力就下降到了 0.1，看东西十分模糊。这多多少少影响了我的成绩，尤其是数学，别说看清老师在黑板上解题的步骤，就连书本上的数字都是模糊一片。

1957 年我小学毕业，因数学成绩拖了后腿，我没能考上理想的中学。于是，我就到了英华补习学校读书。1959 年，英华补习学校改名为海洋技术学校，学校的性质也变为技工学校。学校随即要我们选择专业，我选了物理专业。那时候的物理跟现在不太一样，研究的是小动物之类的，比较有趣味，我也学得开心。

1960年，学校办学不到一年，便因为政治原因停办了，当时人们称之为“落马”。至于为何停办，校方没有做解释，原因不详。学校停办后，我和同学们都辍学了。有的人就考邮政，有的人则继续去别的学校读高中。受父母影响，我一直想当一名工人，由于没有合适选择，辍学后我便赋闲在家，我前前后后在家待了一年多时间，闲来无事，就是帮父母照看弟弟妹妹，为父母分忧。

1962年，父亲的单位——汕头电力厂（成立于1951年，1965年改名为汕头发电厂，1988年经省财政厅批注作报废处理）开始招收家属工。父亲当时在单位任副厂长，我有幸获得工作机会。工作地点在护堤路，过了金湖桥还要走一段路，离我家足足有6公里远。由于交通不便，交通工具匮乏，我们大多选择步行上班。路途遥远，大家都选择在单位住宿，每周只回一次家。当时大姐雪君已经先入厂，我就没有跟同批家属工一起住，而是搬到了姐姐的宿舍。以前的宿舍是8人间，住的是双层床，我们称之为“鸭仔铺”。家属工年纪相仿，都是一些十七八岁的“小年轻”，大家下班后会一起打篮球、乒乓球、羽毛球，喜欢看书的还会相约去图书馆看书，人多乐趣多，也不觉得枯燥乏味。

因为电厂发电需要烧煤，我们这些家属工大多去做筛煤的工作。大的煤块可以燃烧发电，煤灰煤粉可以拿去厨房使用。家属工是没有固定工资的，但电厂会根据你的劳动量来支付象征性的补贴。像筛煤这个工作，就是根据所筛煤的重量来支付补贴。筛煤工作辛苦，以前煤的质量差，粉尘飞扬，不一会儿，本来白白净净的姑娘也和那些男工没什么区别了，彻头彻尾的黑。工作时要戴上厚厚的手套，但是由于粉尘量大，一天下来，摘下手套，指甲缝里都是煤灰，怎么洗也洗不干净了。一天最畅快的时间便是筛完煤，和女伴们一起去单位的大澡堂洗澡。当时用的是循环泵，一打开便有热水。热热的水流冲洗尽灰尘也冲散一天劳作的疲乏，酣畅淋漓。但今天洗干净了，明天又是灰头土脸，日复一日。虽然钱少，工作也累，但是我终于如愿以偿当上工人，我心里还是对父亲的单位充满了感激，也觉得自己十分幸运。

因为读过几年书，认得些字，工作期间也积极，加上父亲在单位有担任职务，单位对我很是照顾。筛煤工作干了半年，由于图书馆缺员，单位就把我调到图书室当图书管理员。就在这里，我认识了姚东生。姚东生老家也是潮阳的，我们是老乡。他是 1958 年的学徒工，当时已经转正，是一级技工，按照当时的级别算，是最低级别的。图书室有小提琴、二胡等乐器供员工使用，他擅长这些，经常来这边玩弄乐器。年轻的他勤奋好学，热爱工作，又多才多艺，算得上青年才俊。周遭的人对他的评价都是忠厚老实，为人正派，踏实肯干，来多了，我们就熟悉了。互生好感后便自由恋爱，处了朋友。东生姊妹兄弟也多，家里有 7 个兄弟姐妹，且上面还有父母和一位高龄的奶奶。虽说家庭负担重，但相对东生的人品，这些并不重要。后来，东生一路进取，曾任汕头电力局副局长。

1963 年，那年我 19 岁。汕头电力厂面向单位内部招收自费学徒。我正式入职，到了它的属下单位汕头供电所上班。入职时间是 1963 年 12 月 5 日，职业生涯应该从这时候正式算起。按照当时的机制，我必须先当三年的自费学徒工。所谓自费，就是说吃喝什么的都要自己掏钱，只有一个月 8 块钱的补贴。当时的 8 块钱是一个怎样的概念呢？举个例子说，当时一些家庭困难的居民区申请补助，便是每人每月 8 块钱的基本生活费。这 8 块钱，就是最最基本的生活保障。头三年，我的唯一收入还是那每月 8 元的微薄补贴。

我的第一个岗位在电表校验组，当一名电表校验员。我当时很自豪啊，我的“工人梦”算是真正实现了。在当时的大背景下，觉得只有在这样的生产岗位，做的才是实实在在的工作，才能真正为社会发展做贡献，而且我认为，校验电表是一门技术，一技傍身，走到哪里都不会饿着。

大概是 1964 年的 1 月或是 2 月，当我“美梦正酣”时，单位一纸通知，我的“梦”醒了。在电表校验班组不到半年，我就被调往营业班，也就是现在的营业厅，隶属于营业班，去代替要调往政工部的肖素卿。我心里一百个不愿意。因为在当时的我看来，营业厅的工作并不是生产岗。其实，当时在我的潜意识里，觉得选择营业厅的工作就是拈轻怕重，没有奉献精神。工人，就必须主动干重活、累活，才算得上真正的劳动最光荣。但当时的人思想单纯，对于组织的安排是绝对服从的，哪里需要你，你就要去哪里，不可以对工作挑三拣四。于是，我就这样不情不愿不甘地来到营业班，想不到，这一干就是 34 年。

我的师傅就是前面说到的肖素卿。肖老师对我影响很大，是我的业务启蒙老师。她教会我电表报装的相关业务。一开始我就跟着她学习，学了不到半年，老师认为我可以独当一面了，她才去了政工部。

1964 年至 1966 年，我在营业班当学徒的三年，是我积累业务知识的三年。业务每样都要学，说难不难，说容易也不容易，新手上道，总是要慢慢来。但是对我来说，最难的就是算账了。我读书时数学就不好，现在却要用这些数字来工作，真是让我头疼。一项业务要包括很多项费用，报装费、电表安装费等等，每一户的实际情况不同，就要根据实际去核算。而且当时没有计算器，都是要靠算盘来计算，稍有不注意，拨错一颗珠子，便是差之毫厘，谬以千里。因为有所畏惧，所以谨慎。每一笔账我都要算三四遍。所以，那么多年下来，虽然数学不好，却也没有算错过一笔数目。

在营业班工作期间，领导们还让我负责一些日常事务，其中就包括营业厅大门的开与关。这个工作很小，不值得一提，但是要坚持做下去也不容易。关门还好，顶多就是迟点下班，等到大家走了再关门。开门，便“麻烦”多了。营业厅的大门要早早开放，因为，除了员工要上班，还有客户要办理业务，是万万耽误不得的。我的家住在汕樟路的百家大楼（楼址处现为华坞新村），而上班的地点在永平路最尾端，骑单车过去大概要 20 分钟。一般结婚生子的人是不愿做这些起早贪黑的工作的，因为这样难免照顾不到家庭。当时我已经生下老大梦泓，好在家婆手脚利落，能帮我带小孩，减轻了我许多负担。为了能准点开门，我总要六点多就起床，七点从家里骑车出发，大概七点二十分到单位。我赶紧在食堂花上四五分钟扒拉两口粥便去开门，七点半前，我一定会开好营业厅的大门。开完大门后我就当起义务保洁员，把大厅清洁干净。后来同事们为我着想，怕我辛苦，便轮流值勤，打扫卫生。开门这个工作一直坚持到1997年，一直坚持了33年，从没有耽误过。1993至1998年间，我担任第八届全国人大代表。这期间我需要去开会，无法完成开门这项工作了，才会安排同事替手。开会回来，我仍继续做这件事。这是一件小事，但我时常拿它教导儿孙，做人就是要一诺千金，答应了，就一定要做到。

1966年，三年的自费学徒期满，我转正成为正式职工。工作步入轨道，个人生活也开启新篇章。1967年初，我和姚东生登记结婚。当年的12月31日提前一个月产下大儿子姚梦泓。我还记得，由于是公历的最后一天，梦泓的出生刚好赶上可以获得领取当年的布票、粮票的名额，如果晚一天出生，便是没有这些的。1973年，我们又获一女，名唤梦晖。

营业班的业务要直面客户，如何服务好用户，是我们经常思考的问题。上面说的算账等业务，是你认认真真去做就可以解决的，而与客户打交道，就存在着“不确定因素”。与人相处之道向来都是门大学问，在这个直面用户的班组，我着实修炼了一番。形形色色的用户，性格也是千差万别。遇上暴躁的人，稍有不合心意便恶语相向，让人心里十分难受。但营业班是供电部门服务群众的窗口，我们的一举一动都代表着企业的形象，对待这类用户，只能耐心劝导，遵章办事。个中委屈，也只有做过这项工作的人懂得。但不管如何，我都一直本着“假如我是一位用户”以及“想用户之所想，急用户之所急”的态度去对待每一位用户，尽心尽责做好这项工作。想在回忆起来，其实供电企业向来就是一个服务他人的行业，如今的“为客户创造价值”的服务理念，与我们当时热忱服务客户的态度是一脉相承的。

20世纪60年代至90年代初期，我受理的业务中，差不多百分之九十是和电表有关的。那时市民普遍使用公用电表，就是一幢楼或者几户人家合用一个电表，这个电表是需要在供电部门登记的，属于“官方表”。在供电部门登记资料的户主就算是“公表”的负责人，每月负责缴纳电费。其他人则用“分表”接电，按照度数付给负责人相应电费。这种公摊的方式一开始就埋下矛盾的种子，一些不自觉的人便偷起了电。于是电费问题常常引发邻里间的争执，时常闹到供电部门来核实。为了解决这个问题，许多人要求单独接表。但是那时候电不够用，表源紧缺，我们也实在无法满足用户的需求。

本地无法解决，许多有门路的人就托人到上海、青岛买表。然后拿到供电部门申请校验，这就是自备表。申请的人非常多，每天营业厅大门还没开，门口就排起长龙。而且当时没有计算机这些先进设备，全部靠人工。我们经常是从上班坐上业务台就一直奋斗到中午休息，下午上班后又接着干，直到下班还有人在排队。那时候，我平均每天要接待五六十个用户。

电表多了，围绕着电表发生的问题也接踵而来。1967 年，我们接待过的一位用户令我印象十分深刻。这位用户的电表烧毁了。废表被供电所拆回，按照当时的规定，他需要赔款才能装新表。但是因为有“公表”，他便将就着接了亲戚的电来用，自家装不装表也无所谓了，反正不影响正常用电。这一将就，就是十年。后来亲戚搬家了，新住户不同意供其用电，他才急忙来办理赔表手续。这他哪里知道，这十年间，登记表计的表薄已经更新换代三次，光表簿就有八百多本，要找出十年前的一页材料，虽说不上是大海捞针，却也是件不容易的事，可用户急于用电，再三要求办理。而且用户不理解我们的难处，听到需要等待通知，态度还不太友善。当时有同事就说了，这样的人，烧表不赔钱，拖了十年，要用电就来使唤我们，还这样蛮不讲理，拖他十天半个月也不为过。但我始终觉得，对待用户要宽容，要换位思考，要用“假如我是一个用户”的理念来服务用户。我劝他不要急，回去耐心等待，自己却急起来。这件事时间跨度大，涉及的人员多，中间也有人事变动，解决起来真的没那么容易。上班时间有正常业务要处理，这个活儿，只能是下班时间抽空做。好在毕竟我在这个部门待了多年，对业务算是熟悉，才能在千头万绪中摸出个线索。我先在 800 多本表簿中一页页翻找。终于找到了这只表的户头资料。接着再根据资料上记录的表的出产地、编号、安培数等信息，去废表房查找。面对密密麻麻的废表，我经过辨别外观，对照编号，终于找到了那只 10 年前烧毁的表。当接到我们通知时，那个用户很感动，他来到大厅，激动地握着我的手说：“真的没想到可以这么快就解决问题!”他说一开始也只是抱着试一试的心理，没想到我们真的帮他解决了！

20 世纪 60 至 70 年代有一段时期比较特殊，那就是“文化大革命”。当时国民经济受到严重破坏，用电增长缓慢，到了 1970 年汕头全市用电量才 12251 万千瓦时，年平均增长速度只有 12.59%。当时人们普遍心态都是“求稳”，我们这个线条也没有什么变化，只是工作量稍微少了一些。

1981 年，汕头经济特区成立，经济快速发展，用电量大幅提升。1982 年，我当上了营业班班长，这一当，就是 15 年。在 1981—1985 年整个“六五”计划期间，用电量年平均增长 17.29%。1985 年，组建汕头电力局后，设立用电科，统筹全市供用电业务、三电业务和趸售业务。用电户的直接报装、电费抄收等营业业务分划由直属供电公司对口办理。报装业务也从营业班独立出来，成为用电业务班。

办理业务的人多了，难免要让一些用户等待。这时就会有一些人想方设法地要插队，方法很多，送礼和“走后门”这两招被广泛使用。有那么一段时间，群众把供电局称为“电衙门”，说我们不公道，有内部关系的办业务就快，没关系的就一拖再拖。不可否认，在当时的大环境中，确实存在这样的情况。但是我不愿做这样的人。大家都知道我是出了名的铁面无私。对用户我坚持一视同仁的原则，不管是不是熟人，是谁的熟人，我都是同一张面孔，同一种态度。

1986 年 6 月 23 日，我光荣地加入中国共产党。党员不仅是一种政治身份，还是一种责任，一份担当。我要求自己要比别人多做一点，做好一点，对得起组织的信任，对得起企业的培养。

1986 年夏天，有个做鱼丸的个体户匆匆赶到营业大厅，神情十分焦急。他告诉我，家里的电表拆来校验，家里无电可用，影响鱼丸作业，会带来经济损失，他希望能快点帮他装上电表。说话间，他塞给我一大包事先准备好的“敲门砖”——鱼丸。我坚决把东西退回去，并帮他办理好相关业务。礼物没送出去，这位客户反倒是不好意思了。还有许多用户，因为觉得我们的服务态度好，或是因为办理业务耽误了我们的休息时间，想要询问我的住处，给我送礼，我都婉言谢绝。用户的信任，一句表扬，就是给我们最好的礼物了。

20 世纪 90 年代初期，汕头开始实行征收能源建设费的政策。有一用户没有按照规定缴费就要装表，我发现后坚决不予报装。班里有同事告诉我，这是某位领导的交代的，希望我通融一下。我说领导更要示范带动，便仍然坚持自己的原则。而事后也未见人们所说的“有领导小鞋穿”，可见，遵章办事总不会错，做人光明磊落，问心无愧才是王道。

我说的这些事并不是个例，我的同事也遇到很多这样的事情，他们也都是尽心尽力为用户解决难题。我们的工作虽然普通，但是只要用心去经营，踏实肯干，真正做到“想用户之所想，急用户之所急”，同样能得到他人的肯定，实现自我价值。

当班长期间，我还在班组中开展了一系列思想政治教育。我自己水平也有限，一般都是只能照本宣科，把上级的精神原原本本贯彻下去。当然，有时我们也会有一些“自选动作”，比如学习一下当时的时事政治，围绕热点来讨论，通过定期的学习来提高班组的总体素质。我们班组多次被评为省、市电力系统的先进班组和营业示范窗口。这些也都有赖班员努力，我功劳甚微，只是刚好沾光而已。

说到我的这些同事，我们之间的友谊，是我人生的一笔巨大财富。在岗时，我们互相照顾，不管谁有困难，班组的人都会搭把手。我的班组有十九人，时光荏苒，现在已经有四个人先我们而去。其余的人晚年都算得上幸福，偶尔聚会，畅谈往事，不亦乐乎。

当班长除了这些业务事，还要担当起培养接班人的责任。我带过几个徒弟，业务上的事我当然是倾囊相授，没有丝毫保留。我性格属于比较温和类型的，对徒弟虽严格，但不至于苛刻。但有两点我是近乎苛求的，我要她们做事细心，为人耐心。细心，避免业务出错，不至于给单位带来损失；耐心，服务好用户，不至于损害单位形象。苏璇英和黄淑贞就是我的两个徒弟。1993 年 8 月，汕头电力局撤销属下汕头城区供电局，分别成立汕头金园供电公司和汕头升平供电公司。苏到了金园区，黄到了升平区，都是当业务负责人。她们两个能成为所在单位的业务骨干，我非常欣慰，也十分自豪。

1992 年，我被国家能源部授予“全国电力系统电力营业工作先进工作者”称号。1994 年，被评为汕头市“巾帼建功”先进个人。我一直感叹自己何德何能能受此嘉奖，我所做的都是再平凡不过的事，不过是在自己岗位上踏踏实实工作罢了。

1993 至 1998 年期间，我有幸担任第八届全国人大代表。程序大致是先由单位选出人大代表的候选人，然后推选到区里，再由区里推选到市，层层票选产生。当时单位召开职工代表大会，我和另一个候选人——吴远敏一起被提名。员工代表们进行无记名投票，投票结束后现场唱票，最终，我以微弱优势获胜。至今我仍然十分感激单位同事，是大家的支持，我才有了这份莫大的荣誉。

后来接到市里通知，宣布我当选人大代表时，我十分惊喜。当时一起当选的，还有吴波市长、龙湖宾馆的工会主席、金山中学的校长，以及一个宗教界代表，我则是作为工人代表。作为工人代表参会，这点让我喜出望外。以前我以为到了营业线便不再算是地地道道的工人了，没想到如今我却能代表汕头的工人参加人民代表大会，这可是莫大的荣誉啊！

1993 年，陈雪华（右一）参加第八届全国人民代表大会，于北京人民大会堂前留影

惊喜之余我也十分忐忑，我要怎么代表我们市的人民、我的同行表达意愿和诉求呢？为此，我做了不少功课。那五年的时间，我对国家、对地区的政治事务关注度高了，对身边人的呼声更加在意了，对行业的动态也更加留意了。我想，既然要参政议政，那么就要真正做到建言献策，反映群众呼声。

第一次参会的情景至今历历在目。那是1993年2月22日，去到北京，去到人民大会堂，见到了当时的国家主席江泽民同志。在电视上才能看到的领导人如今也和我们一起坐在同个会场开会，仿佛是一场梦。当国歌奏响，全体参会人员齐刷刷唱响国歌，作为中国人的我自豪感油然而生。

人大代表的一个重要职责就是提案。五年间我参与了两个提案。一个是关于小区管理的，另外一个是关于电力法的。因为当时身边的很多同事反映，建设电力设施需要用地，虽用地都通过正规程序征得，但每每施工，都会受到既得利益者的阻拦，他们甚至会想出很多不合常规的办法来阻碍施工，这给我们的正常经营造成很大阻碍。于是，在1994年，我在全国人大广东组的会议上发言，希望国家能够为电力部门解决难题，通过立法的形式来保障我们的合法权益。1995年，《中华人民共和国电力法》颁布，总则第一条就是“为了保障和促进电力事业的发展，维护电力投资者、经营者和使用者的合法权益，保障电力安全运行，制定本法”。这里面也有我自己的一份努力，我感到十分自豪。

1997年退休通知下达。我和陪伴了我34年的服务台永远地说再见了，我再也无法微笑着服务电力客户了，就连习以为常的加班，在往后的岁月里也成了奢求。但由于我仍然任人大代表，单位将我调到调度中心做后勤工作，延缓一年退休。由于年纪大了，任务也不多，那一年相对空闲。感谢这一年的缓冲，让我可以逐步适应退休的生活。

退休后，我的生活比较闲适，闲来无事就与家人朋友相聚，聊聊过去，感叹光阴，回味青春。时常举行家庭聚会，感受儿孙绕膝的幸福。我时常教导孙辈，这个社会发展太快，人容易浮躁，但是不管社会怎么变化，我们一定要做一个遵纪守法的好人，老老实实做人，踏踏实实做事。老伴爱好多，他时常自娱自乐，拉拉琴、写写字。2013 年，他驾鹤西去，去得急，让我和孩子们十分不舍，着实伤心。现在，每每看到观景台那幅他留下的书法，我便会想起当年图书室那个清秀少年，他的音容笑貌又浮现在我眼前。

我的姐姐雪君、妹妹雪玲都是电力退休工人，四弟逸生和小妹雪丽都去了中国香港，五弟健生去年移民到了澳大利亚。大家分布在不同地方，我也多了些去处。去年，我们就大家一起到香港过年。我的女儿、女婿都在供电系统工作，每次他们谈起企业的事情，我依然备感怀念。这些年，新技术突飞猛进，我们以前常常打交道的电表，现在也实现了直抄到户，再也不用人工抄表，工作效率和准确率大大提升。在人员配置方面，现在企业从管理层到普通员工，素质都有大幅度提高，学历高，能力强，富有智慧。希望我们的企业越来越好，健康发展，得到社会更多赞誉。

岁月匆匆历经朝朝暮暮，愈回首，愈自愧。少年时，资质愚钝，未曾聪敏过人；青年时，虽踏实努力，却也没为企业做出值得一提的贡献；到了老年，垂垂老矣，仅剩含饴弄孙之乐，更无法服务社会。平凡如我，只是沧海一粟。但每当独处，回想来时路，忆起那星光熠熠的“工人梦”，忆起一同奋斗过的美好人儿，忆起那相伴 34 年的服务台，忆起那些残缺而美好的时光片段，忆起一路走来收获的恩情与感动，我又深信，自己并不平凡。平凡如我，只是沧海一粟。不凡如我，感沐恩露。

（陈雪华口述/洪芝杰整理）

尽职尽责，艰苦奋斗

蒋礼强　男，1944年出生，广西合浦人，原茂名供电局局长，高级工程师。1968年由广东工学院电力系毕业，毕业后进入茂名热电厂供电所，历任变电工区技术员，茂名供电局副局长、局长、党委书记。1998年荣获广东省『五一』劳动奖章，2000年被评为广东省劳动模范。2005年退休。

我叫蒋礼强，广西合浦人，1944 年 12 月出生于合浦县城廉州镇钦州巷一个农民家庭，祖祖辈辈都以种田为生。我的“家庭成分”是贫农，父亲蒋循琳在新中国成立前一段时间在廉州镇打工，做纺纱、织布、磨面粉等工作。新中国成立之初，听说农村里有田分，我父亲举家返回农村——廉州镇党江区泮塘乡蒋屋村，重新成为农民。我家当时共六口人，父母亲、一个姐姐、一个哥哥、一个弟弟和我，算上夭折的哥哥和姐姐，我排行第六，因为天生瘦弱（直到高中毕业我才 90 斤），邻里乡亲都叫我“瘦六”。一个长辈曾经说过，如果“瘦六”能够长大成人，世界上就没有地方可以住人了！我能够成活下来，实在幸运。我父亲、哥哥只念过几年私塾，属于半文盲，我母亲和姐姐一天书都未念过，只有我和弟弟能正规读书，实属幸运。

1951 年春，我开始在廉州镇商业小学念书，一年级只念了一学期就升上二年级了，也不知什么原因。二年级在廉州镇上念了一学期后，全家就迁回农村，我也随之转回农村的泮塘小学念书。三年级的上学期，由于我父亲患病，无人看牛，我要在家看牛，缺了半学期的课，之后再去上学居然也能跟得上，没有留级。念小学期间，我每日放学后就回家放牛，烧火煮饭，有时是一边烧火，一边做作业。到 1956 年六年级时考初中，却名落孙山，无奈只好复读一年重考。幸运的是，当年新调来一位算术老师，叫张庆鼎，他教学逻辑性强，强调不但要知其然，而且要知其所以然，学会分析，掌握原理，要加强练习，熟练解题方法。这使我深受启发，掌握了学习的主动权，最终考上了省重点中学——廉州中学。强调逻辑性，后来也成了我的工作习惯。我永远敬重这位恩师，终生难忘他的施教之恩。遗憾的是，因为通信方式不发达，我离开农村之后就再也没有同他联系过了。

1957 年我考入廉州中学至 1963 年高中毕业，在那里完成了初中、高中的学习。中学期间正是“大跃进”“人民公社”与“总路线”这“三面红旗”火热的时期，学校不是世外桃源，也经受了“三面红旗”的洗礼。1958 年学校开始搞勤工俭学，学生们上午上课，下午参加劳动，其中农村学生在下午需要回乡下做工，开始了“走读”的生活。我那时住在家里，早上早早起床，走几公里的路程到学校上课，中午吃了午饭，又走路回家劳动，大概坚持了一年多。当时学生是免费的劳动力，经常要参加政府组织的义务劳动，停课参加劳动是家常便饭。秋收大忙时，我们还要到农村去割禾，一般一趟是七天至十天。我们还参加过南流江水库灌溉渠道的建设与洪湖水库大坝的建设，大炼钢铁时期也去烧过炭、炼过铁，每次劳动都要花上十天至一个月。

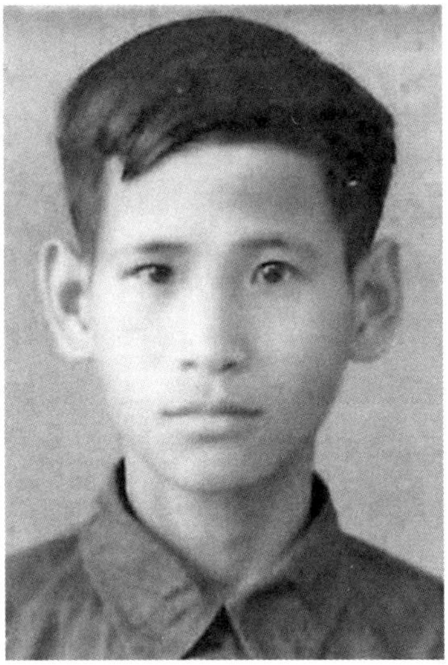

1960 年，中学时代的蒋礼强

1963 年，我考上了广东工学院，专业是发电厂、电力网电力系统及自动化，学制五年。在“政治挂帅”的年代里，真正在校念书的时间只有三年多。1965 年到韶关马坝搞“四清”（清政治、清经济、清思想、清组织）近半年。1966 年“文化大革命”爆发，当年下半年开始“停课闹革命”，1967 年 10 月才“复课闹革命”，毕业分配前，要到清远支援秋收，割了多天禾。在校期间专业课只学到一点皮毛，无奈只能在参加工作后边干边学了。我在“文化大革命”期间最大的“收获”是参加了“长征”。1967 年 10 月，学院有人组织了“广工红卫兵长征支队”，打算沿着当年红军长征的路线，踏着红军当年的足迹，从瑞金步行至延安，后来我们扩大路线决定从广州出发。“长征支队”全队共 36 人，我们班有 6 人也参加了这支队伍，每人自带行李，起初每人一套，后觉得过重，改为两人一套，每天步行40—50公里，每天一起床便迅速打好背包，大队人马出发前，派出两人先行，作为先遣队，标记出行军线路，安排好食宿。每到一个地方，都会在晚上进行“访贫问苦”，访问红军老战士或家属，或参观革命圣地，既辛苦又有意义。途中我既游过乌江，也体验过通宵行军的滋味。走了4500多里路，后来因中央发文件停止“串联”，我们也只好停止“长征”，只走到了遵义便打道回府了。通过这次短途的“长征”，我得到较大的锻炼，体会到了部队的艰苦，也学到了很多解决生活上实际问题的知识。

1968年11月大学毕业，我被分配到茂名热电厂工作，当时之所以选择到茂名热电厂，是因为该厂有2.5万千瓦机组，是当时广东的第二大火电厂，仅次于韶关电厂。我认为在大厂工作可以学到更多的知识，同时茂名离家乡较近，回家方便些。当时哥哥在乡下被调到抽水机站参加工作，弟弟则继续在家里耕地。1972年，弟弟通过招工到了钦州机械厂工作，姐姐也嫁到城里做保姆，家里拮据的环境也稍有缓解。父亲不时给我们讲在城打工的经历，教育我们姐弟几人，做人必须发奋、踏实、耿直，这也成了影响我们姐弟一生的信条。

到厂后，我被安排在供电所带电作业班接受“再教育”。当时实行“发供”合一体制，供电所也是电厂的一部分。我在带电作业班工作了5年。20世纪60—70年代，带电作业在供电部门比较热门，几乎每个供电所（公司）都有带电作业班。广州供电公司还成立了“三八”带电作业班，女同胞在变电站进行带电作业。茂名供电所不甘落后，也成立了带电作业班。供电所带电作业班刚成立那会只有4个人，他们分别是李锦华、颜许天、周亚兴、苏发章。1968年，我和我的同学颜盛也加入了带电作业班，1971年再增加了唐琼南、李华珊、刘莫振三人。自那之后，带电作业班一直保持着9个人的格局。我在带电作业班工作期间，头两年做筹备工作、培训学习、制造工具，协助兄弟班组进行较大的检修工作。1969年，我和三个师傅到佛山供电公司学习了四个月，主要是学习带电更换35千伏线路的木横担。每天跟着师傅们在野外作业，顶着烈日，跋山涉水，中午自己煲饭吃，艰苦程度可想而知。那几年不时有带电作业交流表演会，我都有机会去观看，开阔了视野，增强了信心。如佛山供电公司带电冲洗 35 千伏线路瓷瓶；广州供电公司 10 千伏线路通过人体（穿均压服）单相接地，并徒手拉出电弧，现身说法，证明“均压服”的保护作用，场面惊心动魄，令人叹为观止。经过学习培训后，我们开始了带电作业，主要是 10 千伏配变接火（变压器带电接入电源线），带电更换 10 千伏线路直线杆瓷瓶，110 千伏耦合电容器、避雷器带电解接口，带电测量 110 千伏线路零值瓷瓶，带电更换 35 千伏线路直线杆横担等工作。

记得 1969 年夏天的某个夜晚，阳春石菉变电站主变进线穿墙套管发热，如不及时处理，石菉铜矿就要停电。当时单位的交通工具还比较缺乏，我就和几位检修人员一起，乘一辆后面没有帐篷的“光头”火车连夜出发。那夜，偏又下起了瓢泼大雨，我们在雨中颠簸了一夜，第二天早上六点才到达变电站，也顾不上休息，我们马上进入抢修状态，带电处理好故障，使石菉铜矿避免了停电。

就带电作业的难易程度而言，35 千伏至 220 千伏线路比较容易操作，因相间距离和对地距离都比较宽、活动空间相对大，而 10 千伏线路的相间距离，对地距离都很小，很容易造成短路或触电，相对比较危险，全省范围包括茂名地区都发生过触电伤亡事故。以致有一段时间，停止了 10 千伏的带电作业。我在带电作业班也曾有过一两次“惊险”的经历，一次是在石菉变电站检修，我正在底下准备检修工具，突然“开架”上面有物体掉下来，正好砸中我，砸破了头皮；另一次是上 10 千伏线路上进行间接带电作业，手背不小心碰到带电体，被电弧弹开，手上的皮肤被烧焦了，过后大伙都说，如果是手掌碰触，后果就不堪设想了。尽管曾经有过这些惊险经历，但我从未想过要退缩，照旧和大家一起干得风风火火。110 千伏茂阳线经过不少丘陵地带，维护检修这一线路可真是需要翻山越岭，往往眼看杆塔就在前面，实际上都要爬一两个小时山路才能到到达杆塔下，我和班里的工友们一道，用了近半年时间，全线登杆测量了 100 多公里线路绝缘子的电压分布，那里的山山岭岭都留下了我们青春的足迹与无悔的汗水。

1969 年冬季，110 千伏石阳线建设施工，采用“大会战”的方式进行，佛山、江门、湛江、茂名四个供电部门一起施工。每个施工队负责一定长度的线路，茂名供电所负责 10 公里线路的安装施工，带电作业班也参与了此项工程，工期一个月。这是茂名供电所首次进行 110 千伏线路的基建施工，是一次锻炼队伍的极好机会。我有幸参与此项工程，收获很大。亲身经历了 110 千伏输电线路的建设过程，了解了 110 千伏线路的建设程序、施工流程以及具体的施工工艺，参与了施工过程的各项具体工作，和大家一起爬杆拉线、推绞磨、挖杆坑、打大锤、组装横担、立杆、放线、收线紧线、安装瓷瓶。外线工作以体力劳动为主，大家干得累了就讲会笑话，天南地北都会聊，欢声笑语中工作显得没有那么辛苦。

1973 年的第四季度，我被调到变电工区去当技术员，说是落实知识分子搞技术工作的政策，当时供电范围仅限于现时茂名市区河西部分片区及公馆片区，只管一个 110 千伏石菉站及市区周围的配电变压器。对我来说，这是一次重要的转岗学习机会。因为受“文革”的影响，我在学校没有学到什么专业课，也没有专业书，我是“两手空空”到变电工区，只能边干边学。我到处找学习资料，在热电厂图书馆借到一本中专教材《电力系统》，在一个工友那里借来一本《变电检修工作规程》，每个星期天都到新华书店看有否专业书卖，有一次买到《电力设计手册》（第一册），内容是变电一次设备的设计，我如获至宝，欢天喜地，庆幸自己终于找到了基本的专业知识学习资料。到变电工区不久，就碰上 110 千伏石菉站扩建 2 号主变，我得到一次变电安装实践机会，对变电一次设备的结构、安装调试得到进一步的了解，对变电工作渐渐上手。石菉站虽然当时已经运行了几年，但管理并未走上正轨，存在工作人员不知如何对蓄电池进行充放电、变电站设计图纸残缺不全等情况，我参考资料，为变电站编写了蓄电池运行维护规程，规范了蓄电池的运行维护，稳定了直流操作电源的电压，延长了蓄电池的寿命。针对图纸资料的残缺，我进行整理核对补充，出版了一套符合实际的运行图纸。

1973 年，石菉变电站预试完工，蒋礼强（二排右二）与工友合影

担任技术员之后，每当变电站有检修工作，我都会提前到现场，布置检查安全措施，工作结束后，我也会确保送电无问题后才最后一个离开。某一次到电白镇电城 110 千伏站帮助主变揭盖检查，我和有关人员到现场时，电白局的人员还没到，那天我们一直干到了晚上 7 点多，工作完毕才离开现场。这个习惯我一直保持着，即便我后来走上了领导岗位，因为我相信以身作则是能感染身边人的。

1973 年 1 月，通过朋友的介绍，我与老乡徐立慧结婚，她的老家离我的老家 20 多公里。她最初在茂名体委工作，后来调到茂名日报社工作。我也算是成家立业了。遗憾的是，婚前一年，父亲就因病去世了。三个小孩（大女儿蒋瑜、二女儿蒋维、小儿子蒋晓东）先后出生，我母亲不时来茂名照看他们，减轻了我们的负担。徐立慧是我的贤内助，买菜做饭、照料老人、教育子女，里里外外都是一把好手，使我有更多的时间和精力投入工作。2013 年，子女们为我和立慧庆祝金婚，他们精心制作了一个电子相册，照片勾起了我们对往事的追忆，我很感恩有这样一位人生伴侣。在子女教育上，我始终牢记父亲的教诲，把父亲传给我的踏实刻苦的作风都传给三个小孩。后来，他们都读了电力专业，在供电部门工作，也算是子承父业了。

1974年8月，茂名电厂发供分家。茂名供电所独立为茂名供电公司。供电公司成立后，原来在供电所工作的职工就自动进入供电公司，我也继续做变电工区技术员。

1976年，供电公司自己设计、自己施工建设了茂名地区第一个110千伏变电站——文冲口变电站。当时做一次设备专责的我有幸参加该站建设的全过程。该站采用的设备在当时是较新型的，广东省电力工业局派了广东省中调所的继保工程师欧宝祥来指导我们工作，他话不多，但是眼神里的专注和干脆利落的操作手法都在传达着严谨细致的工作作风。我们一直保持联系，他是对我职业生涯影响最大的人。在变电站建设过程中，我抓住机会实践，开关安装调试、高压试验、继保检验、带负荷试验等，我都积极参与，学到技能也积累了经验，全面掌握变电技术，掌握了变电工作的主动权。继保专责由另一技术员负责，当时他因病不能上班，继保技术管理也落到我肩膀上，逼上梁山，我也学习继保，那次之后，我对变电站的建设有了全面深入的了解，为今后工作打下了坚实的基础。

1983年，我作为业主方的技术代表，全过程参与了茂名地区第一个220千伏变电站——220千伏河东变电站的建设，全面了解了220千伏变电站的结构特点、设备特点、保护特点以及运行特点，使自己的专业知识得到进一步的提高。

1984年7月，茂名供电公司成为地区局，直属广东省电力工业局领导，我被任命为茂名供电局副局长，主管全局的生产工作。当时局里也没有设工程师，我就一直兼着工程师的工作，生产上大小事情都要管，检修方案、技术规程、设计规划都要我审定，110千伏变电站的起动投运大多由我亲自指挥，日常生产中的问题我也组织解决。在科学技术迅猛发展的年代，我深深地知道自身积累的知识远不够用，要适应时代、适应组织给的重担，我必须不断学习。由于白天工作实在忙碌，我晚上都会在办公室里自习到深夜，阅读这个习惯我一直保持到现在。尤其是技术方面，我敢于决策，敢于负责。1990年河东变电站扩容，由于设计部门对电容器的投切开关选型不当，致使四万多段电容器组不能投运，我果断决策，改变保护结线，用分组电容前面的少油开关，投切大容量电容器组获得成功，缓解了茂名地区无功不足的问题，也使当年茂名热电厂机组检修时，茂名地区的电压得到改善。同时我还会注意改进设备的性能，在和东站的硬母线管里加一根导线，防止微风震动，加支柱瓷瓶以增强母线抗弯能力，解决原设计强度不足的问题。

1995 年 2 月，时任茂名供电局局长、党委书记王野平上调广东电力工业局工作，我被任命为茂名供电局局长兼党委书记，任职至 2002 年 1 月。

进入领导班子后，由于我从未做过“官”，缺少做领导工作的经验和魄力，开头一段时间感到束手无策，对一些事不敢表态或拍板。经过一段时间的锻炼和实践，才慢慢步入正轨，领会“为官”之道。我和其他班子成员一起，兢兢业业、尽职尽责、艰苦奋斗，带领职工努力搞好电网建设，为满足茂名地区经济建设和人民物质生活发展的用电需要，做出了应有的贡献。

茂名属于沿海地区，时有台风“光临”，每到台风天，我就会驻在调度室或者变电站里组织指挥抢修，我在那里度过了不少失眠之夜。茂名柴油机厂投产初期，跳闸频繁，我亲自带领有关人员前往处理，发现了该机组存在一些设备保护结线不合理的问题，我决策拆除这些设置不合理的保护线路，使柴油机电厂得以正常运行。为了掌握第一手资料，我还经常到调度室、变电站检查，及时发现问题、及时处理，取得指挥生产的主动权。对于每年新入企的技术人员我也会尽心尽力辅导他们，希望把自己的经验和知识传授给他们，让他们尽快成长为一名合格的电业人员。

担任局长后，除了一如既往做好技术生产这个老本行外，我还会注意多向地方政府和职能部门请示汇报，搞好关系，争取政府部门对电力工作的支持。1996 年，220 千伏金山变电站竣工投产前一天，试运行时发现接地线路在绝缘的情况下依然有电压，经查实得知是线路走廊下的树木还未清理完。当初答应好青赔条件的农民反悔了，围在那里阻挠我们的工作人员施工。眼看着明天就要送电了，我立即致电找时任茂名市副市长的吴寿炎帮忙。沟通过后，吴副市长马上致电武警过来协助施工，我们的职工与武警通力合作，做通农民的思想工作后一直清理树木到晚上 8 点。第二天，变电站如期送电。

我还协调全局各部门的工作，协调解决较大和关键性的问题，使局的中心工作、大项工作能顺利进行。2000 年，我了解到农电分局某 10 千伏支线连续几基杆出现爆裂现象，我意识到电杆厂的制造质量可能有问题，便要求农电分局对该厂在运的电杆进行普查，结果发现 2000 多条杆有严重质量问题。我立即责成农电分局立即对其进行了处理，并在农网改造中停止使用该厂电杆，避免了质量事故的进一步蔓延。2001 年茂名石化公司要求接管住宅用电，我意识到这是一个举足轻重的大问题，因为该公司的住户有 3 万多户，使我局的抄表户数增加一倍，不仅牵涉人员增加，线损增加，而且需要投入大量的改造资金，必须向广东省广电集团有限公司请示汇报，我要求用电部门对该公司的住宅用电情况进行调查，把情况向省公司汇报请示，得到省公司的批准和支持，解决改造资金等有关问题，使接收工作得以顺利进行。

1998 年，我被广东省总工会评为“广东省依靠职工办企业优秀经营者”，并荣获广东省“五一”劳动奖章，2000 年，我被评为广东省劳动模范。

2001 年，蒋礼强（右二）参加500 千伏二回线开工典礼

2002 年，蒋礼强（左二）到汕头南澳县考察风力发电时留影

2002 年 2 月我退出领导班子成为广东省电力集团总经理顾问组的一员。顾问组一共 6 人，郭如觉、陈金荣、张玉梅、苏棣芳、黄壮胜和我。我们对广东省农电情况进行调研，走访了一半地区供电局，了解广东省农电的现状、存在的问题，提出对农电改革的建议，写成调查报告供领导班子参考，调查报告由我执笔，得到领导的认可。当顾问期间，恰逢《广东电力工业志》正在编写，我自告奋勇对《广东电力工业志》的初稿进行初审，协助编写组理清思路、核对史实、校正文字，使《广东电力工业志》具有一定的水平，得到好评。

2005 年 1 月，我适龄退休，离开供电局，返聘到粤能电力安装公司任总工程师，从事电力基建技术管理工作，继续为电力建设奋斗。走遍各建设工地，迎着朝阳、不怕风吹雨打、摸爬滚打在现场。“夕阳无限好，只是近黄昏”，2010 年 7 月，我辞去总工工作，正式“告老返乡”，无怨无悔。如今，妈妈、哥哥、弟弟都去世了，83 岁的姐姐在广西过着悠闲的生活，我与立慧二人仍住在单位职工宿舍大院里，看书读报、买菜做饭、散步跑步，以健康为中心，不亦乐乎。虽然大院里的新面孔越来越多，认得我的人也越来越少，但我的心里非常高兴。企业只有不断补充新鲜血液，人才辈出，电力事业才能越来越红火。祝愿电网更加智能、绿色，更好地服务地方经济发展和满足人民群众对美好生活追求的用电需要！

（蒋礼强口述/关雪飞、叶泽整理）

书生电力偶相逢

杨文伟 男，1945年出生，广东大埔人，原广东电网公司助理巡视员。1968年毕业于清华大学，先后在沈阳变压器厂、韶关冶炼厂、广东省电力工业局机关、沙角C发电公司工作。2006年退休。

我是广东大埔县人，属客家人。知道大埔的人不多，它是梅州市下面的一个县，属山区，是个不起眼的小地方。山区资源少，消息闭塞，穷是它的一大特点，但千百年来，山里人对山外的向往就从没停止过。也许正是这一点朴素的向往，从古至今客家人就有着读书求出路的传统，把书读好，到山外面的广阔世界去，这一点激励着无数的客家子弟好好读书。

我爸爸读得不错，也爱读书，但读到初一就辍学了，出来去做学徒，没办法，家里穷需要人分担生活的重压，不过，他一直没放弃学习，工作的空隙中，不断地学习、提升自己。可以说，这是一种难得的对生活、对自我的觉悟。1937 年，我爸爸加入了中国共产党，加入到中国人民追寻民族、人生新道路的行列中来，后来，他回到我们县城，当了我们县百侯中学的校长。百侯中学在我们县百侯镇上，有着悠久的办学历史，1923 年由杨德昭先生等热心人士创办，可以说是我们县的名校，早在 20 世纪 50—60 年代，办学质量就已闻名全县、全省，连年高考成绩居全县榜首。我的中学就是在百侯中学读的，而且从百侯考上了清华大学。在我之前，百侯中学从没有人考上过清华大学。那年，我们学校有 200 多人参加高考，考上大学的有 11 人，我很幸运，考上了清华大学。我有一个姐，一个哥，哥哥是中国科学院院士。

三个孩子，一个是科学院院士，一个读了清华大学，有人觉得我爸爸对子女的学习肯定抓得很紧，要求很严，其实一点也不，他的工作非常忙，长年住在学校，跟孩子们在一起的时间很少，也没有对我们说过要刻苦学习这样的话，可以说从来不管我们。我妈妈是文盲，传统的中国女性，不识字，也没什么见识，学习上指导不了我们，却给了我们家庭的温暖。

从小我就很喜欢看书，对书天生有着一种渴望，这是受客家人读书求出路的基因影响还是出于个人天性，就说不清楚了。看到书，就想看，总是看不够。当然，那时候能获得的书也少，家里没什么藏书，只能有什么看什么。我爱看书到什么程度呢？小时候，有一次我去县城，偶然看到一家新华书店，里面有很多书，我好高兴，就进去看书，看得完全忘了回去。当时家里人都以为我走丢了。上中学时，学校有图书馆，那对我犹如一座宝藏，一有空我就会去借书来读。不论文史、地理还是别的，什么书都看。

上学时，我成绩一直很好。高考时，填报志愿，我爸爸就让我冲一下，叫我报清华大学，我就报了，结果考上了。其实我当时想报的是北京大学，我与北大，就这样失之交臂。

1963 年，杨文伟在清华大学二校门前的留影

清华的学习经历让人难忘，那里有着众多名师，还有藏书量颇丰的图书馆，于我而言，实在是太幸福了。大学时代，在书的海洋里我尽情游弋。

1968 年，我从清华大学毕业，被分配到了沈阳变压器厂工作。后来，我认识了我的爱人并结婚，她当时在韶关工作。1975 年，韶关冶炼厂去沈阳招人，我得知后很开心，向组织提出调动申请，组织关照，把我调到了韶关冶炼厂。1981 年，我爱人被调到南方日报社工作，我也就跟着来了广州，进了广东省电力工业局。沈阳变压器厂、韶关冶炼厂和广东省电力工业局，这是我一生工作过的三个单位。

1981 年 5 月，我到了省电力局。省电力局下面有 30 多个直属企业，包括省内的大电厂和各地市供电局。我大学的专业是高电压，在沈阳变压器厂和韶关冶炼厂都是技术岗位，到广东省电力局后，去了办公室，做起了秘书的工作，这有着它的缘由。

领导见我是科班出身，技术岗做了这么多年，专业方面肯定是没问题，又见我爱人是报社记者，硬说我这个记者家属，文笔应该也过得去，而当时省电力局急需既懂技术又能写重大文稿的人。就这样，我就到办公室当了一名秘书，干起爬格子、搞材料的营生来了。

当时办公室就两个科室，一个是秘书科，一个是行政科。秘书科的科长手下只有两个秘书——我和另外一个同事。在平时，工作上的事我们几个人还勉强可以应付过来，可到了年中或年末就不行了，各种工作总结、情况汇报之类的文稿很多，非常忙。当时不像现在有电脑，修改方便，我们写东西都是先手写，再打印，然后修改、校对，再打印出来，再修改、校对。一篇材料从起草到最后定稿，要反反复复折腾好几次，很是磨人。当时秘书圈里有这么一句话："没昏没晓、没完没了、没饥没饱"，确实是这样。

广东的改革开放早，国家给了广东一些特殊政策，设立特区、引入外资、鼓励民营，整个社会经济一下子红火起来，各行各业用电需求量猛增，但电力建设却跟不上社会的发展节奏，一直在拖后腿。当时有这么一个提法：有没有路是快慢问题，有没有电是生死问题，可见"缺电"这个问题严重到了什么程度，当时政府对这个问题又重视到了什么程度。

当时广州的电力紧张到什么程度呢？城里头做不到天天供电，而是"停三开四"，就是停电三天，供电四天。供电的时候，也不是全市全天都有，是各个区轮流供电。这个区供电，那个区的电闸就拉下，然后，那个区的电闸拉上，这个区的就拉下，大家轮流着来。当时，家家户户都备着焟烛，随时可拿出来用。农村里停电的时候就更多了，经常一周只能供一天电，这还是因为得保证农民加工谷子的时间。

当时的省长是叶选平，面对这种局面势，他说："想发展，不能没电。"省政府非常重视电力的建设，全力发展。20 世纪 80 年代初广东省一年财政收入才 4 个亿左右，就拿出了约 1 个亿投资在电力上，占到财政收入的 1/4，这是非常大的比例。但就算是这样，还是远远不够，因为建电厂需要的钱实在太多了。怎么解决这个问题？只能改革。

首先是改革电力投资体制。变单一国家投资为多家投资，如省市县各级政府合资、中外合资等，多种渠道筹集电力建设资金。其次，解决谁投资谁受益问题，这就涉及电力分配及电价问题，这就有了“高来高去”（供电成本高的部分，按新的成本来定新的电价）、燃料附加费等问题。省政府决定开征电力建设费以支持电力发展。但还不能解决电力“自力再生”滚动发展的问题，于是，1987 年 3 月，省委省政府同意广东省电力工业局实行“投入产出，以电办电”发展目标承包制的做法。

这是什么意思呢？就是将省电力局原来上缴的“三税”（供电环节产品税、所得税、调节税）和征收的电力建设费全部转为电力建设专用基金。有了这笔钱，电力建设一下子就活起来了、火起来了。现在回过头来看，这是广东电改史上步子迈得最大、取得成效最好的一次。这个“承包制”前后一共实行了 15 年，在这 15 年，广东电力建设发生了翻天覆地的变化。

广东的电力得到了极大发展，用电难问题得到缓解。1985 年，广东电力全国排第十位，1994 年就排了第一，保持着 5 年翻一番的架势。不过，挑战也随之而至，这就是地方小火电上网电价高，层层加收燃料附加费，电价失控，用户负担重。尤其是农村，电价畸高，有的地方一度电 3 元多，农民从没电用，变成了用不起电，可以说从一个极端走向了另一个极端。问题出现

1994 年，杨文伟参加核电站一号机组投产典礼

了，那就解决。1994 年 4 月，省物价局、省电力局共同组织几个电价调查组，对肇庆、惠州、汕头等 10 个市，以及其管辖下的 20 多个县（市）、30 多个镇（乡）进行了近两个月的深入调查分析，然后向省政府提交了《关于我省目前电价情况的调查报告》，分析了全省电价偏高的原因，并提出建议由省政府出面，运用行政、经济、技术、法律等手段综合治理。

记得有一次，我跟着广东省电力工业局吴希荣局长向朱森林省长汇报有关电价、小火电、农电管理方面的情况。原本只给我们半小时，结果用了两个半小时。吴局长汇报时，朱省长听得很仔细，我在一旁作一些补充。不久，省委省政府以粤府办〔1994〕40 号文印发了《关于加强全省电价管理的若干规定》和《广东省农村用电和电价管理办法》的通知。这剂电改“良药”虽然没有 1987 年“以电养电”的政策下得猛，但它奠定了广东电价的基础，意义也很大。由此，电，不再成为广大农民的负担。

回顾广东电力体制改革所带来的变化，可以给我们不少启示，我写有《广东电力工业体制改革述要》一文，该文入选中共广东省委办公厅编印的《广东在改革开改中的探索》一书、人民出版社出版的《广东改革开放启示录》一书，以及“中国城乡改革思想文库”丛书，下面简列四点：

第一，电力建设管理体制必须适应社会主义商品经济发展的要求。电，是国民经济的“先行官”，它具有生产与消费同时发生的特点，经济建设要求电力建设必须先走一步，这样，才不至于拖经济发展的后脚。但是，长期以来，我国实行的是高度集中的计划经济体制，在这种体制中，电力建设的投资渠道单一，电力部门独家办电。由于受国家财力的制约，很难制定并实施能体现“先行”特点的电力发展长远计划，加上电力建设投资大、周期长，因此，电力超前于计划发展的可能性极小。

党的十一届三中全会后，经济体制的改革使我国原来高度集中的计划经济逐步向商品经济过渡。随着经济领域各项改革的不断深入，基本建设投资体制也发生了变化，出现了社会固定资产投资和经济发展速度超前于计划的现象。电力仍维持单纯依靠国家投资建设的话，电力工业适应不了经济发展的需要。尤其是广东作为全国最早实行对外开放的省份之一，实行中央给予的特殊政策和灵活措施，进行综合改革试验，经济蓬勃发展，城乡建设突飞猛进，人民生活水平提高，对电力的需求猛增。高度集中的电力工业体制已不适应商品经济发展的需要，唯有进行改革才有出路。

第二，加快电力发展的重要手段之一是引入商品经济机制，合理确定电价。改革开放以来，国家对部分生产资料的生产和分配实行计划管理和市场调节相结合，出现了计划价格和市场价格并存的“双轨制”。这样，发电用燃料及运输价格比过去大大升高，加上电力建设投资由拨款改为贷款后需要还本付息，因此，电力生产成本急剧增加，而电价却一直维持在原来的水平。这种不合理的状况，不仅使电力生产企业利润大幅度下降，丧失了自我改造、自我发展的能力，而且将面临全行业亏损的严峻局面。

为了保护电力工业的生存和发展，广东省决定在电价方面放宽政策，引入商品经济体制，合理定价，实行“老电老价、新电新价，高来高去、低来低去”的电价“双轨制”。这一决定的实施，初步扭转了因物价上涨而造成的电力企业亏损的局面，不仅使电力企业逐步摆脱困境，也为后来实行“多渠道筹资，多层次、多形式办电”创造了有利条件。

第三，实行多渠道筹资是加快电力发展的重要途径。影响电力发展的主要原因是资金不足。只有摆脱传统的单纯依靠国家投资建设的做法，适时引导包括地方、企业和外商在内的社会各方向电力建设投资，才能改变长期以来一家办电大家用、资金短缺、发展缓慢的状况。

从1984年以来，广东省采取了多种办法，以聚集社会财力发展电力建设，包括：向市、县、重点企业集资，按出资多少给予相应的用电指标；发行电力建设有奖有息债券，向社会和群众集资；征收电力建设费；将电力企业的“三税”全部转为电力建设专用基金；利用外资，和外商合作办电；利用国家专项资金，争取国家投资；地方和用户自筹资金；等等。

第四，实行投入产出目标承包，以电办电是加快电力发展的好办法。为把改革进一步引向深入，1987年3月，省委、省政府同意在“七五”期间，全省电力工业部门实行“投入产出、以电办电”发展目标承包制，并批准了省电力局起草的承包方案。这一方案确定了“七五”期间全省电力建设的规模和投产目标，制定了在电网统一调度管理的前提下，实行多家办电的方针，以及鼓励各方面合力办电积极性的政策。承包方案的核心，是通过电价和资金渠道方面的改革，给电力工业以自我积累、自我改造、自我发展的能力。从而改变了过去电力建设受财政收入制约，与经济发展相脱节的状况，保证电力建设有比较稳定的资金来源，并能随电力发展实现良性循环。

…………

2000 年到 2001 年，广东电力体制又有大的变化，先是政企分开，再是厂网分家。

众所周知，改革是利益的再调整，做起来并不容易，各方面对此也有很多不同意见。但不管怎样，省委常委会反复讨论后，最终决定政企、厂网分开。2001 年 6 月 3 日，广东电力工业局成立了厂网分开联合工作小组，我负责新公司组建的一些具体工作，总体上进展得还算顺利。8 月 8 日，新成立的广电集团和粤电公司正式揭牌。我们工作小组，仅用两个多月的时间，就制定了新公司组建方案、资产分开方案、人员安排方案、机要设置方案和企业章程等文件，办理了两公司工商登记和税务登记，筹办了两公司成立揭牌庆典仪式等，工作节奏紧凑而有效，而且没有留下后遗症。

厂网能做到顺利分家、安全过渡，得益于几个方面，下面总结两条：

第一条是资产划分。按照省电力体制政企分开、厂网分开改革实施方案，基层电力企业的资产构成和划分是清楚的。资产划分的重点内容是原省公司财务处直接管理的资产、省公司本部资产及有发供电综合业务的直属公司的资产划分。两个公司董事会通过了工作小组提出的厂网资产划分方案（建议）。其主要原则是，除给拟搬到新址办公的发电公司留出开办费，其余公共资产按发供电企业资产的比例，公益金、福利和工资基金等按发供电企业人员的比例进行划分。

资产划分方案的顺利通过，为后续工作进行打下很好的基础。究其成功的原因，一是得益于改革开放以来广东电力工业的飞速发展，原省电力集团积累了雄厚的物质基础。厂网分开后，两家公司都具有强大的实力和良好的发展前景，无须在小处斤斤计较。二是两公司董事会，尤其是主要领导的豁达大度和团结协作精神。“分家”一开始，原省公司总经理吴希荣同志就提出，希望两公司通过友好协商解决厂网分开中的所有问题，尽可能不要矛盾上交。这个提议得到两个新公司领导班子的一致赞同。平等协商、互谅互让，妥善解决矛盾和分歧的友好气氛，贯穿了整个“分家”过程。

第二条是人员组合。厂网分开进入操作实施阶段，恰逢广东用电高峰季节到来，为了确保全省电力供应和电网安全，保持工作的连续性和队伍稳定至关紧要。对下属单位的职工，按照人随资产走、人随单位走的原则划分，比较容易。对于省公司本部及综合服务机构，我们确定了几个原则：一是人跟岗走，合理组合。专业比较明确的岗位，人随岗位走。二是全员分流，比例划分。省公司本部实行全员分流，每个人都有明确归属。其中约三分之一的人到发电公司，三分之二的人到电网公司。三是个人申报，组织确定。根据省委组织部的意见，副厅级以上干部可自行选择，其余人员均由个人填报志愿，组织上根据工作需要决定去向。同时，为了突出重点，保证在最短的时间内顺利完成人员的安排和工作的衔接，采取先主业后多经，先在职后离退休的划分步骤。离退休及多经企业人员的分离工作都是在两个新公司正常运作以后才陆续进行的。

2002 年是中国改革发展的关键之年，就在其上一年的 11 月 10 日，在卡塔尔多哈举行的世界贸易组织第四届部长级会议审议通过了中国加入世贸组织的申请，标志着经过 15 年的艰苦努力，中国成为世贸组织新成员。深化改革成为加入世贸组织后中国的主旋律，电力、航空、铁路、电信四大行业改革成为关键。其中电力体制改革由国家计委牵头，时任国家计委主任曾炎培担任组长，副主任张国宝任副组长，由于广东省电力体制改革走在全国前面，电改小组成员也包括了广东省。

2002 年 2 月，国务院以国发〔2002〕5 号文发布了《电力体制改革方案》，提出按照厂网分开、主辅分离的原则，组建两大电网公司、五大发电集团和四大建设投资企业，广电集团公司划归南方电网公司。其中第九条提出设立南方电网公司，经营范围为云南、贵州、广西、广东、海南。在南方电网公司经营范围内，原地方电网资产比重较大，其组建工作由控股方按各方现有电网净资产比例成立董事会，组建有限责任公司或股份有限公司并负责经营管理，在国家计划中实现单列。

随后，由省政府副秘书长张思平牵头，成立了领导小组，发电公司下面设了工作小组。那时，我刚从沙角 C 厂调回，也加入工作组中，主要参与调研。我们马不停蹄地在云南、贵州、广西、海南调研，与当地政府和省电力公司进行商谈，广泛听取兄弟省市的意见，一起研究南方电网公司组建工作。另外，还去了国家电力公司，了解他们的一些情况和想法。然后，起草南方电网公司组建方案和章程。

到了 9 月，中央又下文成立南方电网公司筹备组，具体负责南方电网公司筹备组建工作。筹备组组长由当时任国家电力公司南方公司党组书记、总经理的袁懋振担任，我在筹备组下的一个工作小组担任副组长，协助组长曲曙的工作，主要起草公司章程和组建方案。按照中央的要求，广东省政府对原先起草的组建方案及公司章程作了修改，然后递交给筹备组，最后由筹备组呈报中央。

2002 年 12 月中旬，我和曲曙就来到了北京，等组建方案的批复。我们住在北京办事处，近半个月过去了，却没有一丁点消息，眼瞅着就要年底了，我想这回怕是要留在首都过元旦了。不想 12 月 29 日，我们突然接到消息说，不批了，先挂牌成立，挂牌大会就在人民大会堂举行。于是，我和曲曙赶了过去，参加了中国电力新组建（改组）公司大会。国务院副总理曾培炎在会上，宣布国家电网公司、中国南方电网公司、中国华能集团公司等 11 家新公司正式成立。

在办公室，我一干就是 20 多年，很多人觉得不可思议。因为，秘书这个工作不好做，领导不同，风格会不同，往往就会换秘书。而我做到副科长、科长，最后到办公室主任。这得益于很多原因：

一是我赶上了一个好时代，这是一个改革的时代，我有幸参与了很多改革的事情，见证了时代，时代给了我机会。“文革”十年，全国没有大学毕业生，我是“文革”前毕业的。20 世纪 80 年代开始提倡干部要知识化、年轻化，我正好赶上了这个历史的机遇。二是我的几届领导都非常好，整个班子很实干，一心一意扑在电力事业上。我很幸运，能在这样的领导下工作，学了很多东西。我不会抽烟也不会喝酒，却当了办公室主任这样一个需要接待与应酬的职位，这在现在几乎是不可能的，但我却做了下来。这离不开领导的关怀。三是我自己也很努力，工作中不怕吃苦，不怕吃亏，兢兢业业。对工作，我的宗旨是勤学、多思、务实、创新、奉献。不懂的就学，向上学，向下学，跟同事学。遇事多动脑，做事求踏实，不说空话，干实事，既听话，又出活。我是技术出身，所以一到办公室，就特别关注办公室的现代化问题。从复印机到传真机，从四通打印机到激光电脑自动排版机，从电脑的单机操作再到 OA 系统的建立，我们办公室紧跟着时代潮流在走。20 世纪 90 年代后期，我们就实现了无纸化办公。我花了不少心思与精力，组织举办全省打字比赛，努力推动办公自动化。可以说，当时我们电力的 OA 系统推广应用，在全省乃至全国都是较为领先的。为此，我觉得清华几年的书没白念。

2003 年，杨文伟在广东电网公司办公室

2006年初，我办完退休手续，又返聘了咨询委副主任职务，给公司做些调研，提些意见，继续发挥了4年余热。现在公司的变化很大，人员在变，办公条件也在变，非常先进。我们一直跟着时代的脚步走，这就是我们的电力事业，能够亲眼见证这些变化，我觉得非常欣慰。

（杨文伟口述/黄河方整理）

苦乐年华

陈贤园 男，1946年出生，广东海丰人，原汕尾供电局用电科副科长。1964年加入中国人民解放军第41军驻揭阳部队。先后在海丰县联安公社友冲大队革委会、汕尾电力厂、汕尾供电局等单位工作。2006年退休。

我叫陈贤园，1946 年 11 月出生在广东海丰县联安镇，父母都是老实巴交的农民，有四兄弟，我排行第二。在那个“记工分”的年代里，读书是一件很奢侈的事。我上完小学，就挑起家庭重担，辍学帮助父母“挣工分”了。

1964 年，我刚满 18 周岁。当时，参军入党，报效祖国，是每个热血青年的梦想，于是我积极响应党中央和中央军委的号召，报名参军入伍。我被分配到解放军第 41 军驻揭阳部队，部队里的官兵都是工农出身，很多人都没怎么读过书，领导见我小学毕业，算是有文化的人，便安排我在队伍里当通信兵。

入伍不久，我便写了入党申请书，希望早日加入中国共产党。那时候，每天都有繁重的出兵、训练等任务。作为一名通信兵，我深知作战信息准确、及时传递的重要性，于是我在军事训练之余钻研专业书提升、充实自己，也经常熟读毛主席语录，研读党规党章党史等书籍，提高自己的政治觉悟。因为表现优异，参军两年后，我被提拔为班长，后来还被任命当了一段时间的代理排长。

1966 年 6 月，我终于经过了组织的严格考核，光荣地加入了中国共产党。这是我人生中一件重要的大事。

1969 年，我回到老家，考虑到我是一名共产党员，也在部队里锻炼了五年，上级安排我到海丰县参加先进党员培训班，随后又安排我到联安公社友冲大队当革委会副主任、党支部副书记兼大队民兵营长。

1970 年，在友冲大队工作了一年后，我被调往汕尾镇的国营汕尾电力厂（下称汕尾电力厂），开始了我近 40 年的供电人生涯。

从此，我见证了汕尾电力事业从弱转强的发展历程。

汕尾镇当时隶属于海丰县，是海丰县最早发电、用电的地方。汕尾电力厂是汕尾电力的发源地，它坐落在汕尾镇二马路 47 号，始建于 1951 年 10 月，1952 年 12 月正式投产。主要设备有柴油机 2 台，2 ×80 匹马力配 2 ×50 千瓦发电机；1954 年购进一台德国制造的“西门子”200 匹马力柴油机配 120 千瓦发电机投入发电，电厂改名“国营汕尾电力厂”；1965 年电厂增加一台 240

型国产“协同和”牌200匹马力柴油机配125千瓦发电机。

对照现在的标准，电厂的设备少得可怜。当时电机发出的电是380伏，经过变压器升压，电厂投产时电力输出仅靠一条6.3千伏的高压线路，没有规范的命名，这条高压线路被称为汕尾高压线，从二马路架连到掇鸟街，后又逐渐架连到大马路和车站路等地方，其余的都是低压线。

当时汕尾镇有3万多居民，制缆厂、造船厂、塑料厂和酿酒厂等国营工厂的生产生活用电全靠这些线路。由于设备落后，发电机功率小，电压不稳定，所以当时汕尾用电缺口比较大，对当地居民的用电也是有限制的，一般到晚上天黑了才会通电，而且每家顶多只能使用一只15瓦的白炽灯泡，灯泡总是时亮时暗。至于白天的电，都给了镇上为数不多的几家国营工厂使用。

虽然厂子里的柴油发电机功率才200匹，但在那个时候已经是很宝贵的东西。技术先进的配套设施，比如风机冷却器、电压自动调节器，都必须对柴油机进行改进改造后才能使用，需要一大笔费用，这是当时的电力厂无法承担的。为了保证正常供电，厂子里的冷却电机依靠土方法，用大水池的水不断循环实现对柴油机的冷却。这样冷却的效果肯定不理想，因为水温上升到70摄氏度以上，降温效果就变差了。调节电压也是用老方法，由专人驻守机房盯着电压负荷表，电压低了就加大油门，电压高了就放松油门，机房温度高达40多摄氏度，机房里操作发电机的工人常常赤裸着上身工作，依然免不了大汗淋漓。

1971年夏，汕尾地区遭受强台风袭击，市内多处马路被洪水淹没，电力厂附近的二马路积水都有1米多高，更匪夷所思的是许多停靠在品清湖岸边的渔船被吹到10公里外的马宫海边，搁浅在离岸边几十米的沙滩上。

汕尾毕竟是个靠海吃海的地方，捕鱼业是重要的支柱产业。台风过后，为了尽可能帮助渔民挽回损失，镇领导动员了全镇人员到岸边拉回渔船。电力厂自然是责无旁贷、义不容辞，厂里除了负责财务的几位女同事外，其余二十来个男同事都去参与救灾了。拉船的那几天非常辛苦，从电力厂到沙滩边需要来回步行几十公里不说，烈日当空下全靠肩扛、手推，把岸边搁浅的一条条渔船拉下海，身上的衣服湿了干、干了又湿，全身的皮肤不是被晒起泡，就是被磨破皮，还要时不时提防海中的水母，一旦碰到就全身发红发痒，难受极了。可大家毫无怨言，为什么？因为那时候没人搞特殊，无论是党员干部还是普通职工，大家都是一块儿闷头干活。我们白天拉完船，晚上还得走回电厂继续工作，有时候实在累得够呛，连吃饭都没了胃口，但本职工作是一点儿也不敢耽误的。

不久后，经上级批准，厂里的设备得以更新换代。1976 年购进了一台广州产的 600 匹马力柴油机配 400 千瓦发电机，替换“西门子”机组。1977 年 7 月又购进一台国产 6160 型 250 匹马力柴油机配 160 千瓦发电机，替换“协同和”机组，汕尾电力厂的年均发电量上升到了 40 万千瓦时。电力设备更新了，发电量上去了，老百姓用电量宽裕了，供电情况大为改观。

工农业不断发展，迫切需要电力，海丰县的水电事业也相应迅速发展，各级政府对水电建设也十分重视，在每年安排水利投资款中就有三分之一以上是用于小水电建设，各级银行也以最低息贷款方式支持各县小水电建设。

20 世纪 80 年代初，海丰、陆丰两县已依靠当地的小水电，建设成 35 千伏的县级电网。1981 年 2 月，汕尾 35 千伏变电站投产后，海丰县财政局与汕尾镇签订合办电厂协议，由县实行计划趸售供电和汕尾自发火电并举。汕尾镇连入县网，但当时的汕尾电力厂自发自供，也不用向县里供电，供大于需，大大改善了汕尾镇的供电状况。

当年电力厂只有几十个人，分工不像现在这么细致，也没有设立用检班、检修班之类，大家就什么都做，包括查处偷电者。我们有时候在晚上出动，突击检查线损情况，掌握了偷电者偷电的证据后，就对其警告、罚款。各级领导和相关单位也很重视对偷电现象的治理，经常参与处理偷电事件。被抓住的偷电者大多也能承认错误，彻底改过。

1988 年 1 月 31 日，经国务院批准，在原海丰、陆丰两县行政区域上成立汕尾市，原海丰、陆丰两县划分成三县一城区。同年 7 月 15 日，汕尾供电局成立，形成连接三县一区的 110 千伏汕尾电网。汕尾建市后，工农业发展迅速，针对电力供应不足的状况，市政府组织与南告电厂的集资办电，并引进外资筹建燃油电厂以及小型火力发电站，扭转了汕尾市“自来水一点一滴，供电一闪一熄”的尴尬局面。

天道酬勤。回顾自己的职业生涯，一个很深的感悟就是，只要付出就有回报，把最宝贵的青春年华贡献给汕尾电力事业，是我今生的缘。数十年里，虽然过程很艰苦，但也收获了属于自己的幸福和快乐。

刚从部队退伍被安排来电厂，我对电力可谓一窍不通，但我的领导林文炳觉得我既然是在部队锻炼过的，肯定能吃苦、能服从命令，所以就把我分配在负责开柴油机的重要岗位上。

当时我才二十出头，正是干劲十足的年纪，不懂就问，不会就学。因为厂里人手少，缺少专门培训，我们都是一边工作、一边学习。有个叫黎炳晓的同事令我印象特别深刻，他也是汕尾人，当时也只有小学文化，但十分聪明，也非常刻苦，通过自学掌握了绘图和设计线路，是个不可多得的人才。还有一个叫梁枢的同事，原来也是军人，退伍来电力厂后也是十分刻苦地钻研业务，干一行爱一行，后来成为了线路专家。

我们很喜欢向厂里懂技术的老师傅学习，经常向王发填师傅讨教技术，白天学维修，晚上学开柴油机，每天滚得一身油，黑乎乎、脏兮兮的。能从

1991 年，陈贤园在城区供电公司办公室留影

1993 年，陈贤园在配电房工作时留影

农民当上工人，我自然很高兴，虽然特别累，但心里感到踏实、自豪。进厂第二年，我已基本能独当一面了。

1971 年，我 25 岁，被推选为汕尾镇的党委委员和汕尾电力厂的党支部副书记，既感到光荣，也深感肩上的担子重了许多。我对自己提出新要求，时刻告诫自己保持平常心，日常工作中也是以身作则，不怕苦不怕累，做个好工人，也只有在召开支部会的时候我才会告诉自己是一名干部。

记得海丰县刚建设成 35 伏县级电网时，汕尾镇随即决定要安装路灯，也计划给周边的乡镇输送电，这一来需要架设高压线路，汕尾电力厂于是又全员出动了。没有工程车，我们就靠板车装、人手拉来运输水泥杆等设备。那会儿大家穿着解放鞋，踩在没过小腿的泥水里，也没人叫苦叫脏。没有吊车，要竖起电杆，我们只能用土办法：用三根绳子捆好电杆一头，把另一头扎进坑里，然后大家一起用力拉绳子，等拉到一定高度后，再用竹梯顶住电杆使劲推，硬是把电杆竖起来。

还有一次在市区安装路灯，水泥杆竖起来后需要一个人上去安装线路，我便爬竹梯上去了。天有不测风云，刚爬上去竹梯，梯子就倒了下来。情急之中我往下一跳，结果把两只脚的脚筋给摔断了！疼得我当场昏死过去，同事们都吓坏了，赶紧把我送到了医务所。一番检查后，医生告诉我要住院休养，可那时电力厂人手那么少，还有那么多路灯等着人安装，我是党支部副书记，又是厂里的骨干，怎么好意思躺在病床上休息呢？于是我咬紧牙关，每天拄着个拐杖也要一步步挪到现场指挥。汕尾镇庆祝水电接通时，举行了一次剪彩仪式，那时我腿伤还没好，大家还把我抬去参加呢！

那些年，每逢除夕、春节，晚上都需要值班。我是党员又是干部，所以主动加班、坚守岗位，让其他同志回家休息。一连七八年，我都没有回家吃过团圆饭，也从未抱怨过什么。那时候，老百姓都很期盼早点用上电，非常支持和配合电力厂工作，记得有一回大年二十九，我们做完手头的工作，收工回家，有些村民专门跑来工地送给我们橘子，还给每人几斤蚝呢，这也是一种幸福吧。

1972 年，我迎来了生命中又一重要的时刻。这一年，我成家了。妻子是老家联安的同村女子，虽没读过书，但人很贤惠。婚后，她操持家务，守着联安镇家中的一亩三分地，把家里打理得井井有条。我俩先后生养了三个小孩，两女一男。从此，在工作之外，我的心里多了一份责任和牵挂。尽管联安镇距离汕尾镇也才几十公里，但那时的交通远远没有现在这么便利，所以如果我要回家，就只能花上 6 毛钱坐　趟汽车到海城镇，下车后再步行好几个小时才能到家。虽路途奔波，但思家心切的我，觉得一个月能回一趟家是一件很幸福的事。

1976 年，公平水库电站改建期间，要安装水轮机，海丰县里从各企业抽调人员去支援，电力厂抽调我参与这项任务。由于没有安排住处，我们去的一群人都住在临时搭建的寮棚里，冬冷夏热的。特别夏天没有风扇，蚊虫又多，常常一觉醒来身上就满是红肿的包，洗澡也只是打一盆水象征性地擦一擦身子。

就这样子工作了一年，1977 年，我又被抽调到朝面山水库参与水电站的建设工作，在这里我的主要任务就是看柴油发电机发电，条件同样艰苦。那时候一个月能回汕尾电力厂一次，就是去拿工资和粮票，然后就会回老家联

2006 年，陈贤园退休后出游时留影

安待一晚。我都是踩单车，那时光朝面山水库工地到汕尾电力厂一趟就得骑六七个小时单车，路还不好走，但那时候并不觉得累，想到每月起码能回趟家还特别高兴。说到单车，还是电力厂配给我的，当时全厂就只有四辆，我能有一辆，真的很高兴！

1979 年，我结束了在朝面山水库工地的工作后，返回汕尾电力厂就职。这一年，两个胞弟去了香港，我则把老父亲和老婆孩子一家大小带到了汕尾镇，生活从此翻开了新的一页。单位很照顾我，分给我一间平房。房子只够放下几张小床，后来我就想办法在旁边盖了间寮棚。那时全家六口人全靠我一个人的工资养活，老婆操持家务，老父亲也在棚里养了两头猪。生活虽不轻松，但一家人能朝夕相处，不再分居两地，就觉得很幸福。

我先是在城区供电公司担任供电生产组组长，后又被提拔为副经理。我的工作，对内主要负责管理高低压线路，对外接洽新客户。1992 年，我被调到汕尾供电局搞“三产”，主要负责局里各项供电工程。1995 年，我又调任汕尾供电局用电科任副科长。用电科除负责三县一城区的用电外，还要管市区内的供用电。科室下属有一个管高压的配电班和一个管低压的抄表所，主要负责安装电表、维修和抄表。

2006年，我60岁，正式退休了。从1964年当兵算起的话，我已工作了整整42年，在供电系统也待了有36年。换句话说，我见证了汕尾供电从无到有、从小到大的发展历程。

与创业初期相比，今天的汕尾供电已走在现代化的康庄大道上。虽然说与国内发达市县相比还有差距，但和当年的自身比起来，已不可同日而语了。这是社会的进步，是国家改革开放、经济高速发展带来的成就。

即便退休，我还是会经常了解局里的事情。只要局里有召唤，都会立即归位贡献余热。2012年，惠茅甲线单改双工程大会战，时间紧、任务重，很多地方的青赔工作成了工作难点。当时局领导特意找到我，让我到联安给父老乡亲做思想工作，想到还能为单位做些事，我二话不说便欣然答应。联安是老家，我在那里当过民兵营长、大队革委会副主任，在老一代人心中还是有一定影响的，因为我的出面，联安镇青赔工作进行得很顺利，为惠茅甲线的顺利施工扫清了障碍。

如今，我73岁了。俗话说："七十而从心所欲"，除了血压有点高外，身体还不错。每天早晚出去走路锻炼，平时做点儿家务，买点儿菜什么的。老婆跟着我也辛苦了一辈子，从来家中里外、大小事务都由她操劳，我也很少能帮忙照顾。她真的很好，没有一句怨言。我真的要好好感谢她！

作为一位老供电人，我对供电事业有一份深厚的感情。回顾在电力部门工作的每个日日夜夜，我无怨无悔。每当华灯初上，看到万家灯火把昔日的小渔港装扮得妖娆多姿，心里头就涌起一阵阵强烈的自豪感。而最让我欣慰的还是我的子女，三个儿女现都供职于供电部门，我把接力棒交到他们手里，希望他们继续发扬我不怕苦不怕累的精神，继续为汕尾供电更加美好灿烂的明天贡献青春和热血。

（陈贤园口述/季颖雅、刘思雨整理）

平凡岗位亦芬芳，巾帼勋章自勤来

罗倩仪 女，1951年出生，广东中山人，原中山石岐悦来营业厅女工委员。1974年毕业于斗门县乾务中学高中。曾先后在珠海斗门供电局、中山供电局工作。2001年，被中山市妇联评为市『好妻子』光荣称号，2005年获得南方电网劳动模范称号。2C06年退休。

1951 年我出生于中山黄圃镇，爸爸名叫罗社波，是当时黄圃镇粮所所长，妈妈名叫蒋勤宝，也在粮所工作。1963 年，因为爸爸工作调动的关系，我们全家搬到了如今隶属珠海市的斗门县，爸妈在斗门县粮食局工作。我在斗门读了小学、初中。爸妈对我的教育从小就很严格，即使我们家的条件还算不错，但我妈妈还是要求我在空闲的时间多做农活。周末的时候我总会跟着他们上山去割芒草，然后送到附近的养老院去，用作养老院的燃料。那时候我还小，不太会割，好几次都被芒草割到手或者被刀误伤，有一次还削了一块肉出来，到现在手上有十几道疤痕。不怕苦不怕累，有能力的时候还要帮助有需要的人，这就是那段时间我从父母身上学到最多的东西。

1974 年我从斗门县乾务中学高中毕业，当时斗门县粮食局的书记问我想不想去粮食局工作，我坚决地回绝了他。虽然当时在粮食局的工作非常吃香，但是因为我爸妈都是在粮食局工作，我不想被人说是靠着关系工作的。于是一毕业就报名当知青下乡，去了斗门林场。做知青的那两年，我离开家住在林场里面，每天早上五点多起床，骑单车二十多公里到别的镇区去学习防化知识，主要学习与动物饲料相关的知识。做了一年多之后，我对场里的活渐渐上手了，便开始和其他知青一起照顾新的知青，帮他们挑水，教他们农务知识。其中有一个知青，由于她的父母和我父母也是认识的，我父母叫我平时多多照顾她，于是平时出入都叫上她一起。我有个表哥是公务员，单位定期会有电影票发，他总会请我去看电影，于是每次我也一起叫上那个新知青和我们一起去。怎么知道人心隔肚皮，这个知青后来居然捕风捉影，跟我们领导汇报说我与男朋友交往过密，让我在入党调查中受到了阻碍，组织怀疑我不正确处理男女关系，所幸后来组织查清事实，真相大白。有人问我，为什么她这样冤枉你，你受了这么大委屈，你也不去骂她？我说，事情已经发生了，骂是没用的，也就不和她计较了。经过组织多方面考察和锻炼，1976 年 8 月，我成为了一名中国共产党党员。

这两年的知青生活，把我晒得黝黑黝黑的，但是身体也锻炼得强壮起来，别看我是女子，那时的我一个人担两三桶饲料，不成问题。人往往就是磨练过才能成长，知青生活教会了我吃苦耐劳，从一个刚出学校什么都不懂的丫头变成一个奋发向上的青年，还入了党，人生从此有了要求和目标。入党后我处处以一个共产党员的标准要求自己，吃苦在前，冲锋在前，时刻提醒自己要发挥党员先进性，带动身边的群众投入到社会主义现代化建设中去。

1976 年，由于当时珠海 110 千伏线路和变电站建设需要人手，在知青场要招十男十女，于是我就被招进了斗门供电局。一进供电局就被派往生产现场，别看我是女生，推绞磨、立杆、烧焊等工作，我都亲自学亲自干。在斗门供电局，我被领导选为共青团组织委员，认识了当时的团支部书记李山，互相产生了好感，我俩在 1979 年结婚，当时我 27 岁。婚后我开始在营业厅工作，主要是负责接收客户用电资料，收电费等，丈夫李山到了当时的安监科工作，负责电力生产工作的安全监管。1980 年，我的儿子李骏飞出生。

当时单位给我的待遇挺不错的，我们住上了三房两厅的房子。直到 1987 年的时候，我小姑出国，没人照顾公公婆婆，于是我们举家回到了中山，回到了老人身边，尽一尽孝。回中山之后我就去了中山石岐的悦来营业厅，一直做到退休。

营业厅是企业与客户直接沟通的窗口，必须总是站在客户的角度多想想，才能长期与客户保持良好的互动沟通关系，才能让客户真正对我们的供电服务感到满意。我在多年的营业厅服务工作中，始终把顾客的满意作为自己的最大心愿。

我们在营业厅工作的，不时会遇到对业务流程不了解，感到困惑的客户，这时我就会设身处地地为他们着想，以尽可能简洁明了的语言，耐心地为他们讲解。我们不时还会遇到因欠费而被拆了电表的客户，他们总是怒气冲冲地过来，不断地责问我们为什么要这样做。面对这些客户，我和我的同事都会以礼相待，晓之以理，动之以情，只要用真诚的态度去面对他们，最后都能使他们明白我们的用心，维护了企业的利益和形象。

记得是在 1990 年的时候，一位身形比较高大的男客户过来交电费，自称是在公安局工作的，由于交的钱币太残旧，连验钞机也难以辨别真伪，被我们的营业员拒收。该客户却误以为是我们的营业员有意刁难他，便在营业厅大吵大闹，严重影响了我们营业厅的正常秩序。我听到外面的声响，便出去了解情况，弄清事情的原委以后，看了看周围围观的人群和已经被“骂”得低着头一脸委屈的同事，为了让企业利益不受损害，让客户理解和满意，我带着钱币去了银行。银行的工作人员鉴定这钱币是真的，于是我兑换了新币，并和我的营业员同事当场向客户道歉。这时我们得到了客户的谅解，该客户在临走前友好地对我说：“是你工作的认真和真诚感动了我，你真是一个了不起的营业员。”在多次服务质量统计中，我们的悦来营业厅满意率都达到99%以上。

领导看我工作认真负责，待人真诚，于是在我工作不久后就推选我为女工委员，那个时候的女工工作，要抓计生工作，组织女工活动，为女工排忧解难。有人说妇女的工作最难做了，因为女人的心思都是复杂细腻的，但是我觉得，只要拿出真诚，拿出热忱，没什么问题是解决不了的。我常常将女工们当作自己的姐妹，她们也称我“仪姐”，大家无分彼此，坦诚相对。有女工提出合理要求，我都会尽力地向上级反映，积极为她们争取福利。

妇女工作一向被人称为最烦琐最啰唆的工作，但是对我来说，越是困难我越是热爱，作为一名共产党员，攻关克难，到群众中去，是最基本的要求。于是，在工作以外，我常常为女职工排忧解难，经常主动与女职工沟通，注意她们的思想动态，了解她在工作上和生活上困难，自己能解决的自己帮助解决，在自己能力范围以外的我会勇于向领导提出，以尽快寻求解决的办法，每当得知职工在生活上有困难时，我常常会发动并组织人员前往慰问。去慰问退休员工的时候，不少退休人员都说，每次看到我来，都觉得很开心。

记得以前有一名家住港口的女工，当时在南区供电公司上班，有一天找到我倾诉，我看她好像心情很不好的样子，于是问她发生了什么事。这才知道到她的父亲得了癌症，可是每天上班路途太遥远了，无法照料父亲，弄得她每天上班都心神不宁，害怕有什么急事无法及时赶回家里。了解到她的情况后，我找人事部的同事谈了一下，详细说明了她家里的情况，并表达了想要帮助她的愿望，把她调到离家近的单位工作以便照顾患病的老父亲。最终，局里把她从南区调回了港口供电公司工作，她也能尽力照顾父亲。后来，她来到我家表达谢意，我就说，这只是很小的一件事，我只是帮你把情况向领导汇报了一下，怎样照顾好父亲，还是得靠你自己啊。

有不少女工有时在私下聊天的时候会抱怨，工作这么忙，还得兼顾家庭，多累啊。但是我觉得，作为女人，天职就是如此，两边都不能丢，有时也只能硬着头皮上。当然了，有能互相理解的丈夫和家里人，十分重要。

1993 年，我们供电的营业厅开始普及电脑了，不少班员有畏难情绪，而且觉得还要牺牲休息时间来学电脑，抱怨不已。身为党员，我必须以身作则，带动身边的同事，于是我就带头每天晚上吃饭后回来跟信息部的同事学习电脑实操，和大家一起学了三个月，就掌握了用五笔打字和在电脑上办理业务的方法。我们营业厅多数是女同志，要说服她们晚上回来加班学习实在是不容易，我以同样是女同志的身份说服她们，倾听她们的心事并提供解决方法，另外也给她们讲讲自身素质和技能提升的重要性，我们营业人员必须提高业务办理水平，才能为客户提供更好的服务。

1999 年，我丈夫不幸身患肝癌，病情恶化，在医院卧床不起。在他患病的七年期间，我在完成单位繁重的工作外，每天还要不停奔波于家庭和医院

1995 年，罗倩仪（右二）带头慰问退休老同事

之间，陪伴着丈夫直到最后一刻。当时，儿子李骏飞才刚上初中，我除了照顾丈夫外还要妥善地照顾儿子的起居和学习，还有家公家婆需要照顾，身上的担子很重，可是我从来没有在他们面前喊过累。不少同事说，本来我就比较娇小，现在一天比一天消瘦，看着都为我心痛。但困难依然摆在面前，我没哼一声，没有气馁，他们是我最亲最爱的人，给了我顽强的战斗力和动力，我还是勇敢地承受了一切。最艰难的时候是2000年，丈夫的病情恶化，要去广州留医，我每周五一下班，就去富华车站坐两个多小时的车，晚上七八点到达广州，再急匆匆地赶去医院做饭吃饭，一个周末都在医院照顾丈夫，直到周日下午为丈夫做好晚饭，我再坐车回中山。那是最彷徨无助的时期，丈夫的病情时好时坏，儿子还小，身边没有一个可以依靠的人，不知道未来要怎么走。

面对生活的坎坷，肩挑千斤重担，心忍万分痛楚，我总是笑对人生。在丈夫去世后，我依旧上要细心赡养八十多岁的公公，下要抚育年幼的儿子，这是我们女人的责任，但也是甜蜜的负担。看着儿子一天天成长，家里的长辈健康快乐，我就觉得是我最大的成就。

儿子在2002年大学毕业，分配到中山东区分局的抄表班工作，我利用工余时间，带着儿子走街串户，让他尽快熟悉业务。如今，儿子在锤炼中已成

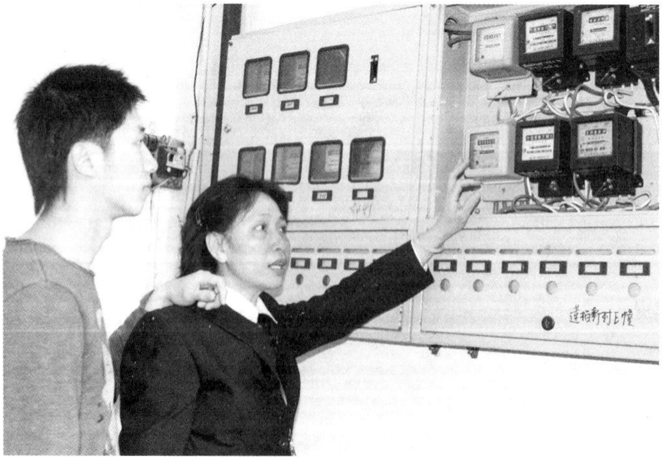

1999年，罗倩仪（右一）指导刚出来工作的儿子进行抄表工作

2001年，罗倩仪（左一）在中山供电局石岐营业厅耐心为客户讲解

长为一名成熟有担当的供电员工，一个月抄近五千多户电表已是“轻车熟路”。我这一生最大的骄傲就是我的儿子，当他青春期最需要人关注和引导的时候，我却因为要照顾正在生病的丈夫，让他总是在亲戚家吃住，学习成长都得靠自己。如今看到他没有行差踏错，健健康康成长，成为一位有担当的男人，我真的很欣慰。

2006年11月，我55岁了，光荣退休。退休后每天生活节奏比较缓慢，负责接送孙女李铠滢，她现在已经读小学三年级了。陪婆婆去喝茶、买菜，为儿子和媳妇李锦玲煮煮饭，做做家务，整个人放松了许多，不像以前做营业员的时候精神那么紧绷。

我是闲不下来的人，即便是退了休，也没有像其他人那样出去跳舞唱歌，而是选择留在家里帮忙做家务、带孙女，继续发挥自己的光和热。虽然我已经离开了自己的工作岗位，我的心依然离不开我工作了30年的地方。退休后，我依然经常回到营业厅探望前线服务人员，为她们打打气，听听她们诉说平时生活中的喜事和困难，向她们传授些服务要领，鼓励前线服务人员继续发扬优质服务的精神，一定要使我们的服务让客户感到满意，也要维护好我们企业的形象和利益。

人生走过来几十年，经历了很多风风雨雨，也收获了许多快乐感动，如今也走到了尾声。从前做知青，风里来雨里去，日晒雨淋的，干的都是体力活，后来到了供电局，亲眼看着变电站从无到有，然后到了营业厅工作，总算是舒服一点，但是客户的要求、公司的标准，还有家庭的负担，都是对我心理承受能力的巨大考验。如今的年轻人，生活不像我们当初那么艰苦，都有些娇气，我常常说我儿子，不要怕苦怕累，所有你经历的，都是宝贵的财富，只有战胜一定的困难，才能说明你是一个有能力的人。而且作为党员，我们要以更高标准要求自己，以身作则，想群众之所想，为人民服务，这些都是基本要求。以前我们做营业工作，都是手抄记录，抄表员也是每天骑着单车出去抄表，现在都用电脑，什么都是自动化，抄表也是自动集抄，科技日新月异，电网发展越来越好，我感到生活在这样一个国家，这样一个集体里，是我最大的骄傲和幸福。

（罗倩仪口述/胡家玥整理）

一心一意做『电力先行者』

邓业生 男，1953 年出生，广东清远人，原佛冈供电局党委书记。1971 年毕业于汤塘高中，曾任民办教师、供销社职工。1977 年毕业于华中工学院，毕业后进入佛冈供电局，先后任生产技术股技术员，佛冈供电局副局长、局长、党委书记。2013 年退休。

我叫邓业生，男，1953 年 7 月出生，1977 年入职佛冈县水电局属下供电公司（股级单位），直至 2013 年退休，历时整整 36 个年头。

1953 年，杜鲁门宣布美国已经研制出氢弹。而这一年的 1 月 1 日，新中国发展国民经济的“一五”计划开始实行，此时的中国，一穷二白，百废待兴。这一年，我出生于佛冈县汤塘镇升平村（原叫三门村）官田村民小组的一个极贫困的普通家庭，父亲邓瑞发，母亲谭珍葵，都以务农为生，膝下儿女共七人，我排行老大。

我的父母都是老实本分的人，靠着一亩三分地讨生活，收入微薄，却要养大七个孩子，非常的不容易。而身为长子的我，感受尤其深刻。1959 至 1961 的三年，中国社会主义事业遇到了严重困难，当年只有六七岁的我，陪着大人一起经历着生活最困难的时期，为了填饱肚子，我吃过山上挖的野菜，吃过大蕉树的蕉芯，米糠和本地的一种野菜“黄九蓢”更是最常吃的“饭”……

俗话说：“穷人家的孩子早当家”。在渐渐懂事之后，我对读书有了一种强烈的愿望，无论条件再艰难，我始终保持着认真刻苦的学习态度。1960 年 9 月我进入升平小学就读，1966 年 7 月，我省吃俭用读完了小学，并以优异的成绩考进了汤塘中学初中部。还记得年幼时的照明主要靠的是昏暗的煤油灯，电灯是不敢想象的。那时候家里时常没有钱买煤油，我就只能就着昏暗的月光用功读书，和古时候的头悬梁、锥刺股、囊萤映雪一样。

进入初中后，家里除了务农外没有别的收入，还要维持一大家子生计的父母压力就更大了。不想放弃学业的我，为了不再增加家里的负担，就开始自己想办法赚钱缴纳学费。人的潜力是无限的，逼急了，便无所畏惧。初中到高中期间，我一有空就参加村里的劳动生产，每天按 30 工分计算（10 工分价值 3 角钱），一天能挣 9 角钱帮补家里。为了多赚钱，我经常同时做三种工作，一个是利用家在国道旁边的便利，担河沙修 106 国道，每担一立方河沙能挣 7 角钱；二是趁夏天芒草长得茂盛，在家附近砍好捆在担子上，赤脚走上约 10 公里的公路，挑到县城去卖给县造纸厂；三是利用周末当一两天的搬运工，每次担着五六十斤的木炭，从汤塘镇良安（上黎）公社走10多公里路送到洛洞收购站，每次能挣5角钱。就这样，我边读书边养活自己。生活的艰辛磨炼了我的意志，也更加坚定了我求学的决心，更为我在电力技术职业生涯中屡克艰难险阻，奠定了良好的心理基础。

1968年，在汤塘中学读了两年初中的我，顺利升上了本校的高中部就读，1971年7月，我高中毕业。原以为要回乡务农，但没想到幸运女神却眷顾了我，9月份有人推荐我去汤塘升平小学做民办教师，我去参与招录并且成功被录用了。我被安排担任初一年级（那时候只是在小学里设了初一年级，很特别）班主任兼语文老师。1971年10月，佛冈县财贸战线招工，只教了一个月书的我应招进了龙山镇供销社的商品批发部。

1972年1月，到新单位龙山镇供销社报到后，我和同时应招的约300人被安排到了佛冈县商业农场（即现在的石角镇龙南大可以农场）劳动，时长约3个月，主要任务是挖鱼塘、种柑橘。3个月后，1972年4月，我正式到龙山镇供销社商品批发部实习。当时，批发部供应的货品主要是日用百货，而货品搬运主要靠人力，我常要走一两公里到龙山的码头卸货，再把糖、布等货物挑回批发部。码头的坡很陡，走路都艰难，更何况还要挑着货品。这个时期的艰难困苦不仅仅磨炼了我的意志，还锻炼了我的身体，让我受益终生。

1973年夏天，龙山公社组织支援农村夏收夏种活动，我和几名夏收夏种工作队队员被安排到龙山公社良塘大队，帮助格二生产队“搞生产”。我们几个人住在墙壁上布满蜘蛛网的大队部，白天在酷日下辛苦劳作，挥汗如雨，劳动完了之后还要自己煮饭，米饭里都是小虫子。条件很艰苦，但我和队员们从来没有抱怨过一句，不计得失，兢兢业业地工作着。记得托·富勒说过，一个明智的人总是抓住机遇，把它变成美好的未来。机会总是留给有准备的人，1974年9月，我成为一名光荣的中共预备党员。同年10月，龙山镇党委和供销社共同推荐我去读工农兵大学——华中工学院（即现在的华中科技大学）。

于是在参加工作之后，我再次变成学生，我的生活条件依旧很艰苦。当年回一趟佛冈只要十元钱，可是我还是拿不出来路费，在华中工学院读书三年，仅仅回过两次家。就连五分钱一张票的露天电影我都舍不得看。

生活的艰辛与无奈让我更加珍惜这个难得的学习机会，读起书来也更加刻苦，我用最饱满的热情投入到我所热爱的学习中去，几乎称得上是废寝忘食。所以在全班三十多个同学中，我的成绩是最好的，也因此被选为班里的学习委员。1975 年 9 月，因为品学兼优，我从预备党员转正后被选为班里的党支部委员。

在大学里，我对自己的人生进行了认真的思考，例如如何充实地度过大学生活。当年我读的专业叫做水电站及动力设备专业，快毕业时，又去了湖南扎溪水电站、广西河池水轮机调速器厂和湖北三河水电站进行了实习，对水力发电有了初步的接触和认识。因为专注，大学对我来说无比的充实和踏实。大学的美好时光，为我日后从事电力工作打下了坚实的基础。

刚分配工作的时候，我的档案最初是被放在了韶关组织部。韶关组织部干部曾问我，是留在韶关还是回佛冈？我回答：回佛冈。因为我一直没有间断对家乡的思念，更对家乡没有通电的现状有着深深的担忧。关于用电，我比较早的记忆是在佛冈县城粮所，当时只有几台发电的机器，白天用来搅米；晚上，则给当时还小得可怜的县城提供两个小时的照明电。于是，我自愿回到家乡，参与家乡的供电建设。

1977 年 9 月我毕业回到老家，被分配到佛冈县水电局属下的供电公司工作。就在我踌躇满志，想要大展身手，回报父母养育之恩的时候，意外发生了。我刚毕业没几天，父亲因脑溢血去世……这是我人生中第一个重大的打击，也是我最大的遗憾。痛失父爱的同时，也意味着家庭的重担落到我的肩上。我决定化悲痛为力量，不仅为“小家”，更为佛冈这个“大家”。

记得刚进入供电公司工作时，我在生产技术股担任技术员职务。上班不久，就遇上单位的立式水轮机出现中心线偏移而磨损轴承的故障，当时的经理黄南把修复水轮机的任务交给我。我拿出“初生牛犊不怕虎”的勇气，和水电站的员工一起，把水轮机一点一点拆卸下来，重新绘制主轴图纸，并监督制造一条新的主轴换上，不用几天，就顺利完成了修复任务。水轮机运作良好，坚定了我在技术方向发展的信心。

1979 年，广州供电局接管佛冈县供电公司。1981 年 1 月 1 日起，佛冈县供电局改制为科级单位。当时我们股室只有 5 个人，既要负责全县电力线路的测量、设计、预算，还要负责施工指导。工作的劳累我从来都无所谓，但测量技术对于我来讲是个全新的领域，所有工作必须边干边学、亲力亲为，于是，我又成为了一名学生。那时我年轻，学习的方法就是勤学好问，这一阶段意味着我的电力技术职业生涯的真正起步。

1980 年，当时佛冈县现有的供电设施已经不能满足地方经济发展的需要了。在广州供电局的支持及指导下，1981 至 1983 年，佛冈县供电局开展供电线路“二线一地”改造工作。我作为县供电局为数不多的技术员，全程参与改造工作。那段时间，我背上一袋图纸、一个大水壶和一个经纬仪，沿着电线一个点一个点地走，走遍全县约 200 公里的 10 千伏线路，走近每一条电杆进行勘察，制订改造方案。当时的电杆很不规范，大多是取其便利，有木制的，甚至还有水泥筑成的四方形的电杆，既不美观，也存在着安全隐患。而我们的任务，就是将这些不规范的电杆全部改造为统一的椎形水泥杆。问我累不累？累是肯定累的，可是，因为当时心里有个信念，把祖国的召唤、事业的需要作为自己的行动方向，付出满腔热血，时刻牢记作为一名知识分子应当肩负的责任，一定要努力把这项工作干好，所以充满活力，再累也没觉得累。最高兴的就是，经过这次大刀阔斧的改造，佛冈县的供电线路的供电能力有了质的飞跃，有力地支撑起地方的经济发展。而我在这三年的历练中，从不讲个人待遇和条件，一直用行动践行了自己作为一名共产党员的诺言，在供电测量、设计、施工和预算技术等方面更加脚踏实地，更加成熟，在电力工程管理方面也得到了一定的锻炼。

时代在变，社会用电的需求在改变，供电局的业务也在悄悄地改变。1987 年，我参与了 35 千伏佛城变电站升级改造为 110 千伏变电站的测量设计工作，主要负责佛冈县城—汤塘镇洛洞线路的测量设计，而广州供电局设计室则负责洛洞—从化的测量设计。记忆犹新的那次，是要测量从黄花山顶至大庙峡山顶直线距离共7公里的线路。为了赶进度，我们所有工作人员都不回家吃饭，免得浪费时间，饭菜叫人做好送上山来，我们匆匆吃完就又开始埋头工作。一双双磨破底的胶鞋，一双双掌心磨穿的手套，记录下我们平凡而艰辛的每一天。直线距离7公里，看起来不长，但走起来，却非常不容易。我和同事们一边测量一边绘制断面图，当天就爬上爬下十来二十多个山头，花了近10小时才完成了测量任务，收工的时候，大家都累得趴下了。后来提起这段经历，参与的每一个人都感慨万分，无一不认为那些天是他们工作历程中工作量最大、工作最辛苦的一段时间。对我的表现，他们也是惊叹不已，因为几个二十多岁的小伙子也跟不上我爬山的步伐。我知道，这一切的背后是一种叫“责任”的东西在支撑着我，这种责任更源自我内心、源自对工作、对家庭、对事业的热爱。

因为工作迅速高效，我们提前了5天完成任务。让我们引以为豪的是，以我们有限的技术人员与技术水平竟然还能帮助广州供电局设计室做测量设计工作。至1987年，佛冈县的电力建设完成初步发展阶段，全县有3座35千伏变电站，分别是黄花河变电站、佛城变电站、迳头变电站。而我，也成了人们口中的“电力先行者”。

多年的技术工作实践，在提高个人技术水平的同时，也提升了我的管理能力。1988年是有着历史意义的一年，发生了很多大事——清远撤县建市，佛冈县供电局划归清远供电局管辖，我被提拔为佛冈供电局副局长，主抓安全和生产工作。同年，还因为个人的出色表现，被评为输变电工程师。

通过多年与当地政府的接触，我深知电力先行对于地方政府招商引资的巨大意义，因此在完成本职工作的同时，我一直努力致力于电网规划及建设。其实，早在做技术员的时候，我就敢想敢做，后来走上了管理岗位，也一直保持着这一良好的习惯。2003—2004年度由于工作突出，佛冈供电局被评为佛冈县“招商引资突出贡献单位”。

1988—2003年，是佛冈电力建设高速发展和开展规范化管理的阶段，各项输变电工程建设如火如荼。1988 年 12 月，在上级主管部门和县委、县政府的支持下，投资 1000 多万元、工期一年多的 110 千伏街佛线（从化街口至佛冈县城）建成投入运行。在这些工程中，我大多负责测量与设计工作。因为工作踏实努力，我们的工作得到清远供电局的重视，也得到了很高的评价。

清远供电局有位设计师名叫罗道奎，于我是益师益友，是给予我帮助最多、对我影响最深的人。平时，他就常教我很多关于电力方面的技术技巧与方法，让我非常感激。而且他为人也很仗义，但凡我去到广州协调 110 千伏从化至佛冈输变电工程，或到清远协调 110 千伏源潭至龙山输变电工程等事情，无论公务还是私事，他只要有空都会作陪。有一次，有个患有糖尿病的朋友急需要南瓜，我收购到几只南瓜之后开车运到朋友家楼下，原本只是作陪的总工程师罗道奎二话不说，充当了搬运工，帮着我将沉重的南瓜搬上五楼。我在职的时候，罗总工程师一直很关心佛冈的电力发展，经常来佛冈指导技术工作。退休之后，他也常来，因为他说，他对佛冈已经有了很深的感情。这些总是让我非常感动和感慨，因为我们都是以自己平常的身躯护卫着一个坚强的电网，把沉甸甸的责任扛在自己的肩上，造福一方人民，步履坚定的电力人。有朋友如此，是我的福气。

1993 年 2 月，测量、设计、预算到施工的组织全部由我负责的佛冈县第二条 110 千伏源佛线建成投产。同年，我被广东省技术委员会评为输变电高级工程师，成为佛冈供电局第一个获此职称的人。当然，能被评为输变电高级工程师是一个很值得骄傲和高兴的事，但对于我来说，高兴的不仅是自己的技术、能力得到了肯定，更高兴的是我和同行们用实际行动诠释和证明了广东电力的核心价值观与企业精神的深刻内涵，并得到了上级的认可。

1993—1998 年，佛冈县根据能源部“电力为农业，为农民，为农村经济服务”的工作部署，把理顺农电管理机构、改造农村电网、实现多供少损作为电网建设工作重点来抓。我积极配合上级领导，团结协调同事，整合资源，以管理方法，而不仅仅是靠自己的技术全程参与了这项任务。我深深知道，没有合作，就没有进步。因为我们有一支“特别顾大局、特别负责任、特别能战斗、特别能吃苦、特别能奉献”的电力军。1998年，全县12个镇成立电管站，把三级（县、镇、村）管电体制改革为二级（县、镇）管电体制。1995年在实施“村村（自然村）通电”中，申请上级补助部分资金，农户自筹11.6万元，由供电局投资52.4万元的扶贫通电工程，解决了全县仅剩下6个无电村的问题，在这强大而无形的电流背后，有我们这样一群敢于担当，发展电力，确保电网安全稳定运行，默默无闻的电力工人们在努力。1996年2月，佛冈县最后一个无电自然村——三八镇诚迳水尾村正式通电，实现了村村通电的目标。能亲身参与这个从使用昏暗的“煤油灯”的时代过渡到实现村村通电的时代的过程，我打心里感觉到自豪与高兴。

1998年6月，在清远供电局成立十周年之际，我被清远供电局评为“十大创业模范”之一。而我个人认为，融入大海，我只是一颗水珠；落到土地，我只是一粒沙子。在众多的电力人中，我只是一个认认真真、本本分分地做好了本职工作的普通人。

因为上级领导对我工作态度与方法的认可与信任，1999年8月我被任命为佛冈供电局局长。上任后一个月，也就是9月，全国掀起对农村用电实施“两改一同价”的工作高潮。工作作风惯于敢做敢想的我抓住这一机遇，在佛冈各地农村全面展开一项统贷统还5700万元的农网整改工程。

这个工程规模巨大、时间紧迫、安全风险大。为高标准严要求完成工程建设，我指挥调动了全局所有能够调动的人员和设备加班加点，动员1000多名社会技工参与工程建设，一口气购置了9辆货车用于工程建设，还严格执行每周三晚上10点召开进度汇报及协调会议等事宜的制度，及时解决工程中遇到的各种各样的问题。当时，每个乡镇的供电所所长像是一名“铁人”，白天忙于工程，晚上，放下手头的工作，又跑来开会。说实话，看着自己的干部职工，因为繁重的工作任务、日晒雨淋，变得又黑又瘦，我也于心不忍，但为了保障施工的工作人员的安全与确保工程的胜利完成，我也只能硬下心肠，一再强调安全、生产。当然，为了确保安全，在施工前，我统一安排乡镇电工进行安全培训、工程培训。例如告诉他们在每一基电杆施工完毕后，都要对其进行全方位的检查，眼睛要像扫描仪一样，从导线、地线、挂点“扫描”到电杆、接地装置，要检查有无倾斜，基础或螺栓有无松动，接线有无损伤和断股，有无其它隐患等方面。

由于各项工作做得比较细致、到位，改造工作得到农民群众的大力支持，在青苗赔偿等方面遇到的阻力不大，在架电杆的过程中，每当遇到不得不占用田地的时候，纯朴的农民群众的态度常常是“架，随便架！哪怕踩死了稻苗也不可惜……”农网整改工程“两改一同价”，是一项利国利民的事，在全体干部员工决战了3个月后，至2000年初，全县改造工程圆满竣工。我和电力员工用“责任”支撑起了这一条条坚强的输电线路。其中，自施工以来，从未发生任何人身意外事故，这是最让人自豪高兴的。至此，佛冈农村电网建设跃上了新的台阶。农村到户电价于1999年9月1日起统一降至每度0.99元，2000年9月起统一降至每度0.96元，极大地减轻了农民经济负担，繁荣了农村经济。由于“两改一同价”工作取得的成果显著，佛冈供电局被评为省级农网改造先进县级单位（全省只有2个），领导安排我代表清远供电局到省政府礼堂作“两改一同价”工作经验报告。同年我兼任佛冈供电局党委书记。后来，在政府的指导下，电价从每度0.96元降至0.79元，再降至现在的0.62元。居民用电由此得到更多的实惠。

2000年，邓业生（站立右一）在迳头变电站维修主变压器

而我这普普通通的生于农村，长于农村的苦孩子，有能力为农村做点实事，回馈于农村，着实感觉很欣慰。

2000 年起至 2013 年期间，佛冈供电局遭遇波折，经历过几次改制，人心有点浮动。但就算是如此，在我的管理下，这一期间供电工作也没有受到太大的影响。筹划新建 110 千伏黄花河、110 千伏迳头输变电站工程，协助清远供电局建设 220 千伏滘江输变电工程，协助完成 110 千伏黎佛线（英德黎溪—佛城变电站）输电工程……都没有受到耽误，无论是输变电站工程，还是输变电工程，不仅促使佛冈县的电网网架逐步向更高电压等级推进，更是实现了电网调度综合自动化管理。近些年来，电子计算机技术已应用在变电站运行监控、营业收费、计算、制图和办公自动化等多个方面，佛冈县电网的供电能力和供电可靠性也得到不断的提升，供电量从 1988 年的 0.25 亿千瓦时攀升到 2000 年的 2.4 亿千瓦时，再升到了 2013 年的 18.4 亿千瓦时。

作为县供电局的领军人物，我深深明白，企业的发展需要平台，更加需要凝聚员工的力量。与其说连绵亘长的电网是一座座铁塔连接而成，不如说是一个个可敬可爱、默默无闻的电业工人的动人故事组成的时代乐章。因此，为做好企业的可持续发展，为员工打造更好的工作和生活环境，1993 年，由我统筹筹建的佛冈供电局调度综合大楼，于 1995 年落成使用；

2002 年，邓业生（左二）出席广电集团清远佛冈供电分公司挂牌成立仪式

1997 年建成员工餐厅（当时叫招待所，同时接待外单位人员住宿和提供员工工作餐）与篮球场；1999 年抓住最后的房改政策，建设电力村第一期职工集资楼共 84 户（2004 年建设第二期共 28 户），有效缓解职工住宿紧张问题。想要马儿跑，就要拿草给马儿吃，而凝聚正能量，正是我多年从事管理工作得出的宝贵经验。

供电局本部的调度综合大楼建成了，12 个乡镇的基层供电所的办公场所建设也提上了日程。在逐步实现“两改一同价”期间，当时政策允许我们对每度电提留 8 分钱的综合管理费，用于供电所建设。为改善基层供电所的办公环境，我们在这几年里新建或新增了 12 个供电所的办公大楼，确保供电所员工办公、住宿场所充足。

2006 年，因工作需要，我不再担任佛冈供电局局长，只担任佛冈供电局党委书记职务。这个工作岗位，说难不难，说易也不易，最关键的是要能够坚持围绕局的中心任务开展党建工作，尽力协助行政工作，当然，有时候也会遇到一点很难协调的事，但我的性格比较平和，以理服人，所以处理起矛盾来，也还是比较顺利的。

比如 2008 年，110 千伏羊角山变电站已经在原来选定的石角镇动了工，但在“三通一平”施工过程中，施工人员不小心弄坏了当地人埋在附近的

2006 年，邓业生（右二）在龙山镇下岳村现场指挥灾后供电抢修

骨灰罐，因此当地人不允许我们继续在原选址施工。员工们协调不了的事，就只能由我出面解决。将心比心，我理解当地人的心情，因为佛冈当地传统讲究死者为大，弄坏了骨灰罐可是一件不得了的事。为了确保工程建设，首先，我立刻拍板，赔给村民 2000 元，让村民先消了气，然后再沟通。我还亲自找到时任常务副县长冯福祥和建设规划部门相关负责人，连续一星期和他们在附近重新找适合的建设地址，最终变电站站址改到现在的潖江水泥厂附近，该变电站工程得以建成。说到这里，就不得不提一提汤塘供电所的建设，当时的所址正好在一个臭气熏天的地方，不但臭，面积还小，连职工住宿都解决不了，怎么行呢？我想到了职工们面对困难时，勇挑重担、冲锋在前的姿态，想起他们总是以昂扬的精神状态和饱满的工作热情在一线奋勇拼搏、默默奉献，不讲回报地努力，我就觉得很难过。于是，我没少跑政府找相关领导，我还亲自去到汤塘镇找当时的镇长冯炽兴汇报情况。我办事从来都不吵也不闹，觉得只要讲道理，踏准脚步，就没有办不成的事。果然，经过耐心的沟通协调，最终把靠近京珠高速公路边的一块共 12.6 亩的地征下来。

在生活中，我除了改善员工们的工作、生活环境，还尽量减少员工的后顾之忧，包括员工子女的读书、就业问题，我都一一兼顾上，为职工做了不少实事好事。我要的不是什么歌功颂德，还是那一句，只是认认真真、本本分分地做好了本职工作。2013 年 7 月，我从佛冈供电局党委书记岗位光荣退休。

弹指一挥间，不知不觉，我在佛冈供电局工作已经整整 36 年。我在这里慢慢成长为一个合格的供电人，也在这里慢慢地变老。在这 36 年中，我一心一意地做着一件事，就是努力成为一名将此生报国家的“电力先行者”。过去，我不仅一边经历电力体制改革和企业内部劳动、人事、分配制度等等改革，还一边完成上级的各项任务，如供电企业基础达标工作，营销系统、配电系统甚至南网一体化系统的应用。今天的企业管理越来越规范、标准，企业形象也越来越深入民心，这是广大供电员工共同努力的结果。我相信，付出总是有回报的，在2001年到2005年，我带领着佛冈供电局努力求发展，由此佛冈供电局也获奖无数，例如被中共佛冈县委、县政府评为“三五”普法先进集体、佛冈县精神文明建设先进单位、2003—2004抗洪救灾先进集体、精神文明建设先进单位。2012年6月，佛冈供电局党委被清远供电局党委评为清远供电局2010—2012年创先争优活动先进基层党组织。

回首自己的一生，因为工作努力认真，成绩显著，我多次被评为县“优秀共产党员”，2011年还被清远供电局党委评为“清远供电局创先争优活动优秀党务工作者”。可以说，工作上，我是别无遗憾，因为我担负着一份责任。但在生活中，我却感觉自己没有做够。首先是慈父的早逝，让我失去了孝敬的机会，再就是当年因为工作太忙而疏忽了对妻儿的照料，幸运的是，我所做的一切都得到了妻儿们的理解与支持。

退休后的我，既放下了企业，也放不下企业，过着“人退，心不退”的退休生活。平时也还会关心电网的发展，有兴致的时候也会约上三五个老朋友找个山塘钓钓小鱼。这两年母亲年纪大了，身体也差了些，我基本每两天就回老家探望一趟，陪她老人家吃个饭，尽尽孝心。只是多年以来，已经习惯陪着同事奋战在电力的第一线，突然清闲下来，还真有点不太习惯。回想自己的一生，虽然说不上轰轰烈烈，却也历经了不少的风风雨雨、起起伏伏，而我最引以为豪的，是与佛冈的供电事业一起成长的岁月。亲身经历了电网从无到有的过程，亲眼看着山城小镇的夜晚从零星灯光到处处灯火辉煌的情景，本是佛冈电网人的我，心中还有什么遗憾的呢?

不过说起企业今天的发展，我还是有点想法的，也算是一种忧虑吧。因为看到近些年县级供电企业的发展基本往管理方面走，特别是主网与配网分离之后，电网工程建设只做前期和后期，中间的工程建设只作为监管者，今天，专业技术人员只在抢修时才上电杆操作。安装变压器、开关这些工作其实最能锻炼人了，但这些工作都由各种电力工程施工队伍承接了，我们的专业技术人员没有足够的机会锻炼技能，而老技术人员的技能正逐渐衰退，新人就更没有锻炼的机会了。其实我很怀念当年全局上下齐心去做工程的那段日子。上级给我和员工们提供了平台，我们用实力，以自己强烈的事业心和责任感，证明了自己！那时我就相信，只要大家同心协力，电力工作就一定能做得越来越好。

（邓业生口述/廖镇尧整理）

后记

2014年12月，《广东老电力人口述史》（第一辑）的出版，在公司系统引起了良好反响，不少老同志认为这件事干得好，并主动联系我们，希望能出第二辑，通过这一平台，讲述他们的故事，记录他们的人生轨迹，为企业和自身共同留存一份珍贵记忆。

2016年，《广东老电力人口述史》（第二辑）的人物筛选和组稿工作正式启动。然而，工作的开展并没有我们预想的那么顺利，由于各种原因，项目推进时断时续，甚至处于搁置状态。在此期间，有几位拟编入第二辑的老同志还没来得及接受采访就离开了人世，他们各自那一段段鲜活的历史便无法再延续，这也成为我们心中永远的痛。

时光飞逝，眨眼间我们来到了2019年。2019年是新中国成立70周年，在这样一个历史性时刻，我们以什么方式来庆祝新中国70华诞呢？围绕成就宣传、文化宣传、典型宣传等板块，我们列了十几项重点工作，其中一项就是编辑出版《广东老电力人口述史》（第二辑），希望通过挖掘、讲述老电力人与新中国同成长、共奋进的感人励志故事，激发广大干部、员工的家国情怀，凝聚公司爱党、爱国、爱企的强大正能量。同时，也算是不负老同志的期盼，满足了他们心中的愿望。

2019年4月，《广东老电力人口述史》（第二辑）的编印工作重新启动。我们继续沿用第一辑的风格，版设、文风保持不变，继续采用封面照、人物简介、主稿和插图相组合的体例，各篇文章以对应人物的年龄大小为序排列。

截至2019年5月，公司共收到各单位推选的人物素材42个，我们从中挑选了25个，人物覆盖各地市供电局和部分广州地区单位。同时为了全面反映广东电力70年改革发展的历程，我们增补了郭渭彬、黄本强、赵甘泉、宋情国、杨文伟等公司老领导、老党员、抗战老兵代表，补充了重大事件、重大工程的记录，丰富了全书的故事维度和人物切面。

2019 年 6 月，我们完成了《广东老电力人口述史》（第二辑）的组稿工作。7 至 8 月，我们先后两次召开审稿会，对文中涉及的重要时间节点、敏感事件等逐一进行了核实。这期间，王德鸿、梁雁、丁帆、黄成云、常雯雪 5 位同志分工对每篇文章进行了审校，王德鸿同志对全书进行了最终审定。9 月 19 日，该书定稿，交付南方日报出版社排版、审校。

本书策划、编撰、出版的全过程，得到了公司领导的指导和关心，得到了直属各单位党建部和广大作者、被采写人物的大力支持和配合，得到了南方日报出版社的鼎力相助。在此，谨向所有为本书出版付出辛勤劳动的单位、部门和个人表示衷心的感谢。全书共选录文章 30 篇，选用插图 140 幅，约 30 万字。

《广东老电力人口述史》（第二辑）是公司挖掘、传承企业历史文化的重要载体，是企业文化精品丛书的重要组成部分。我们将继续用好这一平台，并不断丰富记录和呈现历史的方式方法，让历史永远被铭记，让精神得以永续传承。

在编写过程中，我们尽管付出了很大的努力，但由于时间仓促，加之能力有限，本书可能存在错误和疏漏，请读者不吝赐教。

广东电网有限责任公司党建工作部

2019 年 9 月

图书在版编目（CIP）数据

广东老电力人口述史. 第二辑 / 广东电网有限责任公司编. -- 2版. -- 广州 : 南方日报出版社, 2019.11
ISBN 978-7-5491-2067-3

Ⅰ. ①广… Ⅱ. ①广… Ⅲ. ①电力工业－工业史－史料－广东 Ⅳ. ①F426.61

中国版本图书馆 CIP 数据核字(2019)第 205685 号

GUANGDONG LAODIANLIREN KOUSHUSHI
广东老电力人口述史（第二辑）

编　　者：广东电网有限责任公司
出版发行：南方日报出版社
地　　址：广州市广州大道中 289 号
出 版 人：周山丹
责任编辑：李　哲　吴俊贤　黄敏虹
责任技编：王　兰
责任校对：阮昌汉
装帧设计：肖晓文
经　　销：全国新华书店
印　　刷：广州市岭美文化科技有限公司
开　　本：787mm×1092mm　1/16
印　　张：23.25　　彩　插：0.25
字　　数：300 千字
版　　次：2019 年 11 月第 1 版
印　　次：2019 年 11 月第 1 次印刷
定　　价：68.00 元

投稿热线：（020）87360640　读者热线：（020）87363865